金持ち父さんの
こうして金持ちはもっと金持ちになる

本当のファイナンシャル教育とは何か？

ロバート・キヨサキ

公認会計士
トム・ホイールライト

岩下慶一・訳

筑摩書房

金持ち父さんの　こうして金持ちはもっと金持ちになる

目次

contents

金持ち父さんの　こうして金持ちはもっと金持ちになる　本当のファイナンシャル教育とは何か？

WHY THE RICH ARE GETTING RICHER
What Is Financial Education...*Really?*
By Robert T. Kiyosaki

First edition, October 2017

謝辞

本書を南アフリカ、グラハムズタウンのセント・アンドリュース大学、ダイオセサン女子学校、ローズ大学の教職員および学生諸君に捧げる。

二〇一六年七月、会計士でありリッチダッド・アドバイザーであるトム・ホイールライトと私は南アフリカに旅し、この素晴らしい若者たちとその教師、そして起業家を指導する機会を得た。それはトムと私にとって人生を変える出来事となった。

本書をアフリカ、そして世界の教育に献身する教員、学生、起業家たちに捧げる。

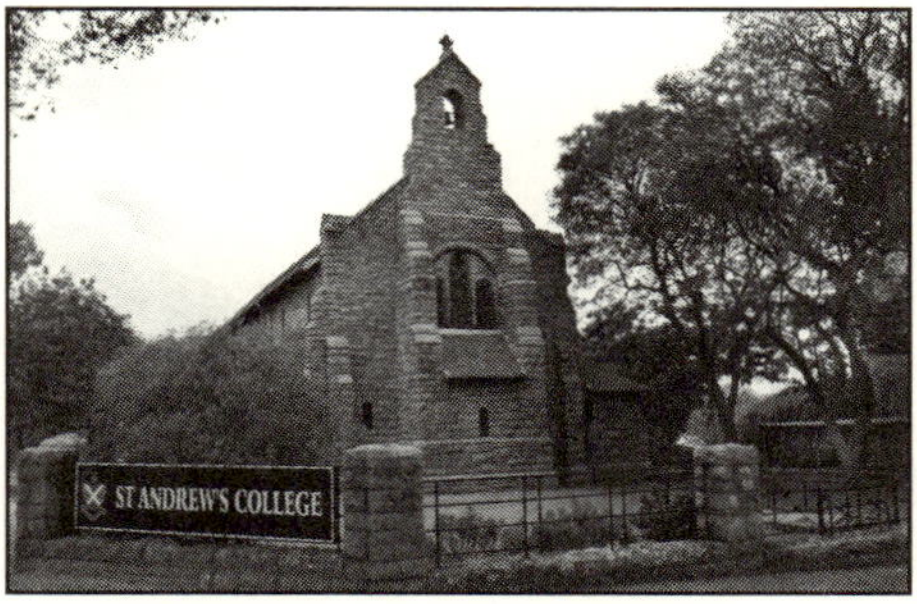

セント・アンドリュース大学
南アフリカ　グラハムズタウン　1855年創立

ロバート・キヨサキは共和党支持者でも民主党支持者でもない。

無党派層の選挙民であり、ファイナンシャル教育の支持者だ。

そして、リッチダッド・カンパニーの使命は、「人類の経済的な幸福を向上させる」ことだ。

●本書は『金持ち父さん　貧乏父さん』とどう違うのか？

『金持ち父さん　貧乏父さん』（一九九七年）

ファイナンシャル教育の小学校……基本のファイナンシャル教育

『金持ち父さん　貧乏父さん』は、ファイナンシャル教育の初等課程だ。ファイナンシャル教育ではファイナンシャル・リテラシー、つまりお金の用語と数字を理解できる能力が必要になる。

ファイナンシャル・リテラシーの用語の中で最も重要なのはキャッシュフローだ。図①の財務諸表は、なぜ中流・貧困層がさらに貧しくなっているかを説明している。ファイナンシャル教育がない中流・貧困層は、お金がポケットから流れ出て、政府や銀行、ウォール街に吸い上げられていくのをどうすることもできない。

『金持ち父さんの　こうして金持ちはもっと金持ちになる』（二〇一七年）

ファイナンシャル教育の大学院……上級のファイナンシャル教育

①中流以下のお金はポケットから流れ出す

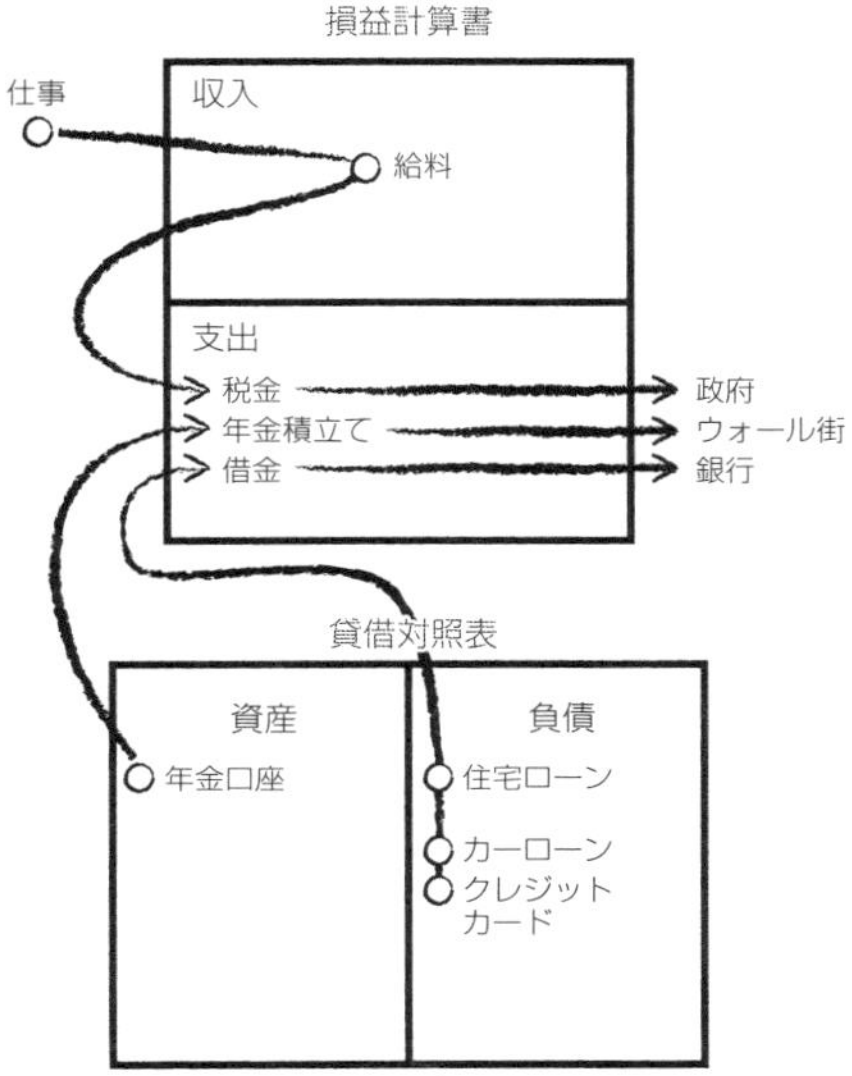

②金持ちは借金と税金を使って資産を増やす

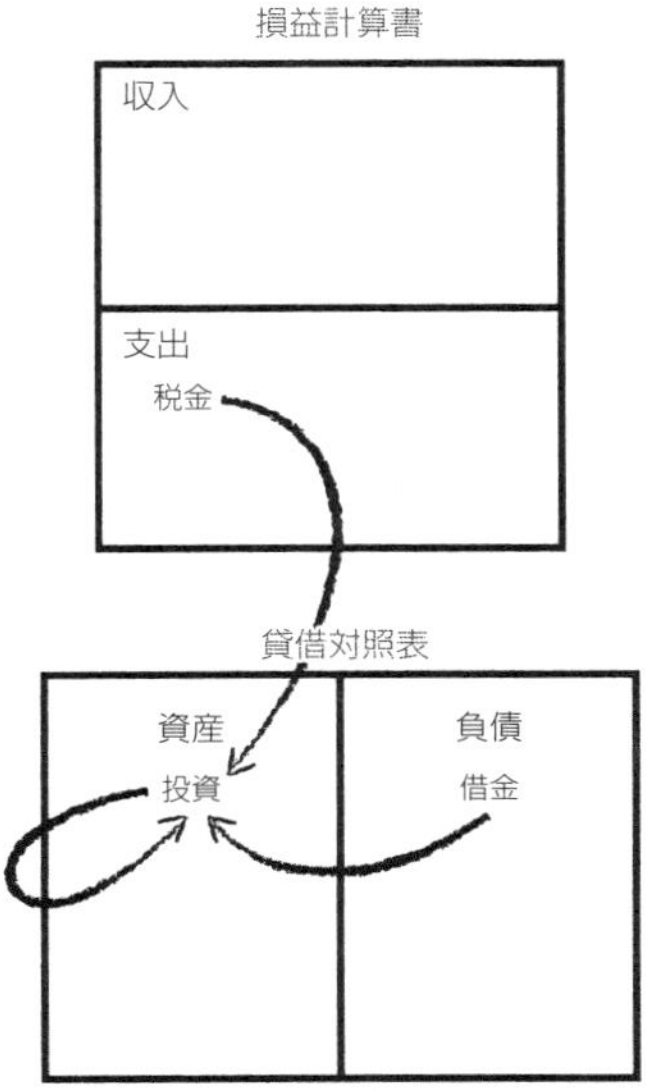

金持ちがもっと金持ちになっていく理由の一つは、彼らがキャッシュフローのコントロールに精通しているからだ。図②の矢印が示すように、金持ちは本来ならば税金として政府に納めるはずのお金を資産の購入に充てる。また、資産の購入に自分のお金を使わず、銀行からの借金を使う。金持ちは、引退後の資金をウォール街に任せたりせず、何度も再投資を繰り返して資産を増やしていく。

本当のファイナンシャル教育とは、本書に書かれているようなものだ。『金持ち父さんの　こうして金持ちはもっと金持ちになる』は、金持ち父さんの大学院生のための本である。

●「本当の」ファイナンシャル教育とは何か?

ファイナンシャル教育は巨大なテーマであり、とても一冊の本に収まるものではない。だがここは金持ち父さんの伝統に従って、ＫＩＳＳ（Keep It Super Simple　超シンプル）に説明してみよう。

本当のファイナンシャル教育は二つの部分からなる。ファイナンシャル・リテラシーとファイナンシャルＩＱだ。

1．ファイナンシャル・リテラシー……お金の言語を理解する能力

『金持ち父さん　貧乏父さん』の中で、特に重要なお金の言葉は「資産」と「負債」だ。本にも書いてあるように、お金のトラブルにはまり込む人々は自分の負債を資産だと勘違いしている。彼らは持ち家や車を資産と呼ぶ。だが実際は、それらは負債なのだ。

お金の言葉の中で最も重要なのはキャッシュフローだ。『金持ち父さん　貧乏父さん』でも説明した通り、資産はあなたのポケットにお金を入れてくれるもの、負債はあなたのポケットからお金を取っていくものだ（図③）。

2．ファイナンシャルＩＱ……お金の問題を解決する能力

最近の世論調査によると、アメリカの多くの家庭は突然の四〇〇ドルの出費が支払えないという。つまり、平均的米国人のファイナンシャルＩＱは四〇〇ドル以下ということだ。トランプ大統領のような人のファイナンシャルＩＱは数百万ドルになる。つまり、一般市民としての彼は二五〇〇万ドルの緊急の支出にも個人の小切手を使えるということだ。バーニー・サンダースはいくらの小切手を切れるだろうか？

あなたのファイナンシャルＩＱはいくつだろう？　いくらまでなら突然の支出に対応できるだろう？

富裕な起業家がますます金持ちになっていくのは、彼らのファイナンシャルＩＱが非常に高いからだ。この本を読めば、賢い金持ちがいかに借金（ほとんどの人にとっては負債となってしまう）を利用して資産を買っているかが分かる。また、こうしたファイナンシャルＩＱの高い人たちが、通常は政府に払うべき税金を利用して資産を買っている、その方法も理解できる。

だからこそ、『金持ち父さん　貧乏父さん』がファイナンシャル教育の小学校だとしたら、『金持ち父さんの　こうして金持ちはもっと金持ちになる』は大学院なのだ。

③一番重要なのはキャッシュフロー

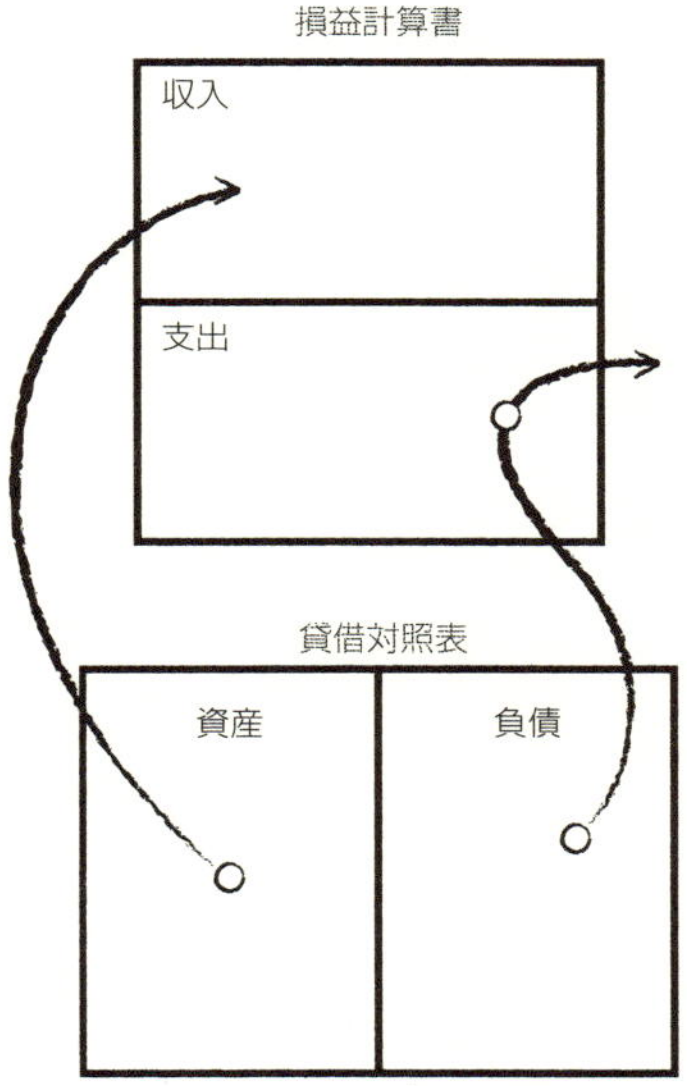

ロバートからのメッセージ
なぜトム・ホイールライトをパートナーに選んだか？

あなたが従業員なら、おそらくＣＰＡ（公認会計士）は必要ないだろう。税金に関して、ＣＰＡが従業員の助けになれることはあまりない。世の中には賢いＣＰＡと愚かなＣＰＡがいる。大胆なＣＰＡと臆病なＣＰＡもいる。トムは大胆で賢いＣＰＡだ。あなたが金持ちになりたいなら、トムのような優秀なＣＰＡが必要だ。

トムは若い頃、父親の経営する印刷会社の会計事務員としてキャリアをスタートした。高校卒業後、パリのモルモン教会で布教活動を行い、リーダーシップのスキルを身につけるとともに、九か月間、教会長の会計係として北フランスの伝道者一七五人の会計を管理した。

布教活動が終わるとトムはユタ大学に入学し、会計学専攻、フランス語副専攻で学士号を取得した。その後二つの会計事務所で働き、一か所では帳簿を、もう一か所では所得税申告書の作成を担当した。トムはさらにテキサス大学オースチン校で、税金を専門として会計の修士号を取得した。在学中には地元の会計事務所に勤務し税の申告業務に当たった。

テキサス大学卒業後は八大会計事務所の一つであるアーンストアンドウィニー（現在のアーンストアンドヤング）に勤務し、ユタ州ソルトレイクシティーで仕事を始めた。二年後、彼はワシントンＤＣの国税関連の部署に呼ばれた。国税業務に三年間携わり、同部門の全米の会計士数千人のための教育プログラムを作って指導に当たる一方で、起業家や不動産、石油やガス関連の顧客の複雑な税金業務を行った。

トムは国税業務と、フェニックスのオフィスでの不動産関連の税金業務とを掛け持ちして働いた。二年後、当時フォーチュン500に名を連ねていたピナクル・ウエスト・キャピタルにタックスアドバイザーとして入社する。四年後、トムはこれまた国際的な会計事務所であるプライス・ウォーターハウスに入社、フェニックスのオフィスの州税・地方税業務のディレクターとなる。

プライス・ウォーターハウスでしばらく働いた後、トムは自分の会計事務所を立ち上げる決心をする。当初はたった二件のクライアントだったが、五年もしないうちにフェニックスでトップ五〇に入る会計事務所に成長する。彼の会社、プロビジョンはその後も成長を続け、アリゾナ州でトップ二〇に入る会計事務所となり、全米五〇州、世界六大陸の三〇か国に散らばるクライアントの複雑な税金業務をこなしている。

トムは、プロビジョンのクライアントの税金を一〇～四〇%以上削減する画期的な税金対策を編み出した。また、タックスアドバイザー、ジャーナル・オブ・パートナーシップ・タクセーション、アカウンティング・トゥデイといった雑誌に執筆する業界のご意見番でもあり、ベストセラーとなった"Tax-Free Wealth"(課税されない財産)も執筆している。

なぜロバートとキムは暴落によって金持ちになったのか？

私がはじめてロバートとキム・キヨサキ夫妻に会ったのは二〇〇二年の一月だった。その前月、私と妻のアンは、彼らをクライアントに抱える会計事務所を買収していたが、その頃はまだ二人についてよく知らなかった。二〇〇一年の一一月、友人のジョージがリッチダッド・カンパニーのＣＦＯに就任したという知らせを受け取った。また、別の友人で、買収した事務所のクライアントだったキムも、キヨサキ夫妻についていくつかの知識を授けてくれた。

だが、私がロバートとキムの天才性に気がついたのは、年月をかけて彼らをよく知ってからだった。二人は、ベストセラー本を書いた普通の夫婦ではなかった。自らが教えることをすべて実践している、普通とはかけ離れたカップルだった。彼らは書物によってではなく、人生の実体験をもとに人々を指導した。どのようにして金持ちがもっと金持ちになるのか、どうすれば自分のスタイルやアイデンティティーを失うことなく金持ちで有名な存在になれるのかを熟知していた。

キヨサキ夫妻の成功のカギは、誰も知らない秘密を知っているからでも、お金を得る方法を人々に教えて富と名声を得た唯一の人間だからでもない。ロバートとキムの成功の秘密は、自分たちが自らの教えの手本になっていることだ。本書に書かれていることは二人の経験が元になっている。会計士として一五年間彼らと仕事をした私は、そのことをよく知っている。私はロバートとキムが利益を上げるのも、損失を出すのも見てきた。だが二人が、自分たちが信じていないことに手を染めたり、自分たちが実践しなかったことを教えるのは見たことがない。

こうした信頼性、自己への忠実さは、私を含む多くの人々が、キヨサキというブランドに惹きつけられる最大の理由だ。私は二人と共に世界中を旅した。一緒にヨーロッパやアジア、アフリカ、オーストラリア、南アフリカに出かけ、アメリカとカナダをくまなく廻った。

私たちはエストニアやポーランド、モスクワ、キエフ、シドニー、メルボルン、ヨハネスブルク、カザフスタンのアルマトイ、キルギスのビシュケク、ヘルシンキ、ロンドン、東京、上海などで講演もした。通りで人々にサインや写真を求められた時も、彼らは快く応じた。キエフの国境でサインを求めた若者は、サインだけでなく一緒に写真まで撮ってもらった。モスクワの街角で声をかけてきた女性は、ローマで彼のイベントに参加する予定だと言った。キヨサキは彼女の話に真剣に耳を傾けていた。

本書はロバートとキムの物語の頂点と言ってもよい。匹敵するものがほとんどない、真のサクセスストーリーである。驚くべきはそのシンプルさだ。ロバートは学んだお金の基本法則をキムとともに生真面目に実践し、大きな成功を収めた。それは、安く買って高く売る、という物語だ。それはファイナンシャル教育の物語であり、市場の暴落に備えよというメッセージだ。また、激しい反対意見に耐え、誰も語りたがらない真実を伝えることでもあった。

ロバートとキムの物語は、二人の最初のデートから始まる。ロバートはキムに、人生に求めているものは何かと尋ねた。キムは最初のデートにしては少々重い質問に面食らいながらも、いつか自分のビジネスを持ちたい、と答える。彼女は従業員として成功を追い求めたが得られず、雇われる立場に飽き飽きしていた。起業家になればより多くを実現できると考えていた。彼女はこの時、自分の発言が未来を予言しているとは夢にも思わなかった。

付き合い始めて一年目の記念日（あるいは彼女の誕生日だったかもしれない）、ロバートはキムに奇妙な贈り物をした。それはダイヤモンドでもブレスレットでもなかった。彼女に会計のコースを受講させたのだ。ロバートは、彼女がビジネスで成功するためには会計の知識が役立つと考えたからだ（私のクライアントたちが、奥方に会計のコースをプレゼントしてくれたらどんなに良いだろう！）。

ロバートとキムはお金について学ぶ旅に出発した。ロバートはその知識のほとんどを、友人の父親、彼が金持ち父さんと呼ぶ人物から学んだ。彼はまた、多くの知識を師と仰ぐバックミンスター・フラーから学んだ。だが、彼が一番多くを吸収したのは厳しい現実社会からだった。

ロバートの最初のビジネス、サーファー財布の仕事は短期間で成功し、ほどなくして失敗した。次に手を染めたロックイベントでTシャツや野球帽を販売するビジネスは、さらに大きな成功となったが、それを上回る失敗が待っていた。キムと出会った時、ロバートには八〇万ドルの借金があった。だからキムがお金目当てで彼と結婚したのではないことは明らかだ。

私の知る限り、大成功を収めたすべての起業家は過去に手ひどい失敗をしている。スティーブ・ジョブズは自分が設立した企業から追い出された。ドナルド・トランプはかつて返済の当てがまったくない八億ドルの借金を背負った。こうした失敗経験は彼らにとってまたとない学び、経験、さらなる前進の活力となった。

ロバートとキムにとって経験し学ぶことはお金には換えられないものだった。一九八九年から一九九〇年にかけて起こった二〇世紀後半最初の大暴落の時には、彼らは準備ができていた。不動産と会計について十分に学んでおり、ビジネスについても経験豊富だった。全米の貯蓄貸付組合S＆Lが瀕死の状態になった時、彼らは準備万端整えていた。

そして二人は行動した。破格の値段で不動産を購入したのだ。数年のうちに、彼らの不動産収入は支出を上回った。まだ金持ちと呼ばれるほどではなかったが、経済的自由は手に入った。一か月に一万ドルの不労所得が入り、支出は三〇〇〇ドルだった。彼らはこのやり方を他の人間にも伝えるべきだと考えた。

アリゾナ州ビスビーの小さな自宅で、二人はお金について自分たちが学んだことを教えるためのゲームを作った。それは『キャッシュフロー101』と名付けられた。ゲームを売るためには小冊子を付ける必要があったので、ロバートは執筆を始めた。金持ち父さんから教えられた、また人生を通じて学んだ法則を書いていくうちに、八ページでは収まらないことが分かってきた。それは結果的に一三二ページの本になり、『金持ち父さん　貧乏父さん』というタイトルが付けられた。

『金持ち父さん　貧乏父さん』が出版されたのは、一九九七年、ロバートとキムが二度目に暴落で利益を上げた時だった。出版社が興味を示さなかったので二人は自費出版することにした。ネットワークビジネスの関係者が在宅ビジネスの宣伝ツールとして使ったおかげで本は売れ始めた。だが爆発的なヒットとなったのは二〇〇〇年の四月、オプラ・ウィンフリーがロバートをTVショーのゲストに招いてからだった。

当時はドットコムバブルがはじけた直後で、最高のタイミングだった。『金持ち父さん　貧乏父さん』はニューヨークタイムズのベストセラーリストの一位に六年以上も君臨することになった。ロバートとキムは米国だけでなく、世界中の人々の琴線に触れた。二人は、老後の蓄えを失った数百万の人々に、金融市場に代わるもの、つまり自分の人生、お金、そして未来を自分でコントロールする方法を教えた。

ロバートとキムは一線を離れ、『金持ち父さん　貧乏父さん』の印税で生活することもできた。だがそんな人生は彼らには不可能だった。彼らの信条と、お金についての知識を世界中に広めるという使命に反することだったからだ。二人はさらに多くの本を書き、セミナーを開き、インタビューを受けることで、自分たちが学んだことを人々と分かち合った。

二〇〇二年、ロバートは『金持ち父さんの予言』を書き、二〇一六年までに市場の大暴落が起こること、その少し前に小規模な暴落があることを予言した。二〇〇五年、彼はCNNに出演し、来るべき不動産の暴落を警告した。そして二〇〇八年と二〇〇九年、不動産市場と株式市場は大暴落した。

ロバートはCNNに電話して「私の言った通りだろう?」と言うこともできたが、そうする代わりに二人は、自分たちが人々に教えてきた通り、この機会を最大限に利用した。市場が落ち込んでいる時に、数百万ドル分の不動産を買い込んだのだ。今日、彼らの所有する不動産、アパート、ホテル、そしてゴルフ場などは数千にのぼる。彼らは自分たちが教えてきたことを実践したに過ぎない。やがて来るチャンス、市場暴落のために準備していたのだ。

本書は市場の暴落についての本であり、いかにそれに備えるか、それを見極めるか、そこから利益を得るかについての本である。もちろん誰も暴落など望んでいない。暴落は貧しい人々、ファイナンシャル教育のない人々を破綻させてしまうからだ。だが、誰もそれを食い止めることはできない。暴落は政府が市場にてこ入れするために起こる。暴落は誰もコントロールできない出来事がきっかけで起こる。大統領でさえ防ぐことはできないのだ。

来るべき暴落にいかに準備するかが、今後数年間のあなたの経済状況を大きく左右するだろう。すべてはあなたの選択次第だ。この本に書いてあるファイナンシャル教育に従って、今から手を打っておくか？　本書に書いてあるように、暴落から利益を得るために必要な行動への準備をしておくか？　そうする人々だけが次の恐慌から逃れられる。ほとんどの人は完全に破産してしまうだろう。ほんの一握りが億万長者になるだろう。あなたはどちらになるだろうか？

トム・ホイールライト
公認会計士／リッチダッド・アドバイザー
"Tax-Free Wealth"（課税されない財産）の著者
会計事務所プロビジョンＰＬＣの創設者

かつて……人々は、学校に行き、仕事に就いて懸命に働き、お金を貯め、家を買い、借金をせず長期投資をすれば、末永く幸せに暮らせると信じていた。だが、これはもはやおとぎ話だ。

金持ちとそれ以外の人々の格差が広がっている一つの理由は、このおとぎ話にある。この話を信じる人は金持ちと貧困層の間にある割れ目に落ち込んでしまう。おとぎ話の信者たちは今お金のトラブルに見舞われているのだ。

●二〇年前

一九九七年、『金持ち父さん　貧乏父さん』が出版された。自費出版だった。打診した出版社のどれもが私の意見は常軌を逸していると考えたからだ。二〇年前には、金持ち父さんの教えのほとんどは理解されなかったと思う。この本は私たちが今日陥っている経済危機への警告として書かれた。二〇年前、私は「持ち家は資産ではない」「貯金する人は敗者だ」と言ったことで激しくこき下ろされた。だが時代は変わった。

二〇年前、一九九七年を思い出してほしい。株式市場は絶好調で求人はいくらでもあり、一番売れた本は一九九六年に出版された『となりの億万長者』だった。『となりの億万長者』とは、「学校に行って仕事に就き、貯金をして借金をせず、いつまでも幸せに暮らす」というおとぎ話を追いかけた人々の物語だ。一九九六年当時、金持ちになることは簡単だった。ほとんど誰もが金持ちになれたのだ。

となりの億万長者たちは大学を出て、良い仕事に就き、地味な車に乗り、家を所有し、その価値はどんどん上昇した。彼らは年金制度や個人年金プランを通して株式市場に投資した。人生は良きもので、億万長者になるのは簡単だった。アメリカンドリームは現実だったのだ。

●グリーンスパンの警告

一九九六年、連邦準備制度理事会議長、アラン・グリーンスパンは「不合理な熱狂」について警告した。人々は酔っぱらった狂乱状態にあり、金持ちになることは簡単だと信じていた。

一九九七年、『金持ち父さん　貧乏父さん』が出版された。それは『となりの億万長者』のコインの裏側とも言うべきものだった。金持ち父さんは、安定した仕事に就く、貯金する、収入の範囲内で生活する、経済的な車に乗る、借金しない、株式に長期投資する、といったことは信じていなかった。

そして二〇〇〇年、ドットコムバブルが弾けた。二〇〇一年の九・一一はテロリズムがごく身近に存在するという事実を我々に突きつけた。二〇〇七年、不動産バブルが弾け、二〇〇八年、米国最大の銀行が破綻した。金利はマイナスになり、貯金する者は敗者になった。石油価格の下落は石油を中心とした経済を揺さぶり、テロリズムに対する戦いが激化した。EUではギリシャ、イタリア、スペインが足枷となっている。株式市場が高値を更新するたびに金持ちはもっと金持ちになるが、ワーキングプアと中流層は貧しくなるばかりだ。今、世界は歴史上最も厳しい経済危機に身をよじっている。

●二〇年後

今日、多くのとなりの億万長者が無職となり、彼らの持ち家は「となりの差押え物件」になってしまった。若者たちは学校に行き卒業するが（多くの場合多額の学資ローンを背負う）、かつての夢のような高給の仕事を見つけることは難しい。現在の米国の学資ローンの負債総額は一兆三〇〇〇億ドルで、クレジットカードの負債総額よりも大きい。

彼らの多くは家を買えない。稼ぎが少ないうえ、学資ローンが重くのしかかるからだ。大学を卒業しても多くは実家に住んでいる。教育のある若者はなんとか仕事を見つけるが、それはアルバイトなどの非正規雇用だ。お金には換えられない貴重なビジネス経験を若者たちが持てないことは、未来のもう一つの時限爆弾だ。

今日、貯金する者は敗者だ。預金金利は歴史的な低さだ。日本、スウェーデン、そしてユーロ圏ではマイナス金利さえ始まっている。

●窮地に立つ年金

公的及び私的年金プランのほとんどは加入者が預けた原資の七・五％の運用益によって成り立っている。だが、米国最大の政府職員の年金プランであるカルパース（カリフォルニア州職員退職年金基金）は原資に対するたった二％以下のリターンで運営されている。つまり数百万人の政府職員の年金が資金不足に陥っているということだ。

また、社会保障とメディケア（高齢者医療保険）は赤字になっている。納税者の税金を使った巨大な救済が再び行われるのだろうか？

●ロボットがやってくる

追い打ちをかけるのは、ロボットの登場だ。マーティン・フォードは著書『ロボットの脅威―人の仕事がなくなる日』の中で、学校に行って安定した職に就くことがなぜ妄想なのか説明している。あなたが医師だとしても、ロボットはあなたの代わりができるのだ。それも未来ではなく現在の話である。

世界中の富裕な国々は人間を置き換えるテクノロジー、ロボットの開発競争を繰り広げている。このさき失業するのはマクドナルドの従業員だけではない。ジャーナリスト、教師、弁護士、医師、会計士などの専門職も困難に直面するだろう。

マーティンが主張するのは低賃金の外国に仕事が流れてしまうという話ではない。人間がロボットに置き換えられるのだ。米国は現在製造業において低賃金の国と競争しているが、やがては人間の労働力ではなくロボットと戦うことになるだろう、とマーティンは言う。それが何を意味するかは明らかだ。大量失業時代がやって来たのだ。

●新大統領トランプ

二〇一六年、ドナルド・トランプは圧倒的な差をつけて大統領となった。多くの人が彼と彼がすることを恐れている。だが一方で、彼に投票した多くの人が、米国の都市が死にかけ、失業率が上がっていることを懸念しているということだ。私もトランプに投票した。彼が変化を標榜しているからだ。私が思うに、今後多くのことが変革されなければならない。

ドナルド・トランプは私の友人だ。私たちには今までに二冊の共著がある。女性や人種、宗教に関する彼の軽々しく配慮に欠けた発言には引いてしまうが、少なくとも私の知る彼は良き人物で、素晴らしき親でありリーダーである。

彼の年長の三人の息子たちは皆素晴らしい若者だ。キムと私は彼らの結婚式に招かれた。トランプのスタッフは、何十年にもわたって彼を支えてきた、力強く固い意志を持つハキハキとした女性たちだった。彼の妻メラニアは五か国語を操り、エレガントで美しく、物事を率直に述べる女性だ。トランプの女性たちに対する態度を目の当たりにしたキムは、彼を非常に尊敬するようになった。

トランプと私が一緒に本を書いたのは、おとぎ話の一つ目「学校に行け」について懸念があったからだ。また二人とも教育者で、二人とも「金持ち父さん」を持ち、米国の教育の質を心配していたからだ。私たちは、本当のファイナンシャル教育をすべての学生が受けられるようにしなければならないと信じていた。

米国も世界も深刻な財政問題を抱え、トランプ大統領は大変な仕事をこなさなければならない。彼もまた、おとぎ話が終わったことをよく知っているはずだ。

●なぜこの本が役立つのか?

本書は『金持ち父さん　貧乏父さん』の大学院バージョンとして書かれた。本当のファイナンシャル教育とは何か、なぜ金持ちがもっと金持ちになるのかを説明した本だ。富裕層、中流層、貧困層の違いは教育だ。そしてそれは残念ながら学校では教えてくれない。

本当のファイナンシャル教育のためには金融の歴史に触れる必要がある。この金融危機は突然起こったわけではない。それは一九一三年、連邦準備銀行と米国の税制が生まれた時から一〇〇年以上かけて醸成されてきた。本書では、この危機の歴史を簡単に説明する。危機を招いた歴史上の出来事を理解すれば、おとぎ話を信じるとなりの億万長者がなぜお金のトラブルに見舞われているか、その理由が分かるはずだ。となりの億万長者は私の父、貧乏父さんのような人々だ。

過去何年ものあいだ、人々は工場が海外に移転することを気にも留めなかった。過去何年も、人々は米国の都市がさびれていくことを気にしなかった。財界、政界、学界のエリートたちは長い年月のうのうと暮らし、米国が死にかけていることに気づきもしなかった。バーニー・サンダース上院議員はそのことが分かっていたからこそ、民主党の予備選挙でヒラリー・クリントンをあそこまで追い詰めたのだ。トランプももちろん理解している。だからこそ大統領になったのだ。

●だれが助けてくれるのか?

私が懸念するのは、あまりに多くの人々がトランプ大統領による救済を期待していることだ。彼は偉大な男だが、スーパーマンではない。自力で助かろうとしない人まで救えるとは思えない。

ドナルド・トランプと私が一致しているのは、二人とも、バーニー・サンダースをはじめ多くの人が主張する「人々に魚を与える」ことを信じていない点だ。私たちが信じるのは「人々に魚の釣り方を教える」ことだ。私の最初の本『金持ち父さん　貧乏父さん』は、今から二〇年前の一九九七年に出版され、人々に釣りの方法を教えた。

●警告1：本当の教育

本書『金持ち父さんの　こうして金持ちはもっと金持ちになる』は『金持ち父さん　貧乏父さん』の上級編であり、言わば金持ち父さんの大学院だ。もしまだ『金持ち父さん　貧乏父さん』を読んでいないなら、まずそちらから読むことを勧める。この本は「金持ち父さん」の大学院生向け、「金持ち父さん」シリーズで紹介した法則や教えにすでに親しんだ人々のためのものだ。すべての「金持ち父さん」シリーズの本と同様、できる限り内容をシンプルにするよう努めた。この本はシンプルだが、金持ちがしていることは簡単ではない。

●九〇対一〇のお金の法則

九〇対一〇の法則と呼ばれるお金の法則がある。これによると、一〇％の人々が世の九〇％のお金を得るという。本書と『金持ち父さん　貧乏父さん』は、九〇対一〇のお金の法則についての本だ。

幸いなことに、本当のファイナンシャル教育のもとでは、誰もが九〇％のお金を得る一〇％になることができる。本書を読めば、一〇％の仲間入りをするために、名門校の高額な大学教育など必要ない理由が分かると思う。実際、スティーブ・ジョブズやマーク・ザッカーバーグ、ウォルト・ディズニーをはじめ、世界で最も裕福な人々の多くは大学を卒業していない。

あなたがすべきことは決断だ。あなたには根性、強い意志、そして本当のファイナンシャル教育を受ける意欲があるだろうか？　もしあなたが物事を途中で放り出すタイプで、何かに真剣に取り組むことが好きではなく勉強も嫌いなら、この本はあなたには向かない。人生とは楽なもので、政府が自分の面倒を見てくれると信じているなら、この本はまったくあなた向きではない。

覚えておいてほしい、本書は学校では教わらない、本当のファイナンシャル教育についてのものだ。

●警告2：税金

二〇一二年、バラク・オバマ大統領が共和党候補のミット・ロムニー知事を破ったのには多くの理由があった。その一つが税金だ。バラク・オバマは自分が収入の三〇％を税金として支払っている事実を公開した。一方、ロムニーが納めていた税金は全収入二〇〇〇万ドルの一三％だった。

ドナルド・トランプは自分の納税申告書を決して公開せず、反対派を怒らせた。それが賢い選択だったのか、それとも不誠実だったかは、税金に対するあなたの見方による。

本書の大部分は税金についてのものだ。あなたが納税することが好きで、もっと税金を払いたいなら本書を読む必要はない。だが、ロムニーやトランプのような人々が数百万ドルを稼ぎながらごくわずかの税金しか納めていない理由を学びたいなら、本書を読んでほしい。

●税金は公平なもの

多くの人が、税金とは不公平なものだと信じている。だが本当に不公平なのは、人々が税金を理解するためのファイナンシャル教育が行われていないことだ。税法は本来は誰にでも公平だ。ファイナンシャル教育を受け、税法を自分に有利に使うことができれば、誰もがもっと納税額を少なくできる。

税金はとても重要で議論を呼びやすいテーマなので、執筆に当たり、私は自分のタックスアドバイザー、トム・ホイールライトに助力を頼み、税金に関する部分を指導してもらった。トムは私が出会った中でもっとも賢く明晰で、勤勉な公認会計士だ。金持ちがもっと金持ちになるのは、一つにはトムのようなアドバイザーの助言があるからだ。

問題は、トムのような有能なアドバイザーでもできることには限度があるということだ。あなたが本当に数百万ドルの収入を望み、納税額を減らし、できればゼロにしたいなら、金持ちと同じことをしなければならない。となりの億万長者に対してトムができることはあまりないのだ。

▼トムのタックスレッスン――税金はファイナンシャル教育を受けた人間に報いる

税金の目的は人々を罰することではない。税金は、政府が望むことを実行する人間に報いるようにできている。この本は、政策に沿った行動をする人々に政府がどのように報いるかをあなたに教える。税の優遇策についてさらに深く知りたいなら、リッチダッド・アドバイザーシリーズの本、"Tax-Free Wealth"を読むか、ウェブサイトTaxFreeWealthAdvisor.comを訪れてほしい。

●警告3：「そのやり方はここでは無理ですよ」

トム・ホイールライトをはじめとするリッチダッド・アドバイザーたちは、世界中を旅して本書の教えを説いて回っている。

だが、どこに行っても、米国国内であっても、誰かしら手を挙げ「それはここではできませんよ」と発言する。ほとんどの場合、そうした人はとなりの億万長者だ。医者、弁護士、会計士、あるいはファイナンシャル・アドバイザーといった人々である。

本書を読んだあなたも「ここではそのやり方は無理だよ」と言うかもしれない。だがそう思うのは本当のファイナンシャル教育がないせいだ。

トム・ホイールライトは訪れた国々でしばしば現地の会計士を招き、私たちが教える手法が現地でも有効であることを確認してもらう。それでも人々は言う。「そのやり方はここでは無理ですよ」

事実を言えば「彼らには無理」なのだ。本書に書かれているような本当のファイナンシャル教育なしには、誰も金持ちがやっているのと同じことはできない。たとえ彼らが医者やMBA保持者、弁護士、あるいは公認会計士であっても。

図④のキャッシュフロー・クワドラントは、私たちの方法が実行できない人々について説明している。「そんなことはできない」と言う人々のほとんどはEクワドラントの従業員と、Sのスモールビジネスオーナー、医者や弁護士などのスペシャリスト、そして不動産エージェントやウェブデザイナー、美容師などの自営業者だ。

もう一度図⑤のキャッシュフロー・クワドラントを見てほしい。なぜ一部の人が「それはここでは無理だ」と言い、別の人々は実行しているかが分かるだろう。

Bクワドラントは五〇〇人以上の従業員を抱えるビッグビジネスを表す。Iクワドラントにいるのはプロの投資家だ。

EとSのほとんどは、となりの億万長者のような投資をする。彼らは株式、国債・債券、投資信託、ET

E…従業員（employee）
S…スモールビジネス (small business)
　自営業者 (self-employed)
B…従業員 500 人以上のビッグビジネス
　(big business)
I…投資家（investor）

④キャッシュフロー・クワドラントの右側と左側の違い

⑤どのクワドラントに属しているか

Ｆ（上場投資信託）などを買う一般投資家だ。一方、プロの投資家は自分で投資を作るか、「仕入れ価格」で投資を行う。「そんなことはできない」と言う人々は皆、紙の資産に投資しているＥやＳクワドラントの人々だ。

この本では、ＢやＩクワドラントの人々が知っていて、実行している手法を紹介する。もしあなたが喜んで本当のファイナンシャル教育に投資するなら、ＢやＩクワドラントの人々と同じことが可能になる。そして、金持ちがもっと金持ちになる理由を理解する数少ない人間になれる。

●九〇対一〇クラブにようこそ

もしあなたがＢやＩクワドラントになるために必要なことを進んでするなら、一〇％が九〇％の富を所有する九〇対一〇クラブに加わることができるだろう。

だがこの一〇％に入りたくないなら、本当は可能なのに「それはできない」と言い続ける人々の群れに混じっていることもできる。人々が「ここではそれはできない」と言う理由は、やってみるよりも可能性を否定して反対する方が簡単だからだ。本書は、金持ちかどうか、教育があるかないかに関係なく、それに挑戦してみたい人すべてに向けた本である。

第一部

こうして金持ちはもっと金持ちになる

●第一部を読む前に——コインの第三の面

すべてのコインには三つの面がある。表、裏、そして縁だ。

そしてこの縁にこそ知性が宿っている。それはコインの表と裏の両面を見る能力だ。

第一部では、コインの金持ちの面に注目する。税金が貧困層と中流層を貧しくする一方で、同じ税制によって金持ちがもっと金持ちになる仕組みを見ていく。

借金についても同じ仕組みが働いている。借金は貧困層と中流層を貧しくさせるが、金持ちは借金を利用してもっと金持ちになる。

第一部を読み終えた時、あなたはコインの縁に立って、両者の考え方を比較しながらどちら側が自分にとって最善かを決めることができるだろう。

第一章

「何に投資したらいいのでしょう?」

貧乏父さん　「私はお金に興味がない」
金持ち父さん「自分のお金に興味を持たない人は、他人にそのお金を狙われるだろう」

私がよく受ける質問は「一万ドル持っているのですが、何に投資したらいいのでしょう?」というものだ。何回この質問をされたか、もはや思い出せない。世界のあらゆる場所でこの質問を受けた。誰もが魔法の薬、シンプルな答えを求めている。金額は一〇〇〇ドルから二五〇〇万ドルとまちまちだが、内容はいつも同じだ。「何に投資したらいいのでしょう?」

たいていの場合、私はこう答える。
「まずお願いしたいのは『自分がお金に関して無知だ』ということを人に悟られないようにすることです。自分のお金をどう扱っていいか分からないと言えば、あれこれアドバイスしようという人々が山ほど寄ってきます。ほとんどの場合、彼らが言うセリフは『そのお金を私に預けて下さい』です」

●部分的でなく大きな視点で見る

自分のお金をどうするかは、実を言うと些末なことだ。それは財産構築というパズルの最後のピースでしかない。

本書はもうすこし大きな視点に立って書かれている。すなわち、パズルの全体像を見ることだ。全体像が見えてはじめて、どのピースがあなたにとって最良なのか分かる。

金持ち父さんはよくこう言ったものだ。「お金の天国に入るドアはたくさんある」

世界は紙幣を印刷し続けている。お金には中毒性がある。現在の通貨は不安定で、世界の経済不安の原因になっている。お金の毒性が強くなるほど、富裕層と中流層、貧困層の格差は広がるばかりだ。

富裕層がもっと金持ちになるもう一つの理由は、貧困層と中流層が部分的なものの見方しかしないからだ。ほとんどの人が「勤勉に働き、税金を払い、貯金をし、家を買い、借金を返済し、株式市場に投資する」ように教えられてきた。

これらはどれも近視眼的な行動だ。だが、ほとんどの親や先生、お金の専門家が同じことを勧める。

●ウォーレン・バフェットの言葉

世界でも有数の大金持ちで、地球上最も賢い投資家とされるウォーレン・バフェットは、ファイナンシャルアドバイザーについてこう言っている。「ウォール街は、ロールスロイスに乗ってやってくる人々が地下鉄で通勤する人からアドバイスを受ける唯一の場所だ」

金持ち父さんはこう言った。「中流層がお金のことで悪戦苦闘しているのは、彼らが金持ちからではなく営業マンからアドバイスを得るからだ」

営業マンは生計を立てるために売上げを出さなければならない。稼がなくてはならないのだ。もし売れなければ生活に困る。そんな人々を前に、「手元には一万ドルあるけれど、お金には全く無知だ。どうしたらいいか教えてくれ」と公言するのは愚かなことだ。

ウォーレン・バフェットはこう言った。「保険のセールスマンにもっと保険が必要かと尋ねてはいけない。答えはイエスに決まっているからだ」

バフェットはもちろん分かっている。彼はアメリカの自動車保険最大手のひとつ、ＧＥＩＣＯのオーナーだ。彼は大金持ちで、商品を売ってくれる営業マンを大勢抱えている。

みるといい。

金融商品の営業マンに、どの程度のファイナンシャル教育を受けたか聞いてみるといい。正直な答えは、「大した知識はない」だろう。お金に関する本をどれくらい読んだかも聞いてみるといい。答えは恐らく、「あまり読んでいない」だろう。最後に、彼らが金持ちかどうか、働くのをやめても食べていけるか聞いてみるといい。

●高給取りの敗者

何年か前、サルとプロの証券コンサルタントが競うコンテストがあった。サルは会社名の書かれた標的にダーツを投げて、銘柄を選ぶ。証券コンサルタントは自身の受けた教育、研修、知識を駆使して企業価値を分析し、銘柄を選ぶ。結果はサルの勝ちだった。

二〇一五年三月一二日、CNNマネーに掲載された記事にこんな一文があった。

「驚くことに、巨額の資本を扱うファンドマネジャーの八六％は指標を上回れなかった」

高い教育を受けた高給取りの専門家でも市場で勝つことはできなかったのだ。記事はこう続く。

「スタンダード&プアーズ（S&P）社によると、それは決して今回だけのことではない。こうしたファンドマネジャーのうち八九％近くが、過去五年以上にわたり指標を下回る成績しか上げられず、さらに八二％は過去一〇年以上も指標を下回っていた」

それはすなわち、もしサルがS&P500インデックスファンドの銘柄を選んでいたら、過去五年以上にわたり専門家の九〇％の実績を上回り、過去一〇年以上であれば専門家の八〇％の実績を上回るということだ。この事実の教訓は、サルが高給取りの専門家に勝てるなら、あなただって勝てるということだ。

サルがS&P500株価指数に勝てるからといって、S&Pが利益を上げていることにはならない。サルもS&Pもどちらもお金を失うのだ。図⑥の表から分かる通り、S&Pにも浮き沈みがある。

なのになぜ、わざわざ長期投資などするのだろう？　なぜ市場の暴落でお金を失うのだろう？　分散投資では損失を回避できない。S&P500は五〇〇社の株による極端な分散投資なのだ。

●バフェットvs. S&P500

ウォーレン・バフェットのバークシャー・ハサウェイ社ですら、二〇〇〇年の市場暴落以降はS&P500と比較してもさほどよい業績ではない（図⑦）。次の市場暴落では一体何が起きるのだろうか。

Q　ウォーレン・バフェットはS&P500に勝てなかったということか？　彼も損失を出したのか？

A　グラフが表す通りだ。

Q　バフェットに投資したのはどんな人々だ？

A　「何に投資したらいいのでしょう？」と質問するような人たちだ。

Q　損をした人々をどう思うか？　気の毒に思わないのか？

A　もちろん気の毒に思う。私が人々に教え、本を書き、お金のゲームをつくるのはなぜだと思う？　私も破産し、お金を失ったことがあるので彼らの気持ちが分かるからだ。お金のことで悪戦苦闘している人々を見ると胸が張り裂けそうだ。

ウォーレン・バフェットでさえ損失を出すなら、自分のお金を専門家に預ける前に、自分自身のファイナンシャル教育に投資してみようとは思わないか。サルが勝てるのなら、あなたが専門家に勝てないわけがない。

⑥S&P 社 500 株価指数の推移
(1960 年 1 月 4 日から 2016 年 12 月 30 日まで)

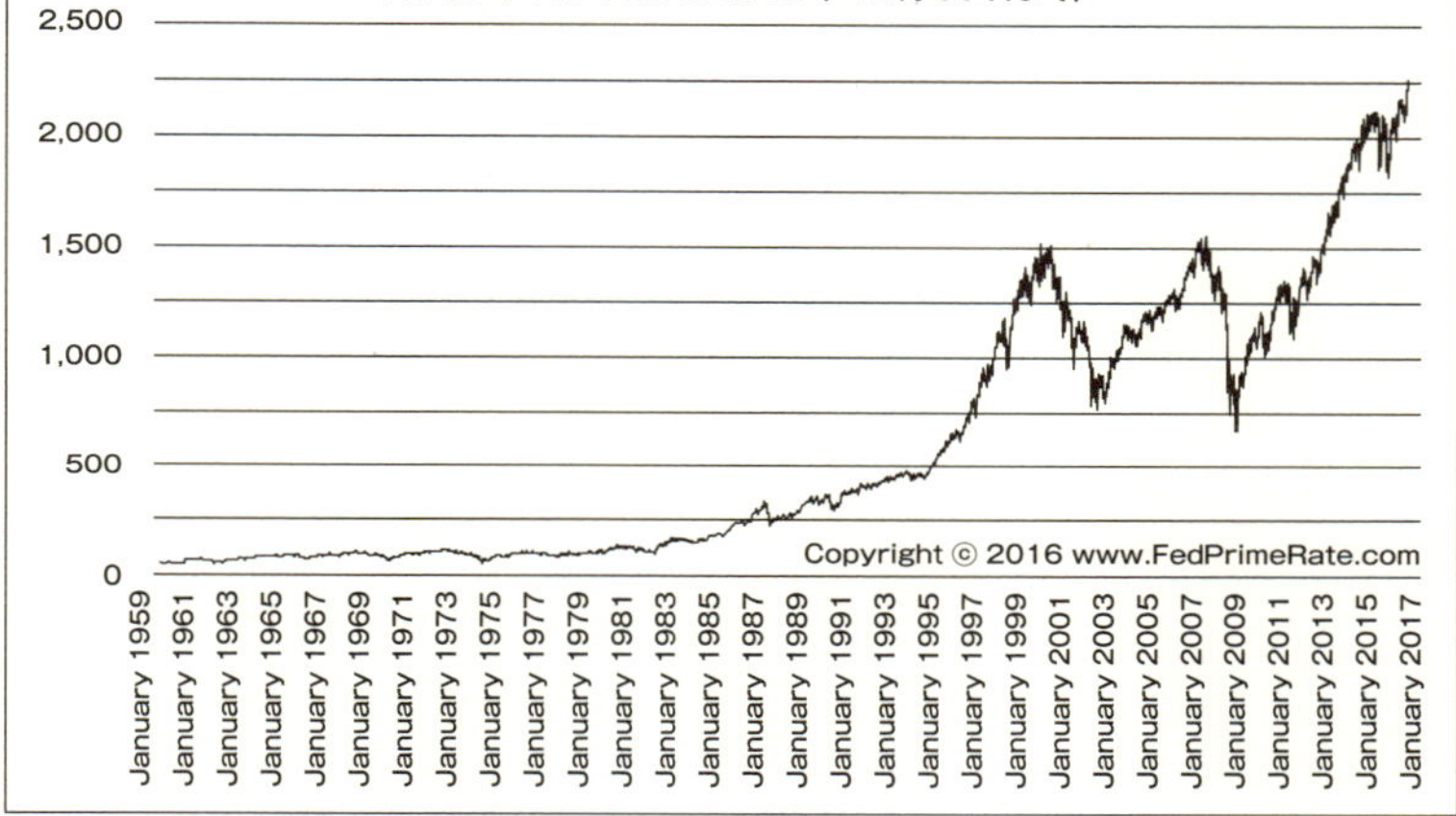

出典：FedPrimeRate.com | S&P 500 Index History

⑦バークシャー・ハサウェイ社 vs. S&P 500
(5 年リターン)

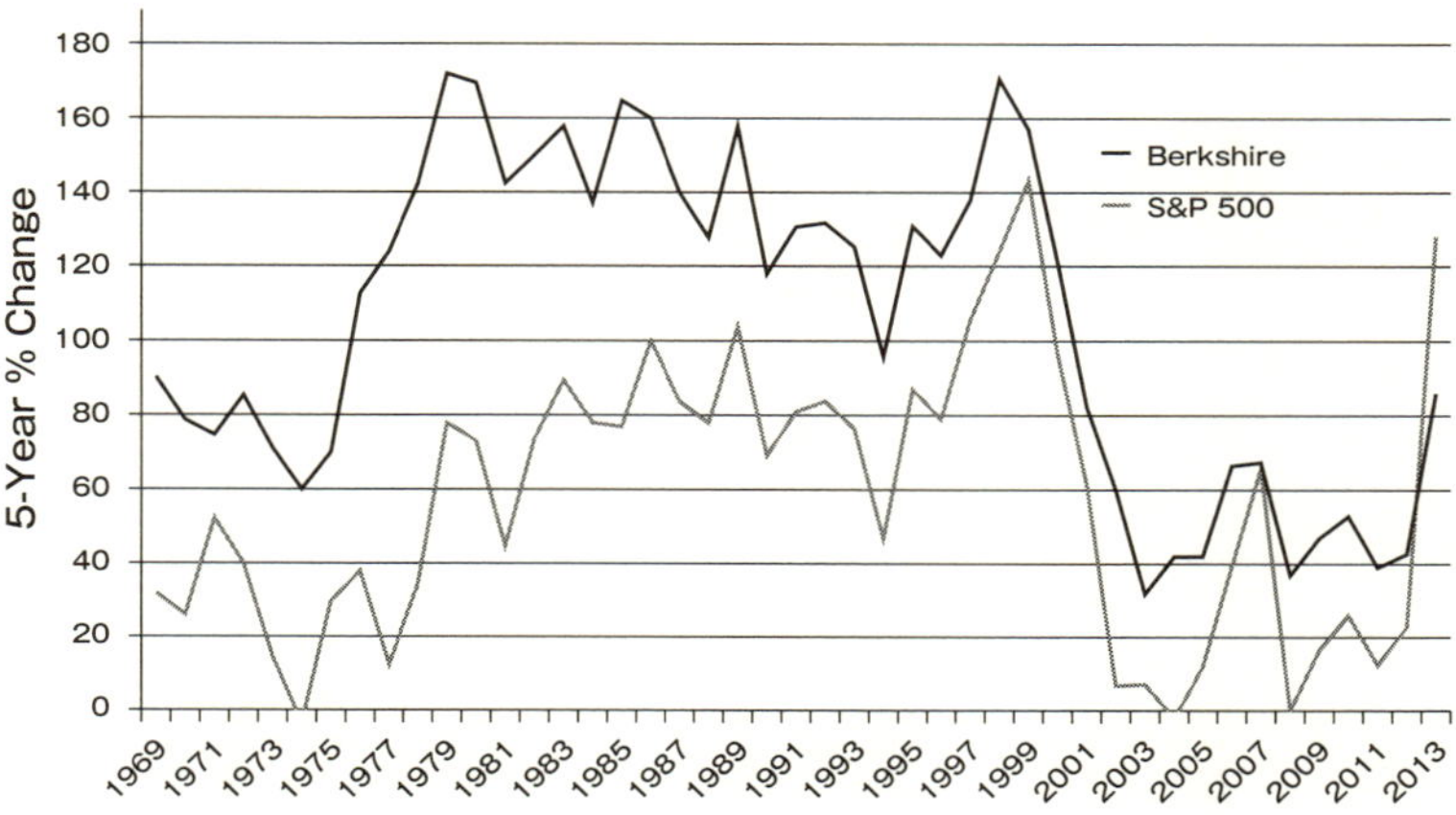

出典：ビジネス・インサイダー

第二章

なぜ貯金する人は負け組なのか？

貧乏父さん　「貯金は賢い行為だ」
金持ち父さん「貯金するのは負け組だ」

一九七一年八月一五日、この日から今日の経済危機が始まった。この日、リチャード・ニクソン大統領は金本位制度を撤廃した。「お金こそが重要なのだ、愚か者め」というわけだ（ビル・クリントン大統領の大統領選キャンペーンの時にはやったセリフ「経済こそが重要なのだ、愚か者め」のもじり）。

一九七一年八月一五日、この日から米国はためらうことなく紙幣の印刷を始めた。この日を境に金持ちはもっと金持ちに、貧困層と中流層はもっと貧しくなり始め、そして預金をする者は負け組になった。

●警告

一九九七年四月八日、『金持ち父さん　貧乏父さん』が公式に発売された。原稿を持ち込んだ出版社には軒並み却下されたため、自費出版だった。「あなたは自分が何を言っているか分かっていない。」そう言ってきた出版社もあった。金持ち父さんのお金に関する教えに出版社は同意しなかった。とりわけ「金持ち父さんの教えその一　金持ちはお金のためには働かない」が受け入れ難かったようだ。

「金持ち父さんの教えその一」は、彼のファイナンシャル教育の礎である。金持ちがお金のために働かない理由はたくさんある。一つは税金だ。金持ち父さんはよく「お金のために働く人は、最も高い税率を課せられる」と言っていた。その理由は、一九七一年以降、米ドルはお金ではなくなり不換通貨になったからだ。

Q　不換通貨とは何か？
A　不換通貨とは価値の保証のないお金で、政府の取り決め以外、価値あるものによる裏付けがない通貨だ。
Q　政府の取り決めとはどういう意味か？
A　簡単に言うと、一片の紙切れをお金だとする法律を政府が制定することだ。そして、国民はその国の不換通貨で税金を支払わなくてはならず、金《きん》や鶏などで支払いはできない。
Q　不換通貨の何がいけないのか？
A　政府は税収以上のお金を使う傾向にある。また政府は必ずしも守れない約束をするものだ。だから政府は不換通貨を印刷して支払いに充て、不換通貨の価値をどんどん下げてしまう。
Q　そして私はますます労働を強いられ、人生はますます高くつくことになるのか？
A　その通り。
Q　不換通貨はまったく無価値になるのか？
A　いずれまったく価値がなくなるだろう。政府の役人たちはお金の生み出し方を知らないからだ。彼らが知っているのはお金を使うことだけだ。

フランスの思想家ヴォルテール（一六九四—一七七八）は言った。「紙幣はいつか紙幣の持つ本来の価値に戻るだろう。すなわちゼロになるのだ」

米ドルが金に裏付けられている限り、紙幣を印刷することは簡単ではなかった。米ドルが金の裏付けを失ってから紙幣の印刷が加速し、貯金する者は敗者となった。

●お金の中毒性

一九七一年以降、米ドルは中毒性を持ち始めた。一九七一年、米ドルは借金、すなわち米国の納税者からの借用書に変わった。納税者が不満を述べない限り、紙幣印刷機は回り続けた。中毒性のあるお金を印刷することは、酔っぱらいの船乗りに酒を与えるようなものだ。酒はアルコール依存者の気分をよくする。お金も同じだ。たとえそれが毒を含んだお金だとしても。

一九七一年から二〇〇〇年までの二九年間、世界はパーティーに明け暮れた。だが、残念ながら宴は終わった。図⑧のグラフを見ると、ここ三〇年にわたる状況が分かる。このグラフが示す通り、パーティーは二一世紀のはじめ、二〇〇〇年頃から先細りとなった。

●三つの大暴落

今世紀最初の一〇年間に、世界は三つの暴落を経験した。最初は二〇〇〇年のドットコム暴落、次は二〇〇七年のサブプライム問題による不動産暴落、そして翌二〇〇八年の巨大銀行破綻による株式市場暴落だ。市場暴落が起こるたびに、紙幣印刷機はフル稼働し、経済崩壊を防ぐべくさらに多くの紙幣を印刷した。

Q　一九七一年から二〇〇〇年までの好景気は、紙幣の印刷によるものだったのか?

A　そうだ。

Q　そして今、パーティーは終わったと。

A　そうだ。

Q　それでも政府はまだお金を印刷し続けているのか。紙幣を印刷すれば経済を救済できると思って?

A　そうだ。だから、貯蓄する者が負け組になるのだ。

⑧過去 120 年間のダウ平均株価の動き

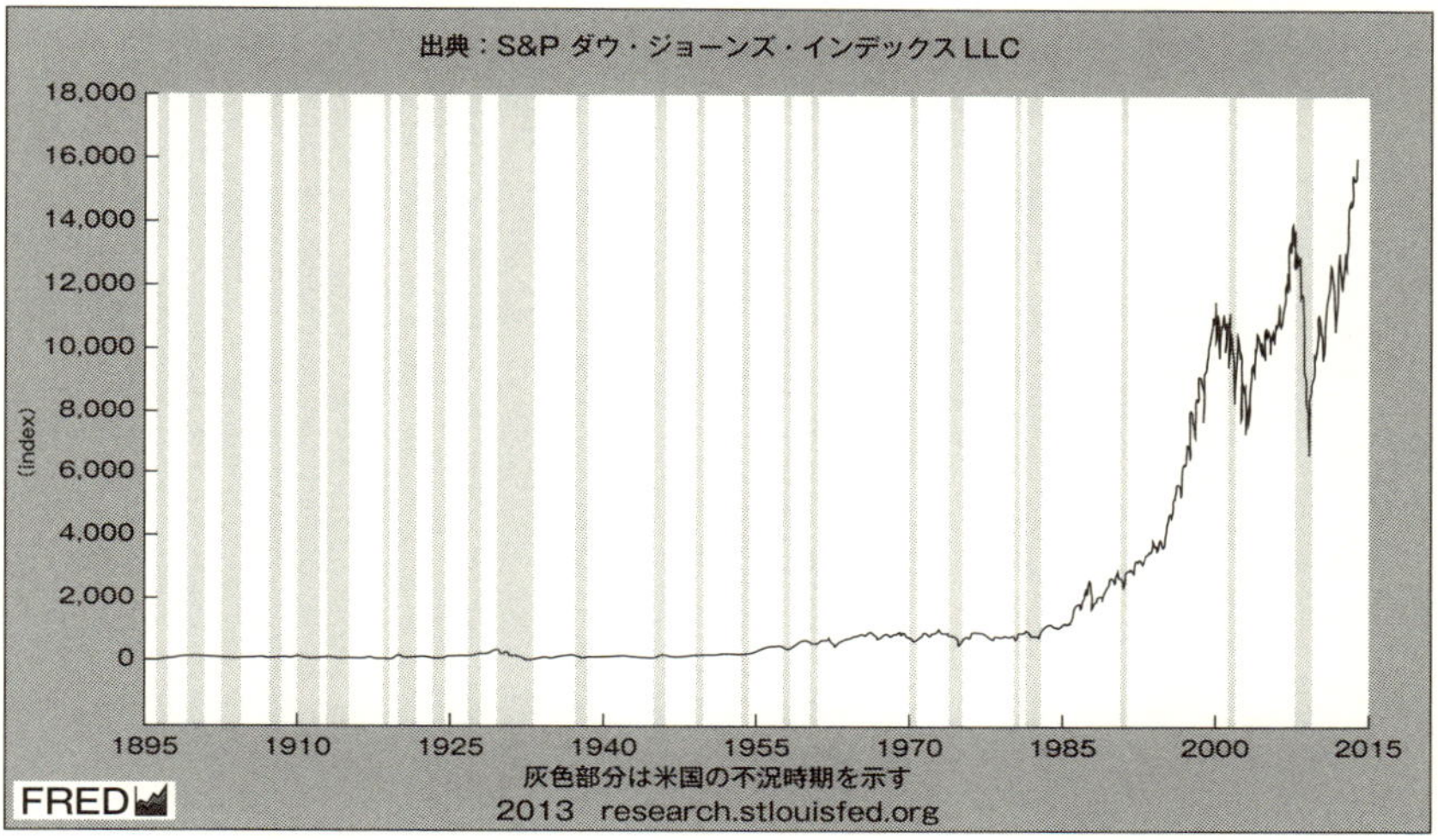

今日、預金金利はゼロに近いかゼロ以下だ。もう一度言うが、貯蓄する者は敗者なのだ。

皮肉にも、今の銀行にはお金がだぶついているのに、人々は貧しくなっていく。理由はお金が毒だからだ。お金が人々を貧しくしている。お金のために働き、貯金をする人は病気になってしまうのだ。

●なぜ貯金する者が負け組なのか

一九七六年、人々は貯金することで金持ちになれた。たとえば一〇〇万ドルの貯金があれば一五％の金利がつき、利子は年間一五万ドルだった。当時は年に一五万ドルあれば十分にいい暮らしができた。

今日、状況は大きく変わった。いま、一〇〇万ドルの貯金があっても、金利二％だとして利子は年間二万ドルだ。つまり、お金の価値がそれだけ下がったということだ。しかも二％は今日では高い金利だ。

インフレと金利の関係を見てみよう。金利が二％でインフレ率が五％だとすると、自分のお金が年三％目減りしてしまうことになる。政府が紙幣を印刷し続けるため、インフレは常に起こっている。

さらに付け加えると、現在、世界の三割で金利がゼロ以下になっている。

Q　お金を預かるだけで、銀行は手数料を取るのか？

A　それがマイナス金利というものだ。

Q　お金を預かるのに銀行が手数料を取るなら、なぜ預金する人がいるのだろう？

A　わからない。私には理解できない。

金持ちがもっと金持ちになる理由の一つは、彼らは借金が大好きだということだ。金持ちは借金を使って富を生む方法を知っている。

低金利というのは、私の耳にはこう聞こえる。「どうかお金を借りてください。お金のセールですよ」

●金持ち父さんの予言

二〇〇二年、『金持ち父さんの予言』が出版された。金持ち父さんは二〇一六年前後の数年のうちに世界史上最大の市場暴落が起こると予測した。さらに、二〇一六年頃と予想した史上最大の暴落の前に、いくつか大きな暴落があるとも予測した。

Q　それが二〇〇〇年、二〇〇七年、二〇〇八年の暴落か？

A　そうだ。

Q　どうしてこんなに正確な予言ができたのだろう？

A　いくつもの理由があるが一番大きいのは、政府が支払いのために紙幣を印刷するのは今に始まったことではない、ということだ。

●歴史からの教訓

世界で初めて紙幣を印刷したのは中国人だ。紙幣が初めて広く流通したのは、唐時代（六一八年—九〇七年）の中国だ。紙幣はインド、ペルシャ、日本にも広まったが、短命に終わった。人々が紙幣の受け取りを拒否し、交易も途絶えてしまったからだ。

Q　なぜ最初の紙幣の受け取りを拒否したのか？

A　政府がいつもお金を印刷しすぎるからだ。今日の政府も同じことをしている。

ローマ帝国が崩壊した原因の一つは、戦費を支払うために農民に課税したことだ。税収で戦費を賄いきれなくなると、ローマ帝国は硬貨の品質を下げた。硬貨の品質を下げるのは、紙幣を印刷するのと同じことだ。

Q　品質を下げるというのはどういうことか？

A　金や銀などの希少金属を減らし、ニッケルや銅などの卑金属と混ぜ合わせて貨幣の価値を下げることだ。人々はすぐに硬貨の価値を信用しなくなった。

米国も一九六四年に同じことをした。だから我々の「銀貨」の縁の部分に銅の色合いが見えるのだ。

●紙幣を印刷する米国

ジョージ・ワシントンは独立戦争の戦費のため、「大陸紙幣《コンチネンタル》」を印刷した。大陸紙幣の価値がゼロになった時、兵士たちは戦うことをやめた。今日でも「コンチネンタルほどの価値もない（何の価値もない）」という言い回しが残っている。

南北戦争当時、南部は北部と戦うために紙幣を印刷した。ほどなくして南部連合通貨は無価値になった。

Q それでは、金持ち父さんの予言は歴史に基づいているのか？

A その通りだが、別の要素もある。真のファイナンシャル教育では経済史を教えなくてはならない。歴史を学ぶと将来が見通せるようになる。

ニューヨーク・ヤンキースの元選手だったヨギ・ベラがかつて言ったように、「これはデジャヴの繰り返し（同じような事の繰り返し）だ」。今日、世界中の政府が紙幣を印刷することで、紙幣の毒性はますます強まってきている。

Q なぜ政府は紙幣を印刷し続けるのか？

A 経済を崩壊させないためだ。

再びダウ平均株価の過去一二〇年間のチャート（図⑧）を見てみると、一九七一年にニクソンが金本位制を撤廃して以降、経済は飛躍的に伸びたことがわかる。印刷された紙幣は米国と世界にバブルをもたらした。二〇〇〇年、バブルがしぼみ始め、暴落を回避するため政府はさらに紙幣を印刷した。二〇〇七年の不動産暴落と二〇〇八年の銀行破綻の時も、再びバブル崩壊の危機が訪れた。その間も紙幣印刷機は回り続けていた。

Q そして今、世界経済は崩壊するかもしれないということか？

A そうだ。二〇〇八年以降、米国連邦準備銀行は財務省と結託して世界史上最大の紙幣印刷に踏み切った。量的緩和として知られているものだ。

政府が紙幣を印刷すると、不換通貨は図⑨のような運命をたどる。連邦準備銀行が創設された一九一三年からニクソンが金本位制度を撤廃した一九七一年の間に、米ドルの価値は九〇％も下がった（図⑩）。一九

出典：MarketWatch

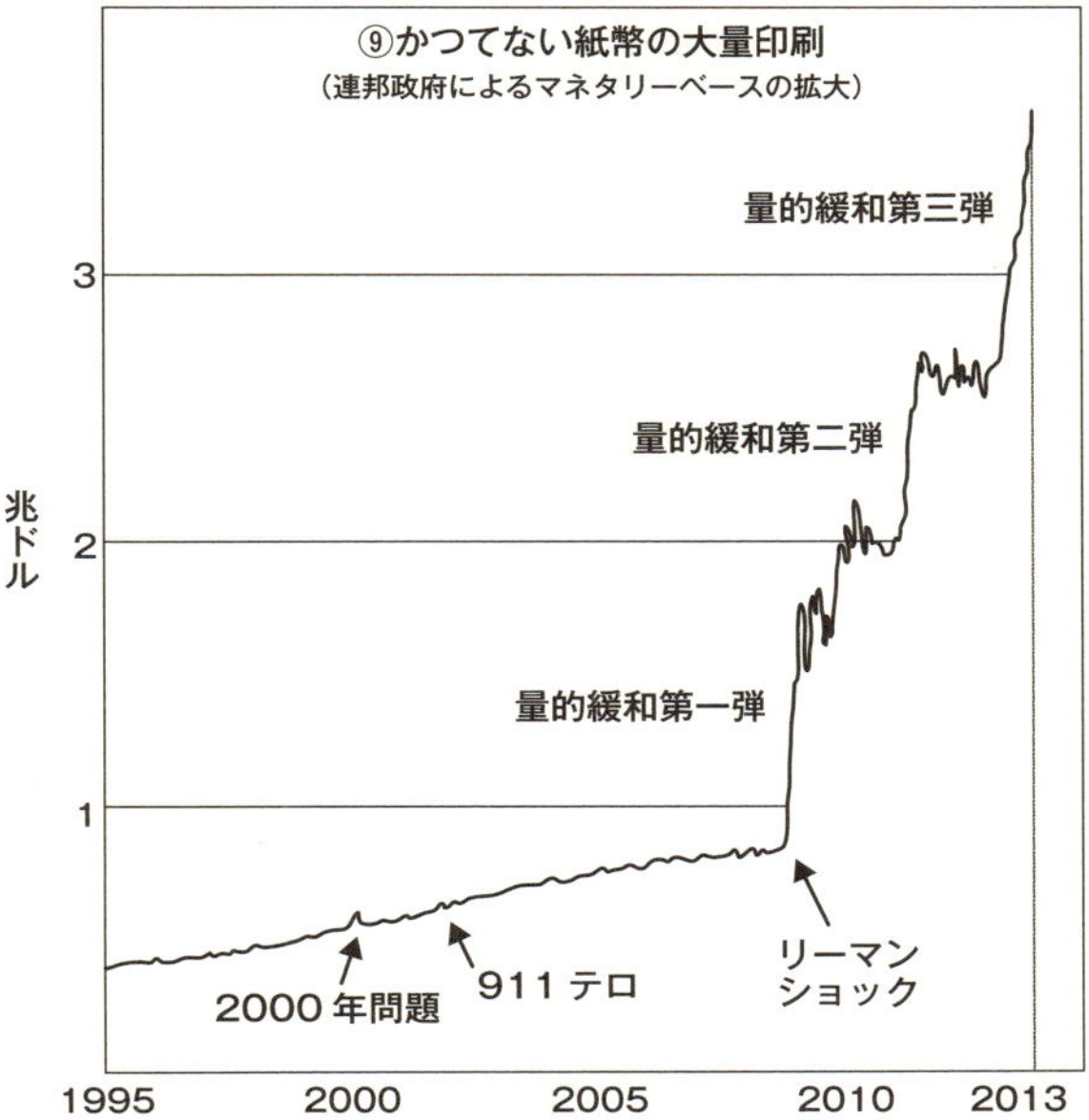

⑩米ドルの購買力の変化（1990−2003年）

出典：Financial Sense

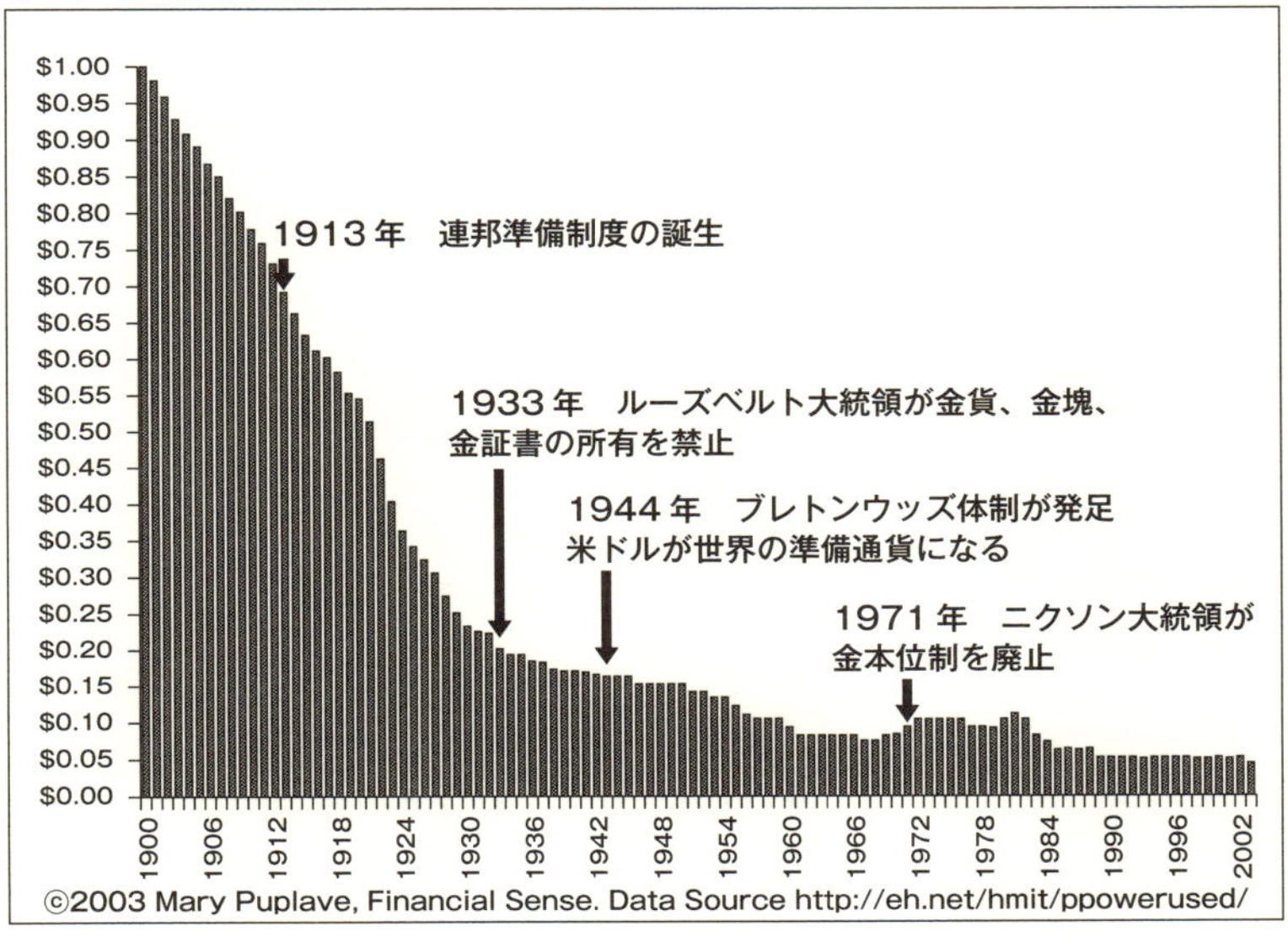

七一年から二〇一六年の間に、米ドルはさらに九〇％の価値を失った。

Q　つまり、お金こそが、貧困層と中流層がもっと貧しくなる一方で金持ちがもっと金持ちになる理由だというのか？

A　そうだ。格差が生じるのには五つの理由がある。

●格差拡大の理由その一――グローバリゼーション

グローバリゼーションによって、仕事は低賃金の国に流れる（図⑪）。金持ちは工場を所有しているため、より低賃金の労働者を雇うことでもっと金持ちになる。

●格差拡大の理由その二――テクノロジー

もしお金のために働く人が賃上げを要求すれば、企業のエンジニアはロボットかソフトウェアかAI（人工知能）を作り、人間に取って代わらせるだろう。ロボットには福利厚生も休暇もいらないし、年中無休で働くのだから（図⑫）。

●格差拡大の理由その三――金融化

金融化とはつまり、紙幣印刷の科学だ。役立ちそうな定義がいくつかある。

「金融化とは、金融市場や金融機関、金融エリートが経済政策やその経済的成果に対して、より大きな影響力を得るためのプロセスのこと。金融化とは、金融機関や市場などがその規模や影響力を増大させるプロセスのこと」

金融化は金融工学として知られる。天才的な金融エンジニアたちは、デリバティブ（金融派生商品）と言

⑪雇用はどこへ行くのか

米国に拠点のある多国籍企業は、2000 年代に海外での雇用を増やし、国内での雇用を削減した。
1999 年以降の累積変化を示したグラフ。

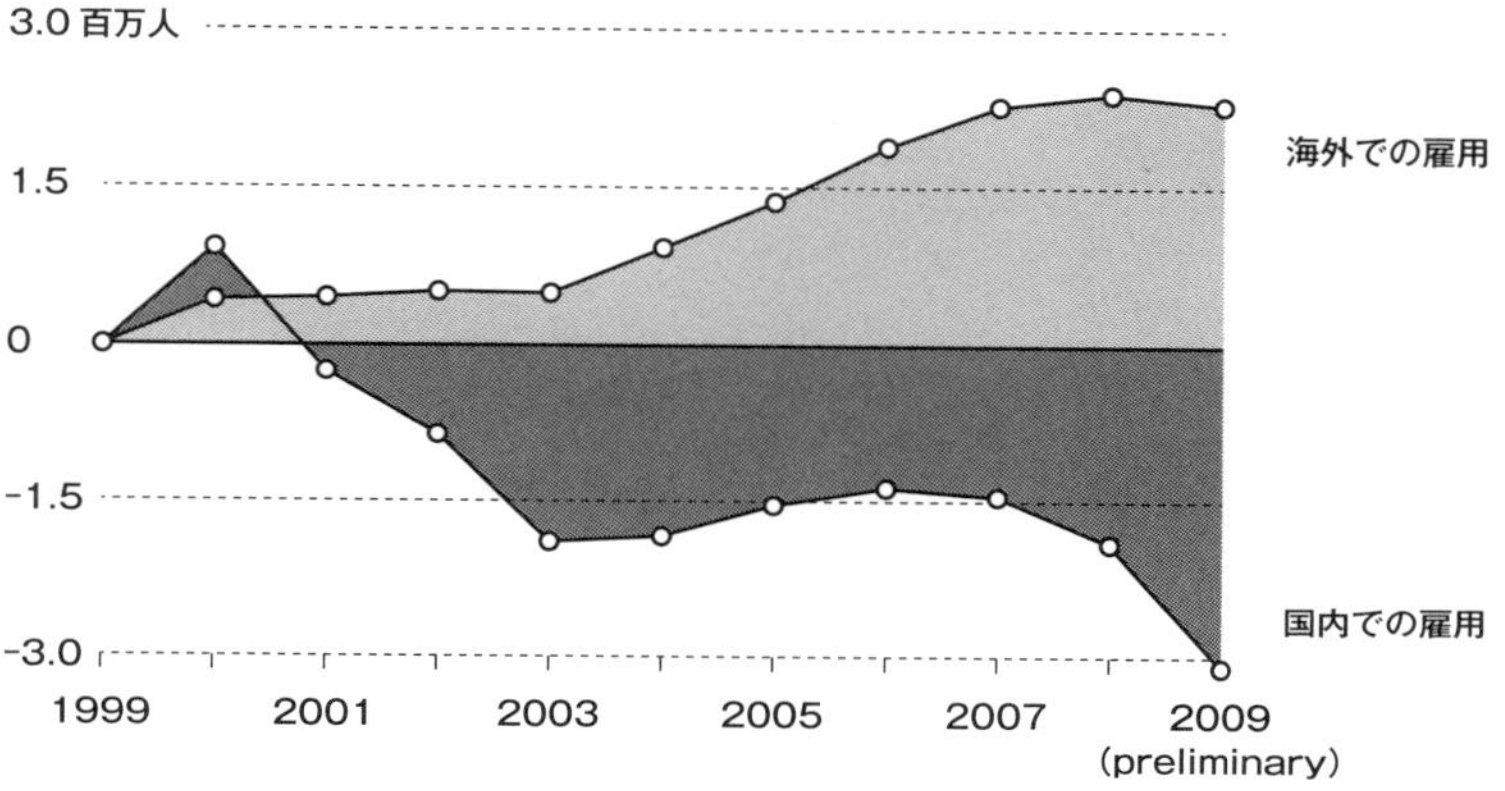

出典：ウォールストリートジャーナル

⑫中流の収入を得ている家庭が減っている

中流層の収入が伸び悩んでいるだけではない。1970 年代から中流層そのものが減り続けている。
収入中央値の ±50%の範囲の収入を得ている米国家庭は、1970 年は 50.3%だったが、
2010 年は 42.2%に下がっている。

年収の中央値から ±50%以内の家庭のパーセンテージ

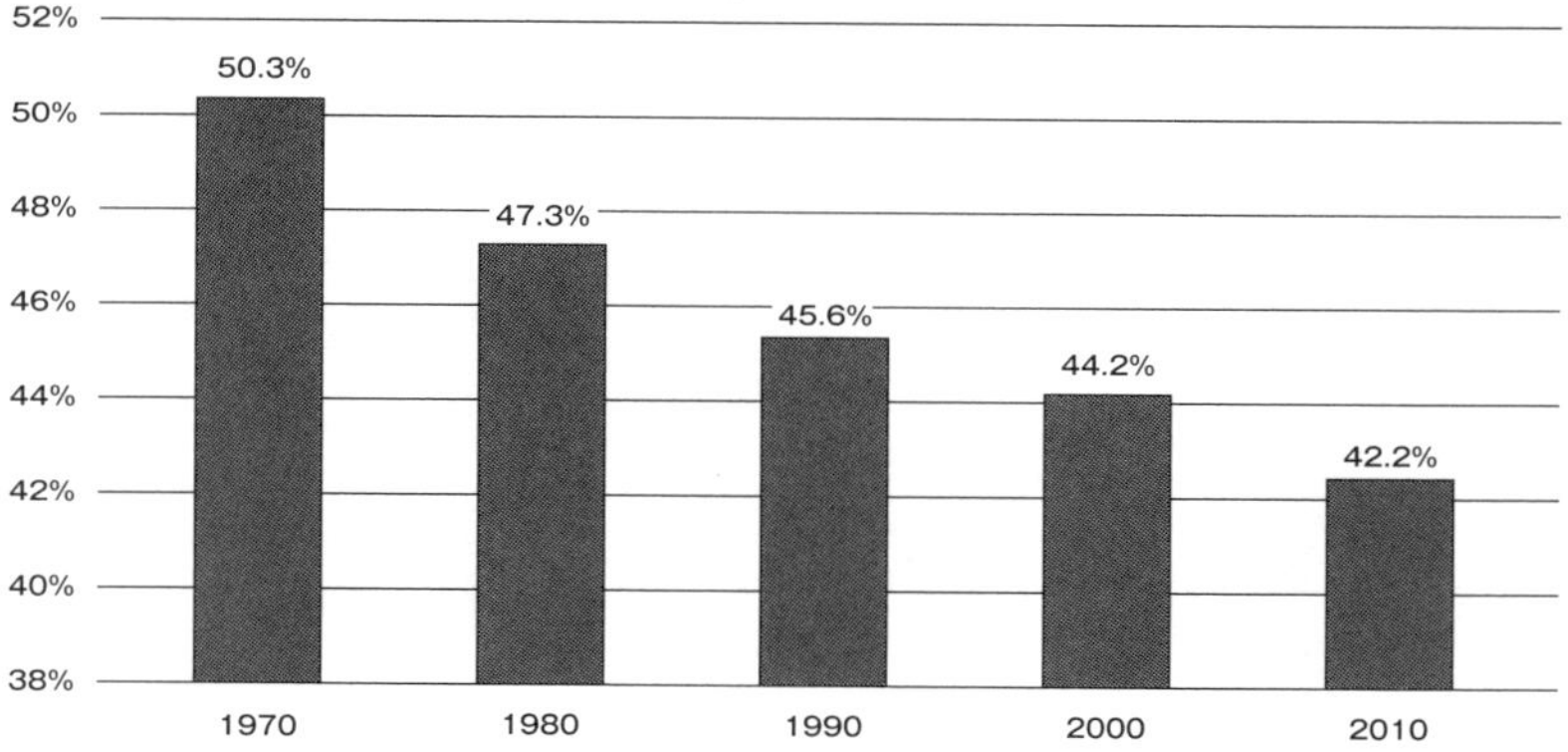

出典：アラン・クルーガー　不公平の増大と影響　(the rise and consequences of inequality)
センター・フォー・アメリカン・プログレスにおける講演　2012 年 1 月 12 日

われるフランケンシュタインの怪物を作りだしている。そうした怪物のひとつが、サブプライムローンだ。それはアメリカンドリームを買うことのできない人たちに売られた。金融エンジニアたちはこれらの毒を含んだローンに手を加え、優良《プライム》な「資産」として世界中で売りさばいた。

ウォーレン・バフェットはデリバティブを「金融界の大量破壊兵器」と呼んだ。デリバティブの破壊力を彼は知っているのだ。ムーディーズはこうした毒性資産をプライムと呼んでもてはやした。二〇〇七年になると、この大量破壊兵器の炸裂が始まり、世界経済は崩壊寸前となった。ボーナスをたっぷりもらった銀行家たちは、刑務所行きになる代わりに納税者の金で救済された。

●格差拡大の理由その四――権力の私物化：泥棒政治《クレプトクラシー》

図⑬の漫画にあるように、権力の私物化の定義はいくつかある。

1. 権力の座にいる人間が国家の資源を搾取し奪う政府のこと。泥棒による統治
2. 指導者が被支配層から略奪することで、私腹を肥やし、権力を得る社会

今日、権力の私物化は米国のみならず世界の至るところで見られる。腐敗は政府、スポーツ界、教育界、ビジネス界、そして宗教界にすら蔓延している。多くの人は、ワシントンDCのことを「腐敗特区（District of Corruption）」と呼んでいる。そして、権力の私物化なしには金融化は起こらない。

●格差拡大の理由その五――ベビーブーマー世代の破綻

ベビーブーマー（一九四六年―一九六四年生まれ）は、一九七一年から二〇〇〇年にかけて、あらゆるブームの牽引役だった。だが残念ながら、ベビーブーマーはもはや「赤ん坊《ベビー》」ではなく、「高齢者」となってしまった。彼らの支出のピークはとうに過ぎ、自慢の豪邸《マクマンション》は売りに出されるだろう。

⑬どちらが本当の給付金依存か？

「人口動態は運命そのものだ」という言葉がある。『金持ち父さんの予言』の大部分は、ベビーブーマーの人口統計に基づいて書かれた。この世代の収入と支出のピークは何年も前に過ぎ去った。彼らはより長生きし、行動も若々しく、二〇五〇年までは世界経済を引っ掻き回すだろう。経済面でも、彼らの多くが貢献よりも依存に回る。そんなベビーブーマーが米国には七五〇〇万人いる。

次のベビーブーマーはミレニアル世代（一九八一年―一九九七年生まれ）の子供たちで、二〇三六年までに八一一〇万人に達するだろう。

●旧世界と新世界

西側諸国は老齢化が著しいが、新世界は若い。新世界とはインド、ベトナム、中東、南米、アフリカ、東欧などの新興市場だ。

新世界の中心はミレニアル世代だ。テクノロジーに長け、生まれた時からサイバー世界に生きている。米国のベビーブーマーが世界を揺るがしたように、新世界のミレニアル世代もすでに世界を揺さぶっている。テロや多数の移民、ウーバー、エアｂｎｂ、サイバー戦争などはまさに変革の始まりだ。

●成長の終わり

金融の専門家たちは、一様に「成長」について語っている。成長という語を聞くと胸が高鳴り、ワクワクするものだ。「経済成長」や「富の成長」だ。二〇〇八年の暴落以降、専門家たちは「景気回復の兆し」について語り続けている。新たな成長を探し求めているということだ。

再びダウのチャート上で、二〇〇八年の時点を見てみよう（図⑭）。一段と低くなっている地点だ。二〇〇八年の時点で、貯金する人は本当に負け組になった。米国連邦準備銀行が世界史上最大の紙幣印刷に踏み切った年だ。そして、いまだに印刷は続いている。

●貯金をする人へ……バフェットからの警告

二〇一〇年九月、ウォーレン・バフェットは貯金する人たちにこう警告した。「一つお伝えしたいことは、最悪の投資は現金だということだ。誰もが現金は王道だと言うが、現金は時間が経つにつれ価値を失っていく」

我々の指導者たちはいまだに経済回復やさらなる成長を望んでいる。彼らは紙幣を印刷することで経済を救えると思っているのだ。

ロスチャイルド銀行帝国のロスチャイルド卿の言葉を引用しよう。「これは世界史上、最も壮大な貨幣の実験だ」

ロスチャイルド家は知っているのだ。一七六〇年代、ドイツで近代の国際的な銀行システムを立ち上げたのは彼らなのだから。

⑭2008年の暴落以降、FRBは紙幣を大量印刷している

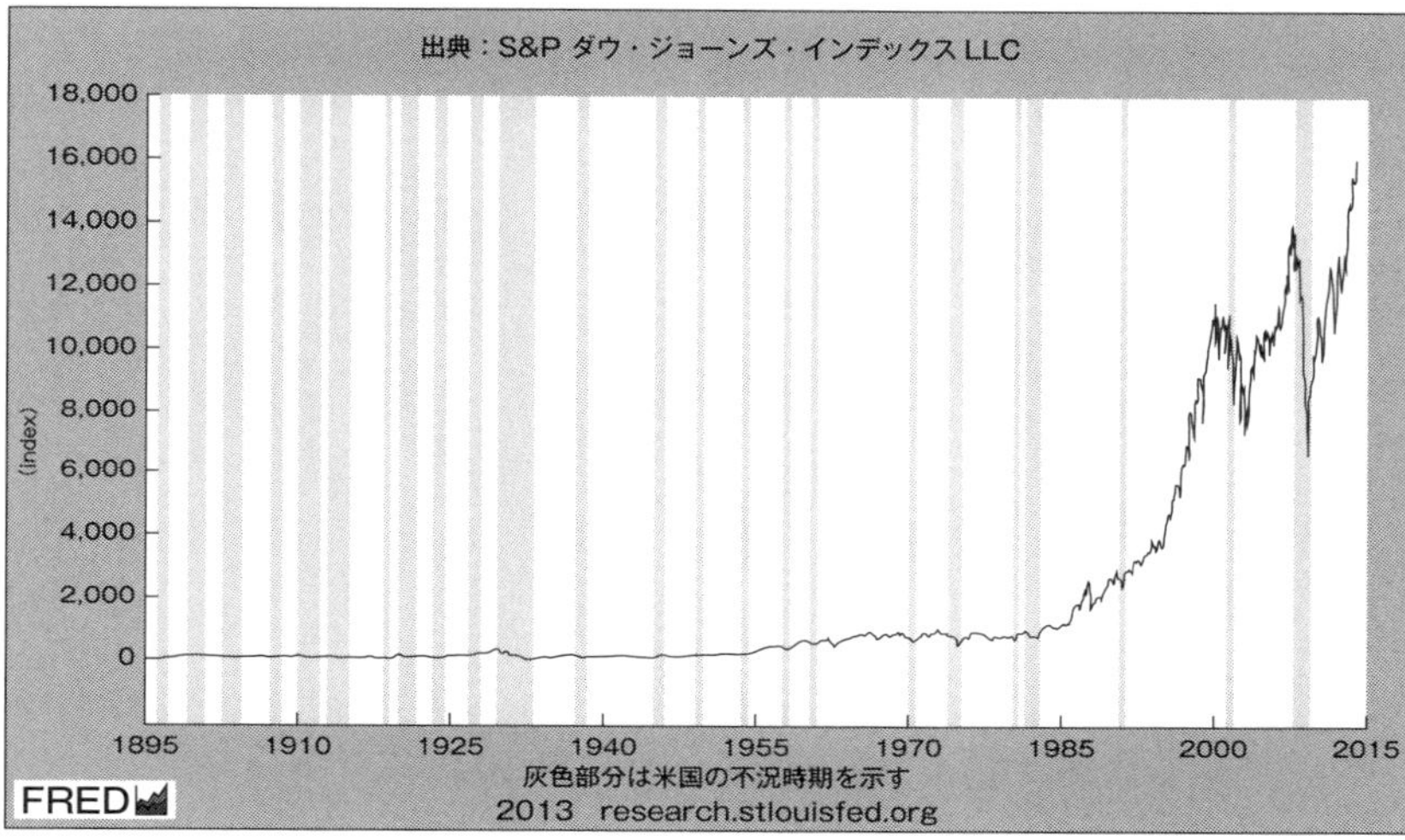

Q　政治家は私たちを救えるのか？

A　いいや。これは政治問題ではない。ロスチャイルド銀行の創設者マイアー・アムシェル・ロートシルト（一七四四—一八一二）はこう言ったとされる。「私に貨幣を操る権限をくれれば、誰が法律を作ろうと関係ない」

Q　ということは、政権をとるのが共和党だろうと民主党だろうと、ほとんど違いはないということか？　金持ちが世界を支配すると？

A　その通り。黄金のルールを忘れないでほしい。黄金を持っている人間がルールを作るのだ。

金持ち父さんは私に金持ちのルールで戦うことを教えてくれた。もしあなたが金持ちのお金のルールについてもっと知りたいなら、このまま読み進めてほしい。

第三章

税金が金持ちを「合法的に」もっと金持ちにする

貧乏父さん「税金を払うことは愛国的だ」
金持ち父さん「税金を払わないことは愛国的だ」

二〇一二年の大統領選挙の際、オバマ大統領は三〇％の所得税を納めたと発表した。対抗馬のミット・ロムニー知事は、自分の所得税率は一三％だったと公表した。税金の一件は、ミット・ロムニーにとって大統領選の致命傷の一つとなった。大多数の国民が憤慨して、彼を不正直な裏切り者と呼んだ。多くの国民が民主党候補に親近感を持ち、オバマに投票した。「オバマは自分たちと一緒だ」と信じて。

「無知ignorance」は馬鹿を意味しない。無知はもともと「無視するignore」から来ている。何かを無視するというのは、意図的にそのことを知らないままでいることだ。メリアム・ウェブスター辞典によると定義はこうだ。

無知：知識が欠けていること
無視する：注意を向けるのを拒否すること

皆、税金が私たちにとって最大の支出だと知っている。にもかかわらず、ほとんどの人が税金問題を無視することを選んでいる。あえて無知でいることを選択しているのだ。そのくせロムニーのような、金儲けの方法を熟知し「合法的に」税金を抑える方法を知っている人間に腹を立てる。

ファイナンシャル教育がないために、ほとんどの人は税金について無知なままだ。彼らの多くが、「金持ちへの増税」を公約に掲げる政治家に投票する。そしてなぜ自分たちの税金が上がり続けるのか不思議に思うのだ。問題は税金ではなく支出の方なのに。

富と収入の不平等をもたらす原因の一つは税金だ。端的にいうと、金持ちはそうでない人よりお金の儲け方を知っていて、かつ税金を抑える（しかも合法的に）方法を心得ている。金持ちが必ずしも頭がいいとは限らないが、彼らは無知でいることを拒んでいるのだ。

●税金への課税

世の中には所得税以外にも多くの税金が存在する。税金にかかる税金も存在する。一人が支払う一ドルのうち八〇％が直接・間接を問わず、何らかの形で税金として政府に戻るとされている。

たとえばガソリンに一ドル支払ったとする。その一ドルは税引き後のお金、すでに所得税を引かれたお金だが、このガソリンの代金には再び別の税金が課せられる。ガソリン代として支払われたドルのうち、石油会社が受け取る額は非常に少ない。そのうえ石油会社は、そうして得たほんのわずかな取り分に対しても課税される。彼らの懐に入るのはほんの数パーセントだ。

ファイナンシャル教育の欠如が指導者たる政治家たちにも表れていることは、多くの人が同意すると思う。彼らは貧乏父さんと同じ従業員で、お金の使い方は知っていても、富の生み出し方は知らない。お金について学ぼうとしない指導者たちが、今日のグローバル危機の原因の一つなのだ。

●税金の歴史から学ぶ

一七七三年のボストン茶会事件は税金に関する反乱だった。米国はこの一件で一気に独立戦争へと突き進んだ。一七七三年当時は税金を払わないことが愛国的だったのだ。

南北戦争のような戦時や特殊な状況を除き、アメリカは一七七三年から一九四三年までほぼ無税か低税率の国だった。税金を支払わないことは愛国的な行動だったが、それでいてアメリカは活気づいていた。

一九四三年には当期税法（The Current Tax Payment Act）が作られた。第二次世界大戦は戦費がかさんだため、政府はお金が必要だった。だから当期税法が「暫定的な税制」として通過した。この法律の特筆すべきところは、働いた本人が賃金を手にする前に政府が税金を直接天引きできるようになった点だった。私たちのポケットに手を突っ込んでお金をもっていくのだ！　これも金持ちがお金のために働かない理由の一つだ。

一九四三年以降、政府は従業員の給与からどんどんお金を奪っていった。一九六〇年初頭に私が初月給をもらった時、自分の稼いだお金の大半はどこに消えたのだろうと不思議に思ったことを覚えている。問題は、一九四三年の当期税法が一時的ではなかったことだ。それは今や当たり前のものになってしまった。政府はあなたの財布から合法的にお金を吸い上げる掃除機を持っているのだ。

●税金が戦争を短期化させる

もし本当に世界平和を望むなら、税金を使って戦争をすればいい。ヨーロッパの連合国軍指揮官を務めたドワイト・アイゼンハワー大統領は一九六一年、退任演説の中で、産軍複合体の力が増していくことについて世界に警告を発した。それ以降、アメリカは常に戦争をしている。

Q　なぜアメリカは常に戦争中なのか？

A　戦争は利益を生み出すからだ。戦争は雇用を生み出し、人々を金持ちにする。

アイゼンハワー陸軍元帥は戦争の悲惨さを身をもって知っていた。彼は納税者のお金で戦争をした最後の大統領となった。

Q　税金を使って戦争をすることがどうして大事なのか？

A　納税者は戦争を早く終わらせるよう要求する。アイゼンハワーは納税者が戦争を否定していなくても、高い税金は嫌っていることを知っていた。朝鮮戦争が終結した時も税金は大きな要素だった。

Q　今日ではどのように戦費を賄っているのか？

A　アメリカは借金をして戦費を捻出している。税金ではない。ゆくゆくは未来の世代が今日の戦争のために税金を支払うことになるだろう。

Q　一九七一年にニクソンが金本位体制を撤廃したのはそのためか。米国はベトナム戦争でお金を使いすぎていたから？

A　それも理由の一つだ。産軍複合体は勝ち目のない戦争にお金を使っていた。私はベトナムにいたからよく知っている。戦争は愚かな行為だが、利益を生むのだ。

貧困層や中流層が息子や娘を戦場に送る。そして金持ちはもっと金持ちになる。今はテロとの戦争の最中だ。恐らく終わりのない戦いになるだろう。罪のない一般市民が死んでいく中で、敵と味方両サイドの金持ちはより富裕になっていく。

Q　税金は愛国的にも非愛国的にもなりうる、ということか？

A　そうだ。あなたのものの見方と……ファイナンシャル教育次第だ。

●オイルダラー

一九七四年、ニクソン大統領はサウジアラビアの王室と協定を結んだ。その中身は、協定以降は世界中のすべての石油を米ドルで取引する、というものだった。米ドルはオイルダラーとなった。

Q　なぜそんなことをしたのか？

A　ニクソンは一九七一年、米ドルは金《きん》に裏付けられるという世界との約束を破棄し、それ以降米ドルの影響力が脅かされたからだ。世界中の石油の売買を強制的にドルで行わせることで、米国と米ドルは世界での地位を回復したのだ。

石油は世界経済の血液だということを覚えておいてほしい。石油はお金としての金に取って代わった。石油を制する国家は世界を制する。第二次世界大戦は石油をめぐる戦いだった。日本は石油を絶たれて米国を攻撃した。ベトナム戦争も石油の戦いだった。米国は、ベトナムが中国に直接石油を売ることを嫌ったのだ。一九九九年、ユーロが発足し、ドルにとって脅威となった。二〇〇〇年、サダム・フセインはイラクの石油をドルではなくユーロでヨーロッパに売ると宣言した。すると翌年に起こった九・一一への対応として、米国はイラクを攻撃した。九・一一に関わったテロリストのほとんどはサウジアラビア出身だったにもかかわらず。

同様のことがアフリカ最大の石油埋蔵量を誇るリビアの指導者、ムアンマル・カダフィにも起きたのではないだろうか。二〇〇九年、カダフィはアフリカ諸国とイスラム諸国に呼びかけ、金に裏付けられた新しい通貨「ディナール」をつくろうと提案した。ディナールは、米ドルを排除し、石油の売買に使われる予定だった。もし彼の計画がうまくいっていたなら、全世界の中央銀行システムは大混乱に陥っていただろう。二〇一一年、カダフィは死んだ。そして今日、ＩＳ国や他のテロ組織が世界を混乱に陥れている。

Q　石油の歴史がなぜ重要なのか？

A　税金だ。私が受ける税控除で一番大きなものの一つは、アメリカ国内の石油に対する投資へのものだ。

Q　シェブロンやエクソンのような石油会社の株に投資しているということか？

A　違う。それは受動的投資家の投資だ。私はプロの投資家だ。

Q　受動的投資家はプロの投資家と同じ税控除を受けないのか？

A　受けない。税制が違うからだ。本書を読み進めるうちにあなたも分かるだろう。プロの投資家になるには、プロから税金のアドバイスを受けるべきだ。

Q　石油に投資して莫大な税金控除を受けるのは愛国的だろうか、それとも非愛国的だろうか？

A　私の考えは関係ない。あなたはどう思うのか？

▼トムのタックスレッスン――石油開発の税控除

どの国も自国の経済にとって何が重要かを決めている。一九六〇年代、米国は石油に関して自立していることが米国経済にとって重要だと決めた。石油の探査や掘削を奨励するため、米議会は米国内の石油探査・掘削に投資する人々への税控除を成立させた。控除は二つあった。一つは、投資家が新規油井《ゆせい》に投資する際、投資額の一〇〇％を控除できる、というものだった。開発が始まった一、二年で約八〇％が控除される。これが無形掘削費と呼ばれるものだ。二つ目は、投資家が掘削から得た収入のうち八五％のみを申告すればよい、というもので、定率法と呼ばれる。この二つの控除の組み合わせにより、米国の納税者が国内の石油・天然ガス開発プロジェクトに投資するインセンティブが生まれる。米国の納税者は効率的に、政府のあらゆる探査・掘削事業の共同事業者（パートナー）になれるというわけだ。

●公認会計士にもいろいろいる

本書の執筆にあたり、トム・ホイールライトは価値ある貢献をしてくれた。私はこれまで数多くの公認会計士に会ってきたが、トムは私が出会った中で最も賢いＣＰＡであり素晴らしい税金戦略家だ。

ＣＰＡの中には本当に無能な者がいる。何年も前、私が事業を始めたばかりの時、高名なＣＰＡに、税金を減らすにはどうしたらいいか尋ねたことがある。彼の答えは「稼ぎを少なくしたらいい」だった。大手会計事務所に所属していた別のＣＰＡは、私にこうアドバイスした。「あなたは不動産を所有しすぎている。売却して株式や債券、投資信託に投資することをお勧めする。」彼がそう言ったのは二〇〇六年だった。もし彼のアドバイスに従っていたら、私は二〇〇八年に文無しになっていただろう。

メリアム・ウェブスター辞典によると、馬鹿の定義はこうだ。「1．頭の回転が遅い。2．愚かな決定をすることが多い。」そして馬鹿の類語に、「とろい、鈍い、間抜け」がある。

私にしてもいくつかの点で愚か者と言える。馬鹿な決断をしたこともある。もっとも誰もがそうだろう。こと税金に関しては私は非常に愚かだ。だから私は税金の専門家を雇ってプロのアドバイスをもらうことにしている。

金持ち父さんと出会い、ファイナンシャル教育を受け続けてこなかったら、私もＣＰＡの愚かなアドバイスに従っていたかもしれない。これは、金持ちがもっと金持ちになっていく理由の一つでもある。金持ちには貧困層や中流層よりも賢いアドバイザーがいるものだ。

Ｑ　どうしたら愚かな専門家と賢い専門家を見分けられるか？

Ａ　まずあなた自身が賢くならなければならない。よいアドバイスと悪いアドバイスの区別がつかなければ、どんなアドバイスでもいいことになってしまう。

公正を期すために言うと、ＣＰＡのようなアドバイザーも受け手である私の教育レベルや経験レベル以上のアドバイスはできない。車を運転できなければ、レーシングカーを運転する練習は意味がないということだ。車の運転を習うのが先だ。

●よりよい税金のアドバイス

トム・ホイールライトはもう何年も私の個人的な税金アドバイザーを務めている。トムは人生や事業というレースで私を導いてくれる。彼のおかげで私とキムは莫大なお金を稼ぎ、莫大な節税ができた。彼は私たちにとって最も偉大な教師の一人だ。

一つ言っておきたいのは、トムの指導を受けるためには私の方も準備ができていなければならなかったということだ。私の準備が整っていなければ彼は私を導くことはできなかった。

私はトムに、自分の本"Tax-Free Wealth"を書いてはどうかと言った。そうすれば読者は自分が何をすべきか、金持ちの世界に行く準備をどのようにすればいいのか分かるからだ。

Q　私が大学教育を受け、職に就いている場合、トムは私を助けられないというのか?

A　その通り。あなたが従業員であれば、トムができることはほとんどない。あなたに必要なのはH&Rブロック（大手税務サービスチェーン）のような納税申告サービスだ。

▼トムのタックスレッスン――優れたアドバイザーは優れたファイナンシャル教育を受けている

よりよいファイナンシャル教育を受けた場合、リスクは減り結果は良くなる。これはアドバイザーにとっても同じことだ。税金アドバイザーの知識が不十分だったら、監査が入ったり、税金の支払い額が増えるリスクはかなり高くなる。逆に税制について熟知しているアドバイザーだったら、監査のリスクは減るだろう。

多くの人が私は保守的かアグレッシブかと聞くが、私自身は世の中で最も保守的な税金アドバイザーだと思っている。なぜなら、毎日相当の時間を割いて税制について勉強しているからだ。図で示すと次のようになる。税法について教育水準が低いとアグレッシブに、高いと保守的になる。

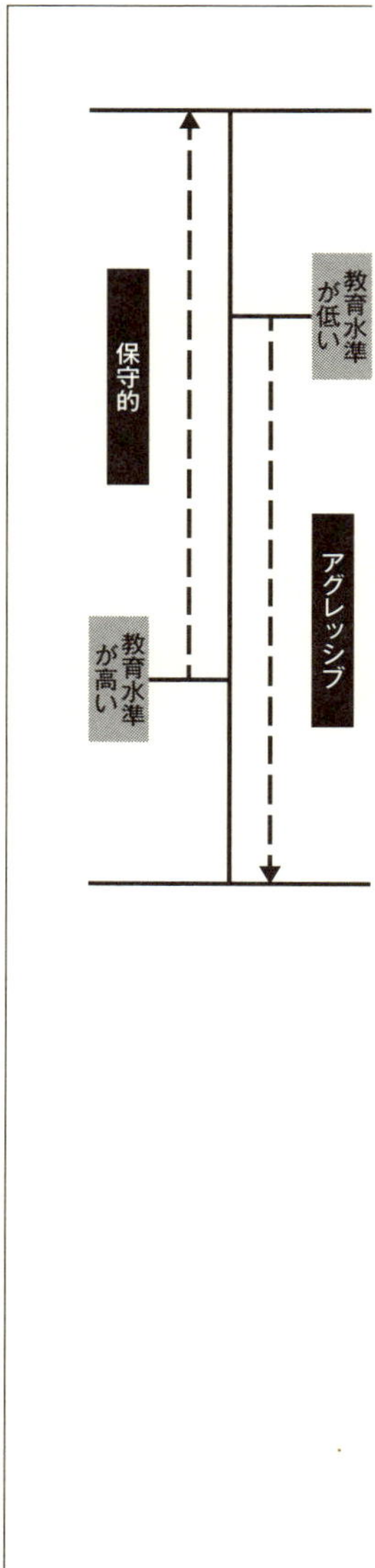

●最も高額な税金を払うのは誰か?

図⑮は、金持ち父さんシリーズの第二弾『金持ち父さんのキャッシュフロー・クワドラント』で紹介したキャッシュフロー・クワドラントの図だ。図⑯を見ると、誰が一番多く納税し、誰の税金が最も少ないかが分かる。

Q 一九四三年法以降、お金のために働く人が最も高い税金を払っているということか?

A そうだ。「金持ち父さんの教えその一」が、「金持ちはお金のために働かない」であるのもそれが理由だ。

Q プロの投資家が一番納税率が低いと?

A そうだ。

Q 私は投資家だ。年金プランを持ち、勤めていた会社の企業年金を通じて投資してきた。金額は小さいが株式、債券、投資信託とETFのポートフォリオがあり、運用益も非課税だ。退役軍人で、軍人年金にも入っている。私はIクワドラントなのか?

A 違う。あなたは受動的投資家だ。プロの投資家ではない。こう考えてみるといい。ゴルフ史上最も偉大なゴルファーの一人にタイガー・ウッズがいる。私がタイガー・ウッズのゴルフクラブを使い、タイガー・ウッズのシャツや靴を着用しても、彼のようなプロのゴルファーには決してなれない。

つまり、プロの投資家は投資をすればいいというものではない。投資家自身が重要なのだ。Ｉクワドラントで生きていくには、莫大なファイナンシャル教育を受けなくてはならない。

Q　私にもそれができるだろうか？

A　それはあなた次第だ。その質問に答えられるのは、あなただけだ。

▼トムのタックスレッスン——消費者vs.生産者

Ｅ、Ｓ、Ｂ、Ｉそれぞれのクワドラントを、消費する側、生産する側のそれぞれの視点で見てみよう。

Ｅクワドラントの人は何かを自分で生産し、同じ量を消費する。Ｓクワドラントの人間はそれより少し多く何かを生産し（従業員がいると仮定する）、その生産量をわずかに下回る量を消費する。ところが、Ｂクワドラントまたはクワドラントの人間は、自分が消費するよりもはるかに大量のものを生産する。

⑮キャッシュフロー・クワドラントの右側と左側の違い

E…従業員（employee）
S…スモールビジネス (small business) のオーナー、自営業者 (self-employed)、医者や弁護士、コンサルタントなどの専門職
B…従業員 500 人以上のビッグビジネス (big business) のオーナー
I…投資家（investor)、受動的投資家ではなくプロの投資家のこと

⑯クワドラントごとに税率が違う

Bクワドラントは何百、何千という雇用を生み出し、Iクワドラントはエネルギーや食糧、住居を生み出す。だが彼ら自身が消費する量は、EクワドラントやSクワドラントの人間と同じだ。政府は税控除を通じて彼らの活動を奨励し、報酬を与える。生産者は経済を活性化し、残りの国民が幸福で生産的な生活を送るための食糧や燃料、住居を提供しているのだから。

●BクワドラントとIクワドラント

どのクワドラントにも金持ちは存在する。医者や弁護士、スポーツ選手、アーティストなど、高給取りの従業員もたくさんいる。EクワドラントとSクワドラントには、金持ちと貧乏人の両方がいる。世界で最も金持ちの人々は、Iクワドラントにいる。Iクワドラントに貧乏人はいない。所有する富の額はさまざまだが、貧乏な人はいない。

Q　ではなぜ金持ちの彼らの税金が一番少ないのか？

A　「黄金を持つものが規則を作る」という黄金律のおかげだ。

Q　あなたはIクワドラントのルールで戦っているということか？

A　そうだ。あなたもそうすることができる。このルールは人を差別しない。

Q　Eクワドラントのルールはこれとは違うのか？

A　まったく違う。

Q　あなたがIクワドラントに入るまでどれくらいかかったか？

A　しばらくかかった。何事も一晩でガラリと変わるということはない。

一九七三年、私はベトナムから帰還した。貧乏父さんは、大学に戻って修士号を取りEクワドラントで生きろと勧めた。金持ち父さんは、不動産コースを受講しいつの日かIクワドラントで生きることを勧めた。

Q　どちらを選んだのか?

A　私はどちらもやった。昼間は海兵隊員として空を飛び、夜間はMBAに通った。不動産投資の三日間コースも受講した。

Q　それでどうなった?

A　半年後にMBAプログラムをやめた。

Q　なぜ?

A　理由はたくさんある。一つは教授陣だ。MBAプログラムの教師は、ビジネスコースを教えるプロの教師だったが、実社会での経験がなかった。

●三日間の不動産コースで得たもの

一方、不動産コースの講師は本当の不動産投資家だった。彼のおかげで私は学ぶことに目覚めた。MBAの教師は退屈だった。不動産の講師は私にIクワドラントについて教えてくれたが、MBAの教師が教えたのはEクワドラントについてだった。半年後、私は退学した。というのも、私には自分の目的地がわかっていたからだ。いつの日かプロの投資家として、Iクワドラントで生きてみせるというのが私の思いだった。

もう四〇年以上前のことだが、三日間の不動産コースの受講料は三八五ドルだった。当時、海兵隊パイロットだった私の月給の半分だった。コースは答えを教えてはくれなかったが、私が何を学ばなければならないか、受講後に何をしなければならないかを教えてくれた。今日でも私は生徒であり、学び続けている。

Q　三八五ドル支払って何が得られた？

A　莫大な富だ。その時に得た最も重要な学びは、借金と税金を利用して金持ちになることだ。

Q　借金と税金があなたを金持ちにしたと？

A　そうだ。ほとんどの人は借金と税金によって貧しくなるが、私はそれで金持ちになった。ファイナンシャル教育を受けた者は借金と税金で金持ちになれる。三八五ドルのコースで得られた知識はお金には換えられないものだ。

Q　私は学校に戻るべきだろうか？

A　どの種類の学校に行くかは、どのクワドラントで生きたいかで決まる。私は世界中の金持ちがいるＩクワドラントで生きたかった。三日間の不動産コースを修了した後も他のクラスを継続して取り、学び続けた。私はＩクワドラントにいながら学ぶのが大好きだ。

Q　ＭＢＡに行くべきだと思うか？

A　もちろん――特に今の時代は。ＭＢＡは全クワドラントの確固たる基礎を教えてくれる。卒業した後、どのクワドラントで生きたいかを自分で決められるようになる。覚えておいてほしいのは、職業がクワドラントを規定するのではないということだ。たとえば医者は、Ｅクワドラントで従業員にもなれるし、Ｓクワドラントで開業医になることもできる。Ｂクワドラントで病院を経営することもできればＩクワドラントでプロの投資家になることも可能だ。

違いは心構え、持っている技能、そしてファイナンシャル教育だ。もしＢクワドラントかＩクワドラントで生きたいのなら、金持ちになるための借金と税金の使い方を知らなくてはならない。

Q　あなたの場合、三日間の不動産コースがＩクワドラントへの入り口だったのか？

A　そうだ。どんなに強調しても足りないが、あの三日間のコースはすべての始まりだった。講師のおかげで私は学ぶことに目覚め、その後も学び続けた。株取引、ＦＸ、オプショントレード、金と銀への投資、ファイナンシャルプランニング、借金、税金などについてのコースを受講し、どのように純資産を増やすかを学び、また小さな家の購入から不動産開発まで、さまざまなレベルの不動産コースも受講した。

私はＩクワドラントにいながら学ぶことが大好きなのだ。

『シャーク・タンク』（起業家がシャーク＝投資家の前でプレゼンを行うリアリティー番組。日本の番組「マネーの虎」が元になっている）というＴＶ番組を観たことがあれば、Ｉクワドラントの人々が何をしているのか分かっただろう。彼らは投資内容、事業または不動産、スタートアップ企業などを吟味して、その製品や企業が出資するに値するかを見極めるのだ。

Q　それがＩクワドラントの人々がしていることか？

A　そうだ。素晴らしい人生だよ。働きに行くよりもね。

Q　あなたがＩクワドラントに到達するまでどれくらいかかったのか？

A　経済的自由を得た時、私は四七歳で、キムは三七歳だった。そこに行くまで障害はたくさんあった。キムと私は短い間ながらホームレスだったこともある。そうした日々を通して私たちは富や自由を手に入れただけでなく、教育、知識、知恵、経験、そして私たちと考えを同じくする友を得た。

Q　私がそこに到達するまではどのくらいかかるだろうか？

A　それはあなた次第だ。生まれながらにしてＩクワドラントの資質を持っている人たちにも多く出会った。私はそうではなかったので、少々時間を要した。キムはＩクワドラントの才能があった。彼女はＩクワドラントの生活を愛している。

私が強調したいのは、キャッシュフロー・クワドラントのEとSにいる人間が最も高い税金を払っていることだ。彼らが積極的にファイナンシャル教育に投資をしない限り、トムのような人間が力になれることはほとんどない。

●クワドラントの右側と左側

私やトムに「それはここではできませんよ」と言う会計士、弁護士、医者にどれほど会ったことか。世界のどこだろうと、手を挙げ「それはここではできませんよ。ここでは違法です」と言う専門家は必ずいる。

問題は、そうした専門家が自分のクワドラントの心構えに縛られているということだ。クワドラントの左側、EとSから右側のBとIに移るにはファイナンシャル教育が必要なのだ。

一九九四年、キムと私がIクワドラントの仲間入りをしてから、私たちはBクワドラントにリッチダッド・カンパニーを設立した。設立の目的は、E・SクワドラントからB・Iクワドラントに移行したい人たちにファイナンシャル教育を施すことだ。ご存じのように、誰もがB・Iクワドラントに移れるという保証はない。

私たちの最初の製品は、一九九六年に発売されたキャッシュフローゲームだ。翌一九九七年には『金持ち父さん　貧乏父さん』が出版された。二〇〇〇年、『金持ち父さん　貧乏父さん』はニューヨークタイムズのベストセラーリストに入り、その後六年以上もランク入りしていた。一か月後、オプラから電話があり、彼女の一時間番組のゲストとして呼ばれた。あの日を境に私の人生は変わり、リッチダッド・カンパニーも新たな道筋をたどり始めた。

私は事あるごとに「一晩で成功した男」と言われてきた。ある意味、それは事実だ。たった一時間、オプラと数百万のオプラファンの前で、私の二人の父さん——金持ち父さんと貧乏父さん——そしてファイナンシャル教育の重要性について語っただけで、私は一気に有名人となった。だがひとつ言っておきたい。私は懸命に働いて、勉強した……オプラから電話がかかるずっと前から。

●インセンティブはクワドラントごとに違う

この章の初めに話したように、ミット・ロムニー知事の支払う税率が一三％でオバマ大統領が三〇％だった理由は、ロムニーがBクワドラントとIクワドラントで活動していたからだ。対するバラク・オバマはEクワドラントとSクワドラントにいた。二人の世界の見方はまったく異なっていた。

それが真のファイナンシャル教育の力だ。

トムと私は世界中を回り、世界中で壇上に上がる。トムは税金や税控除がインセンティブ（奨励策）であること、そしてインセンティブはクワドラントごとに違うことを解説する。

たとえば、EクワドラントとSクワドラントの人は、より多くのお金や収入、給料、賞与などのインセンティブに反応する。EクワドラントとSクワドラントの人間はお金のために働いているからだ。

BとIの側の人間は、税の優遇措置のために働く。彼らは税控除を通じて、間接的により多くのお金を稼いでいる。

たとえば、Bクワドラントの人間は従業員を雇用することで税控除を受ける。政府は人々に雇用を与える必要があるため、こういう措置を設けているのだ。税金は、従業員の給与から天引きされ、政府の金庫へと流れ込むルートがしっかりと確立されている。だからこそ、政府はBクワドラントへの優遇措置として低税率を提供する。イーロン・マスクのような起業家たちは、いくつもの州や米連邦政府から何十億という税控除を受けている。

私の場合、Iクワドラントでは共同住宅に投資することで税控除を受けている。もし私が住居を提供しなければ政府がそれをしなければならず、納税者に多額の負担がかかるだろう。政府は納税者に高い税金を払わせる代わりに、私のようなビジネスオーナーにインセンティブを与える。つまり私は政府のパートナーなのだ。

もし政府がこれらのマンションを建築しなければならないなら……それはまさに社会主義だ。私が建てるのなら資本主義だ。私はキャッシュフロー・クワドラントのB・Iの側の資本家でいたい。

▼トムのタックスレッスン——政府からの優遇政策

E・Sクワドラントでも税の優遇政策を受けられる。たとえば米国では、自宅を購入すると税申告の際にローンの利息支払い分の控除を受けられる。老後の年金プランのために貯蓄した人は、IRA（アメリカの個人年金積立口座）やRRSP（カナダの登録退職貯蓄制度）、退職年金《スーパーアニュエーション》プラン（オーストラリアの制度）などを通じて投資額の控除を受けられる。慈善団体に寄付する人は、寄付金が控除される。これらは政府からの優遇政策だ。

そして、B・Iクワドラントはより多くの政策減税を政府から受け取るということだ。この二つのクワドラントでの活動は、政府の仕事である経済状況の改善、雇用の創出、国民や企業への食料、エネルギー、燃料の供給などにおいて、政府を補助する重要な役割を担っているからだ。

トム・ホイールライトが私の税金アドバイザーを務め、また本書の執筆を助けてくれた理由が分かったと思う。彼は私のビジネス上の行動が正しいことを常にチェックし、本書の正確性を確認してくれる。私は刑務所に行くつもりもないし、誤った情報を流すつもりもない。

トムが私の個人的なアドバイザーを務める理由は、投資やビジネスが毎回異なるためだ。ほとんどの取引は実らず、没になる。しかし私たちはあらゆるビジネスの機会や不動産取引を精査し、トムも私も賢くなっていくのだ。

このことを覚えていてほしい。「それはここではできませんよ」と言う人たちは、おそらくEかSクワドラントの人間だろう。ということは、彼らの言い分は正しいのだ。E・Sクワドラントでは、ほとんどの人たちにはそれはできないのだから。けれども、もしB・Iクワドラントのためにファイナンシャル教育に投資するのであれば、それはあなたにも可能だ。

▼トムのタックスレッスン――「それはここではできませんよ」

誰かが「それはここではできない」と言う時、私はその人の置かれた状況ではできないということだと解釈する。それは実に正しい。ロバートや私と同様のことをするならば、あなたは自分の置かれた状況を変えなければならない。たとえば、家を借りている人は家賃の支払いで控除は受けられないが、家を所有している人は、利息分の控除を受けることができる。したがって住居費で控除を受けようと思ったら、賃貸から持ち家に変えなければならない。ほかの控除や優遇税制についても同じことだ。税の優遇を受けたければ、まず正しい状況に自分を置かなければならない。正しい場所にさえいれば、あなたが富裕層であろうとなかろうと、税の優遇が受けられる。富裕層は単に、正しい状況に身を置く方法を貧困層や中流層よりも知っているということだ。

第十四章で、私とキムが実際に行った取引をトムと一緒に詳しく解説する。EとSの人々が決してできない取引だ。

第四章

失敗が金持ちをもっと金持ちにする

貧乏父さん　「ミスは人を愚かにする」
金持ち父さん「ミスは人を賢くする」

あなたは赤ん坊が歩き始めるのを見たことがあるだろうか。赤ん坊は立ちあがり、よろめきながら一歩を踏み出す。そして大抵転んで泣く。次の行動はご存じの通りだ。赤ん坊は同じことを繰り返す。起き上がり、立ってよろめいてまた転び、泣く。赤ん坊は歩けるようになるまで同じプロセスを続ける。やがて、歩いたと思ったら今度は走り、やがて自転車に乗り、車を運転し、そして家を離れる。

神は人間をこのように設計したのだ。人間は失敗から学ぶようにできている。もし赤ん坊が転ぶたびに罰を受けていたら、這い回るだけで家から出ることなく一生を終えるだろう。

現代の学校では、生徒は先生の講義を聞き、教科書を読み、学習した後に試験を受ける。設問一〇問の試験で生徒が三問間違えたとしよう。教師は七割の評価を与え、クラスは次の課題に移っていく。

学校制度は試験の一番重要な要素、「間違い」を無視している。生徒は間違いから学ぶのではなく、間違えたことで罰せられるのだ。生徒の多くは自分は頭が悪い（少なくとも賢くない）という思いを抱えて学校を出ていく。間違いを恐れ、能力への自信を失って卒業していくのだ。

間違いは、生徒がどの部分を理解していないか、つまり教師がどの部分をうまく教えられなかったかを教師に示してくれる。間違いは生徒と教師の両方にとって賢くなるチャンスなのだ。

卒業から一年もすると、ほとんどの生徒は「正解」の七五％を忘れる。忘れないのは「間違ってはいけない。間違える人間は馬鹿だ」という負のメッセージだ。

金持ち父さんは間違いに大きな敬意を払う。彼は言う。「間違いは神からのメッセージだ。間違いを通じて『目を覚ませ。注意しろ。お前が知るべきことがあるぞ』とあなたに告げているのだ」

学校卒業後、金持ち父さんの息子と私は週二日、彼の事業を手伝った。仕事が終わると、金持ち父さんは私たちと一緒に一日を振り返った。彼は私たちが何を学んだのか、何を理解していなかったのか、どんな間違いをしたのかを知りたがった。間違いを犯した時は正直に話してほしいと言っていた。間違いを犯した時に嘘をつくような人間になってほしくないと思っていた。彼は、間違いはそれを認めなかった時のみ罪になると考えていた。

> **▼トムのタックスレッスン――専門家は間違いを嫌う**
>
> 会計士、弁護士、医者、インターネットの専門家等のプロフェッショナルは、大抵EまたはSのクワドラントに留まる。正しさを追求するあまり、間違いを許すことができず、また間違いを認めることに抵抗感を持つ。だからBやIクワドラントに移行できる人が極めて少ないのだ。彼らには間違いの効用、他者に間違いを犯す自由を与える利点を理解できない。それが彼らを縛りつけている。

●本は世界一の教師

金持ち父さんが私に与えた宿題は、起業家についての本を読むことだった。一冊読み終えると、本から何を学んだか話し合った。私たちが読んだのは偉大な起業家についての素晴らしい本だ。金持ち父さんはよく「世界で一番の教師は本の中にいる」と言っていた。

なかでもお気に入りは、トーマス・エジソンの生涯についての本だった。一八四七年に生まれ、一九三一年に没したエジソンは発明家であり、巨大企業ゼネラル・エレクトリック社の創業者でもある。エジソンを教えた教師たちは、彼について「馬鹿すぎて勉強ができない」と酷評し、さらには「腐った」生徒とまで言った。学校をやめ自宅で母親に勉強を見てもらうようになって、エジソンは学びたいことを学ぶ時間が持てた。

今日の近代的な研究所の原型もエジソンの創造物の一つだ。彼の研究所ではチームで実験をすることができ、成功するまで何度でも失敗する自由があった。この研究所からは、テレグラフ、蓄音機、電球、アルカリ蓄電池、映画撮影用カメラなど、世界を変えた発明品が生まれた。「馬鹿すぎて勉強ができない」生徒にしては、悪くない業績だ。

私の一番好きなエジソンの言葉は次のものだ。「私は失敗したのではない。うまくいかないやり方を一万通り発見しただけだ。」途中でやめてしまう人に対して、彼はこう言っていた。「人生の失敗の多くは、人々が成功まであと僅かであることに気づかず、諦めてしまうのが原因だ」

エジソンのこうした言葉は誰もが知っているだろう。それでも私は聞きたい。失敗することへの恐怖がどのくらいあなたの人生を制限しているだろうか？　クビにされることへの恐れはどうだ？　仕事がないことへの不安は？　馬鹿だと思われることが恐ろしいだろうか？

●となりの億万長者

一九七一年から二〇〇〇年の間、人々は変化する必要性がなかった。日の出の勢いの世界経済に守られていたからだ。一九九六年、『となりの億万長者』が出版され、繁栄に酔いしれる世相を背景に、あっという間にベストセラーとなった。

中流層はこの本の虜になった。同書の億万長者の定義は、中流層で、大学を卒業し、よい仕事につき、郊外に家を持っていることだった。こうした億万長者はボルボやトヨタなどの普通の車に乗り、「貯金をして、借金を返し、株式、債券、投資信託などにバランスよく分散した長期投資を行う」というファイナンシャルプランナーのアドバイスに従っていた。

となりの億万長者たちは、良い場所に良いタイミングで居合わせ、適切なことをして億万長者になった。問題は、彼らが億万長者になった時はファイナンシャル教育が必要なかったことだ。

●そして世界は変わった……

図⑰のダウの一二〇年をもう一度見てみよう。一九九六年に『となりの億万長者』が出版されてまもなく、すぐに底値となったことが分かる。となりの億万長者の多くは、二〇〇八年までにはとなりの差押え物件になってしまった。正反対の主張を唱えた『金持ち父さん　貧乏父さん』は、一九九七年に出版された。この本には、となりの億万長者が知らず、金持ちが知っていることが書かれていた。

二〇〇八年、世界経済は崩壊寸前となり、各国政府は何兆ドルという紙幣を印刷して経済を支えようとした。となりの億万長者の多くは経済的ダメージから免れた。彼らは書類の上の億万長者、「純資産億万長者」であり、「住宅資産億万長者」であり、「年金口座億万長者」だったのだ。問題は、彼らの多くがファイナンシャル教育についてほとんど知らないことだった。今日でも状況は変わっていない。

今日、となりの億万長者たちは先を見据えて老後の計画を立てるでもなく、全財産を失ってしまうことをただただ恐れている。彼らは、経済に関して何かがおかしいと気づいている。皆、長生きすることに不安を感じ、老後に資産が枯渇してしまうのではないかと恐れている。

●もし失敗したら?

この章のテーマは失敗についてだ。ほとんどの人が学校で失敗することに対する恐れを植え付けられる。その不安が心理的な障壁となり、彼らが知っていることと本来知るべき知識を隔ててしまう。

この本の冒頭で私は、「持っているお金を、何に投資したらいいのでしょう?」と質問してくる人たちの

⑰過去 120 年間のダウ平均株価の動き

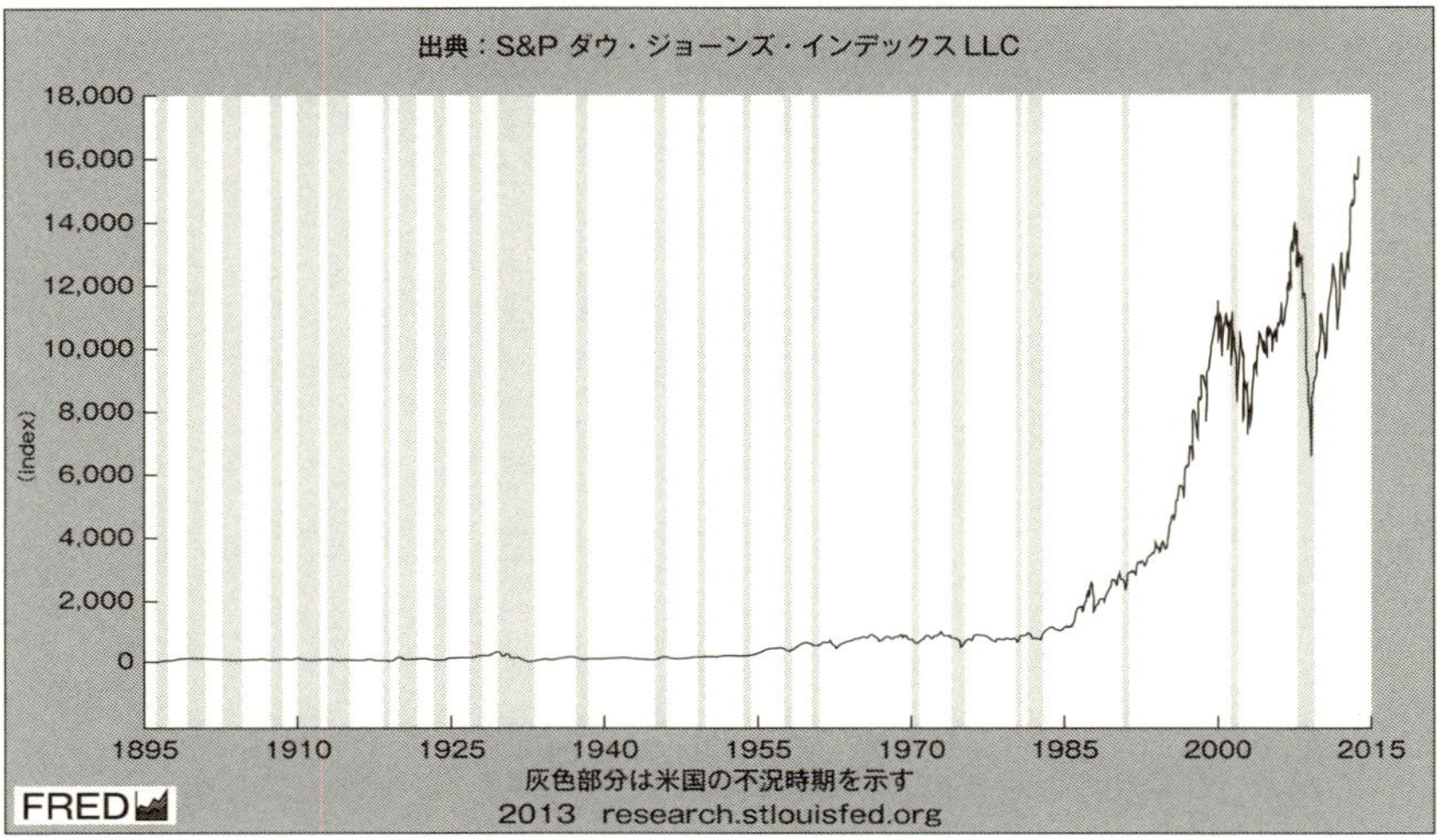

ことを書いた。彼らの多くが今日苦境に陥っている。

Q　なぜ彼らは苦境に陥ったのか？

A　貯金をし、家を買い、借金を返済し、株式市場に長期投資をしたからだ。

Q　そういう人たちが一文無しになるかもしれないと？

A　そうだ。

Q　彼らはどうしたらいいのか？

A　選択肢はいくつかある。ただ、専門家に無駄金を払うのではなく本当のファイナンシャル教育を受けるように彼らに勧めると、大体こう言う。

「失敗したらどうすればいい？」

「ミスしたらどうする？」

「お金を失くしたらどうする？」

「それは危険ではないか？」

「手間がかかり過ぎるよ」

「心配いらないよ。社会保障があるからね」

Q　失敗を恐れていたら、あるいは自分から学びたいと思わなければ、あなたが教えられることは何もないということか？

A　その通りだ。となりの億万長者の時代、専門家にお金を託して億万長者になれた時代は過去のものだ。ロスチャイルド卿のもう一つの言葉に、こんな厳しい警告がある。「過去六か月を振り返り、中央銀行が金融政策において世界史上最も壮大な実験を行っていることが分かった。我々は海図のない海を漂流している。超低金利がどんな結果を招くか、予測することは不可能だ。世界中の国債の三割が逆イールド（長期国債の金利が短期国債よりも低い状態。将来的な金利下落を市場が予測していることを意味する）となり、大規模な量的緩和も進行している」

Q　それはどういう意味か？

A　世界は深刻なトラブルに陥っているということだ。

一九七一年から二〇〇〇年までは、よい仕事に就き、貯金をし、株式市場において受動的投資家であった人たちは圧倒的な勝ち組だった。となりの億万長者たちは引退生活に入る直前、年金生活で安定した収入を得るために投資先を株式から国債などの債券にシフトした。一九七一年から二〇〇〇年までは、債券は鉄壁の防御だった。事実上、安全確実なものだと太鼓判を押されていた。

今日、貯金をする人は負け組で、株式市場は世界史上最も大きなバブル状態にあり、かつて安全確実だった債券は時限爆弾となった。金利が上がり始めたら、債券市場は破裂するかもしれない。

●大量破壊兵器

第二章で、金持ちとそうでない人の格差が広がっている理由の一つが金融化だと言ったが、金融化とは、毒を含んだ紙幣と、合成資産の産物、いわゆるデリバティブだ。または、ウォーレン・バフェットの言う「金融界の大量破壊兵器」だ。

バフェットは忘れるべきではない。彼の会社ムーディーズはこの「大量破壊兵器」であるMBS（不動産担保証券）を賞賛したのだ。不動産担保証券は貧しい人たちからのサブプライムローンで成り立っている。そして金融エンジニアたちの手にかかると、サブプライム（二級の信用度）が手品のようにプライム（優良）の証券へと変貌したのだ。

ムーディーズはこの大量破壊兵器に「安全で確実」だというお墨付きを与え、MBSは世界市場で売られた。その後に続いた大爆発は金融界を揺さぶった。

Q　デリバティブはムーディーズの高い格付けなしでは売れなかったのか？

A　その通りだ。バフェットとその友人たちは何十億という財をなし、何百万という人たちの生活は壊滅状態に陥った。そして政府内部の彼らの友人がバフェットとその友人らを納税者の支払った何兆ドルという金で救済した。これこそ権力の私物化の最たるものだ。

Q　ということは、金融的に設計されたデリバティブ、合成資産が二〇〇七年の不動産暴落を引き起こし、二〇〇八年の巨大銀行破綻による暴落の引き金になったわけか？

A　そうだ。不動産市場で暴落が始まったのではない――デリバティブの爆発が始まり、世界がガラガラと崩れそうになったのだ。

デリバティブと、デリバティブのもつ破壊的な力についてもっと知りたければ、『マネー・ショート』という映画を観るとよい。楽しみながら金融界の大量破壊兵器について学ぶことができる素晴らしい映画だ。私は二〇〇八年にCNNのウルフ・ブリッツァーのインタビューの中で、迫りくる暴落と、米国で最古の銀行のひとつであったリーマン・ブラザーズの破綻について警告している。暴落の半年前に警告を発したのだ。この時の動画は、RichDad.com/RDTV のサイトで観ることができる。

●**待ってくれ……さらに悪くなってるぞ**

二〇〇七年の暴落前、爆発寸前のデリバティブは七〇〇兆ドルに達していた。今日、その額は一二〇〇兆ドルになった。

Q　それが再び爆発したらどうなるのか?

A　となりの億万長者は今度こそ一掃されるかもしれない。

Q　今日、彼らは安全なのか?

A　いや。二〇一六年九月一日付のウォールストリートジャーナルは、強大なるドイツ銀行が抱える問題について報道した。一八七〇年に設立され、かつて世界一の座にあったこの銀行は世界中に一〇万人以上の従業員を抱えているが、資金調達のために業務の一部を売却する予定だという。マイナス金利は銀行のビジネスモデルにとって癌のようなものだ。ウォールストリートジャーナルはまた、ドイツ銀行のデリバティブのポートフォリオは過熱気味でメルトダウン寸前だと指摘する。まるで二〇一一年に日本の福島で起きた原発事故の原子炉のように。

Q　デリバティブを簡単に理解できる方法はあるのか?

A　オレンジを考えてみてほしい。オレンジジュースはオレンジのデリバティブ(派生商品)だ。濃縮オレンジジュースは、オレンジジュースのデリバティブだ。

不動産ローンは家のデリバティブ(金融派生商品)だ。金融エンジニアがしたのは、何百万件というローンを集めて濃縮ローンにし、この毒入り濃縮ローンを世界に売ったことだ。サブプライムの借り手には仕事のない人もいたが、月々のローンの支払いができているうちは世界は安定していた。

●核戦争

原子力爆弾は、元素記号U、原子番号九二の化学元素ウランのデリバティブである。一九六〇年代に学校に通った子供たちは、誰もが核戦争の恐怖の中に生きていた。ロシアと中国は敵国で、アメリカを攻撃してくると教えられていた。この核の脅威に対応するため、学校ではなんともばかばかしい避難訓練をしていた。先生の号令で、幼い生徒たちは机の下にもぐり頭を隠したものだ。

今日も外国勢力は軍事的な睨み合いを続けている。原子爆弾などの大量破壊兵器は現実的な脅威だ。ＩＳ国その他のグローバルテロの脅威を排除することは必須事項だ。権力の私物化が世界中の政府やグローバル企業、中央銀行、金融サービス業界にはびこっている。

そして、ファイナンシャル教育を受けられる学校は依然として非常に少ない。

●Ｅクワドラントに囚われる

多くの場合、学校は人の人生を決定する。学校は人の基礎を作り、物の見方を決定し、世間に波風を立てるような斬新な考えを排除した人物が作られる。

親が子供に「学校に行って仕事に就け」と言うと、子供はＥクワドラントで生きることをプログラミングされてしまう。問題は、多くの人がＥクワドラントだけしか考えられない人間になってしまうことだ。ほとんどの人は、Ｅクワドラントの外にもっと大きな世界があることなど想像もできない。

私たちは皆人間だが、一人ひとりはまったく異なる。Ｅクワドラントの住人は、言語こそ違っても、世界中のどこでも同じことを言う。「安定した仕事に就きたい。安定した給与をもらい、福利厚生もよく、休暇もとれる仕事を持ちたい。」英語を話そうが、スペイン語を話そうが、日本語だろうが、ドイツ語、スワヒリ語だろうが関係ない。言っていることは皆同じだ。

●人間という存在……人間であること

人間は四つの基本要素からできている。それは心（Mind）、肉体（Body）、感情（Emotions）、精神（Spirit）の四つだ。現在の教育制度は、従業員になるための心と体、感情、精神を学生にプログラムするように作られている。

Q　だから従業員が安定した仕事や給与を手放すのが難しいのか？　本当の意味でのファイナンシャル教育を受けない限り、恐怖の感情が支配するのか？

A　まったくその通りだ。ファイナンシャル教育なしでは、人間は真の人間とは言えない。

Q　だから学校教育でファイナンシャル教育を教えないのか？

A　いろいろ調べて、私はそういう結論に達した。西洋諸国の教育制度はプロセインの制度に基づいている。それはつまり、従業員や兵士といった、命令に従うように訓練され言われたことを実行する人間を作るために考案された教育制度だ。

命令に従うことが悪いと言っているのではない。私だって命令には従う。法律にも従う。よきリーダーになるためには、まず規則を重んじる人間でなくてはならない。人々が法や規則に従わなくなれば、そこには混沌しか残らない。

私が懸念するのは、我々の教育制度が恐怖心を利用している点だ。人々は自分で考えることができない。ミスを犯したり、失敗したり、他人に馬鹿にされることばかり心配している。人々は高いＥＱ（感情的知性）もファイナンシャル教育もないまま学校を卒業し、Ｅクワドラントに囲い込まれ、そこから逃れることができない。

●Sクワドラントは「拷問部屋」

大学を卒業すると、優秀な学生の多くは大学院や専門職大学院に進み、Sクワドラントの専門家になる。医者や会計士、弁護士などだ。

それ以外の人たちの多くはSクワドラントで専門職として自営業を営む。不動産の営業マン、マッサージ療法士、コンピュータプログラマー、ウェブデザイナー、俳優、芸術家、ミュージシャンなどだ。中には経済的に大成功する人もいるが、ごく少数だ。

Sクワドラントではスモールビジネスオーナーになる人もいる。彼らはレストランやブティック、フィットネスクラブを経営したりする。

Q　なぜSクワドラントが「拷問部屋」なのか？

A　そこが最悪のクワドラントだからだ。Eクワドラントを出てSクワドラントに移った人間がまず直面するのは、経費の上昇と収入の減少だ。そのうえ、政府の規制やルールでがんじがらめになる。医療保険や歯科保険、年金制度や有給休暇などの福利厚生もない。顧客と触れ合うというこれまでの仕事をしなくなるため、収入は下がる。ビジネスを動かし、成長させ、あなたの時間とお金を奪う人たちの相手をすることが新しい務めとなる。

Q　だからビジネスを始めた人のうち、一〇人中九人は最初の五年でつぶれてしまうのか？

A　そうだ。

Q　ビジネスが軌道に乗れば少しはよくなるのか？

A　少しはね。だが、Sクワドラントのビジネスオーナーにとって拷問は永遠に続く。

たとえば、Ｓクワドラントの住人は、六〇％か、州によってはそれ以上の、最も高いパーセンテージの税金を常に支払うことになる。だからほとんどの場合、スモールビジネスは小さいままなのだ。収入をさらに増やすことは、その労力を考えると割に合わない。

Ｑ　よいニュースはないのか？

Ａ　よいニュースは、ビジネスオーナーになりたい人向けのプログラムが増えているということだ。今日、多くの学校が起業家プログラムを提供しており、ＥからＳに移行するためのリスクの少ない方法を教えてくれる。悪いニュースは、ほとんどのプログラムが〝Ｓクワドラントの〟ビジネスオーナーになることを教えていることだ。

Ｑ　Ｓクワドラントで成功することのメリットは？

Ａ　Ｓクワドラントは一番重要なクワドラントだ。もし成功したら、本当の起業家になれる。そして二度とＥクワドラントに戻ることはない。

●一番いいニュース

もしあなたがＳクワドラントで成功し、金持ちになったら、ＢクワドラントかＩクワドラントに移行する要件を満たしている。レイ・クロックがマクドナルド兄弟からマクドナルドを買収したのは、まさにそうした例だ。彼はマクドナルド兄弟のＳクワドラントのビジネスを手に入れ、ＢクワドラントとＩクワドラントに移行し、巨額の財をなした。

Ｑ　あなたも同じことをしたのか？

Ａ　そうだ。マクドナルドと規模は違うが、似たような道をたどった。もっとも私はまだビリオネアではないが。

Q　Eクワドラントの従業員からSクワドラントに移行し、そしてBクワドラントとIクワドラントに上がっていくプロセスは困難だったか？

A　私にとってはとても困難な旅だった。

Q　なぜ？

A　それぞれのクワドラントで必要な教育が違うからだ。教えも違えば、人によって課題も違う。EからSに移った時、私は変化を余儀なくされた。必死で知らないことを学ばなければならなかった。定収入もなく、給与と福利厚生を必要とする従業員を抱えていた。机やオフィス機器も購入しなければならなかった。ナイロンとベルクロ製の財布を仕入れるために、投資家からお金を集めなければならなかった。自分と従業員が間違いを犯すたびにお金がかかった。

赤ん坊が歩けるようになる前に何度も転ぶように、私も毎日のように転び、起き上がらなければならなかった。失敗から学ぶ金持ち父さんの教えがなければ、私はあきらめていただろう。エジソンが言うところの「脱落者（failure）」になっていただろう。もう一度、彼の言葉を引用しよう。

「人生の失敗の多くは、人々が成功まであと僅かであることに気づかず、諦めてしまうのが原因だ」

私は成功にたどり着くまで失敗を乗り越えなくてはならなかった。そうすることで私という存在が変化し、クワドラントを移行するのだ。Sクワドラントで成功を収めると、私はB・Iクワドラントに挑戦する準備ができた。私の知る限り、成功した起業家は皆同じプロセスをたどっている。

Q　BクワドラントとIクワドラントについてはいつ学べるのか？

A　本書の後半でそれについて説明する。

まずここでは、脱落者と金持ちになる人との違いを理解しておこう。

●何が必要か

クワドラントを移行するには、以下の四つが必要だ。

1. 精神的知性……あなたの中の声なき知性は、あなたの中により偉大な自分、夢を叶えられる人間がいることを知っている。
2. 霊的知性……学びたいと思うことは何でも学べることを知っている知性。
3. 感情的知性……ミスから学ぶ能力。感情的知性はある意味、心の知性の三倍もの力をもつ。特に怒りのパワーは強力だ。他人のミスであったとしても、他者を責める感情を抑えよう。他人を責めるのは、感情的知性が低いことの現れだ。責める（blame）は愚かになる（be lame）から来ている。すべてのコインには表、裏、縁の三つの側面があることを思い出してほしい。感情的知性は、コインの縁に立って両方の側について学ぶことのできる能力なのだ。
4. 肉体的知性……学んだことやアイディアを行動に移し、転んだ時にすぐ起き上がれる能力。

もしあなたにこれら四つの知性がすべて備わっているなら、経済がどんな状況になろうとも勝ち組になれるだろう。何が起ころうとも、毎日これらの知性を実践できるなら、明日のあなたは今日よりももっと強く、素晴らしい人間になっているだろう。

第五章

暴落が金持ちをもっと金持ちにする

貧乏父さん　「市場が暴落しないといいが」
金持ち父さん「市場の暴落などへっちゃらだ」

ウォルマートが五〇%オフのセールを行ったら、混雑で店内に入るのも大変だろう。だがもしウォール街が五〇%オフのセールをしたら「となりの億万長者」は直ちに夜逃げするだろう。

●地球に優しい天才

一九八三年、私はR・バックミンスター・フラー博士の著書、『グランチ・オブ・ジャイアンツ』を読んだ。そして現在我々が陥っている金融危機を予想した。フラー博士は地球に優しい天才と呼ばれ、ジオデシック・ドームの設計者としても知られている。

一九六七年、私は「人間とその世界」をテーマとしたカナダ万博を見るために、当時通っていた学校のあったニューヨークのキングスポイントからカナダのモントリオールまでヒッチハイクをした。私の目当ては米国パビリオンの建物、フラー博士のジオデシック・ドームだった。それはまさに信じがたいものだった。

一九八一年、私はカリフォルニアのカークウッドで一週間フラー博士と学ぶ機会を得た。その一週間は私の人生のベクトルを変えた。一九八二年と八三年も私はフラー博士と学んだ。彼は私のクラスで未来予測について教えた。そのイベントの数週間後、フラー博士は世を去った。

フラー博士は様々な業績で知られている。彼は科学者であり、建築家、数学者、未来学者でもあった。その予言は不気味な正確さで実現されてきた。たとえば彼は、一九九〇年前後に新しいテクノロジーが世界にもたらされると予言した。その言葉通りに、フラーが亡くなった六年後の一九八九年、インターネットがアーパネットという形で登場した。

『グランチ・オブ・ジャイアンツ』は一九八三年に出版された。GRUNCHとはGross Universe Cash Heist（不快極まる現金強奪の横行）の頭文字をとったものだ。その中で彼は、大金持ちがいかに世界を搾取しているか、その結果、私たちの未来がどうなるかを説明している。フラーの主張は、金持ち父さんが長年にわたって教えてくれたことと同じだった。

●グランチとは誰か？

フラーは本の中で書いている。「グランチを動かしているのは誰か？　それは分からない。グランチは、秘密主義のスイス銀行を含め、世界中の銀行を牛耳っている。グランチはお抱えの弁護士の指示通りに動く。その行動は常に合法で、いつでもそれを証明できるよう準備している。お抱えの弁護士事務所の名前はMachiavelli, Machiavelli, Atoms & Oil（石油や原子力で儲けるマキアベリという揶揄）だ。二つ目のmachはマフィアのMだという見方もある」

一番強調したいのは、マネーゲームはすべて操作されているということに気づけ、ということだ。それはひどく不公平なものだ。グランチによるマネーゲームは私たちの富を奪っていく。それも私たちのお金、私たちの貨幣制度を通して。

●世界は気づき始めている

二〇一六年三月二六日のエコノミスト誌より引用しよう。

「米国はかつてチャンスと楽観主義の国だった。だが現在、チャンスはエリートたちが独占している。米国人の三分の二は、経済は既得権を持つグループに有利なように操作されていると信じている。そして楽観主義は怒りに変貌した」

「かつて米国は、自由企業の神殿だった。だが今は違う」

「マネーゲームは恐らく完全に操作されている」

Q　私たちはグランチを止められるのか？

A　やってみることはできる。だがグランチに挑戦するより、グランチのゲームについて研究し、理解することを私は選んだ。犠牲者にならないと決めたのだ。私はそのために、一九六三年に未来の予測を始め、グランチが私たちに押し付けてくるゲームに乗らないようにした。

Q　それはどんなゲームか？

A　このゲームは「学校に行き、懸命に働き、税金を払い、借金を返し、貯金しなさい」という教えから始まる。

グランチを出し抜くには未来を予測し、備えることが必要だと私は考えた。

●いかに未来を見通すか

未来を見通すためには過去を学ばなければならない。フラーはそれを予測と呼んだ。

私がフラー博士に教わった未来予測の方法を伝授しよう。以前にも検討したダウ平均株価の過去一二〇年間のチャートを再び見てみよう（図⑱）。過去一二〇年のダウ平均株価の動きを見ることで未来を見通す方法が分かる。

一九一三年、連邦準備銀行（ＦＲＢ）が設立される。同年、米国憲法修正第十六条が議会を通過、政府が

⑱過去 120 年間のダウ平均株価の動き

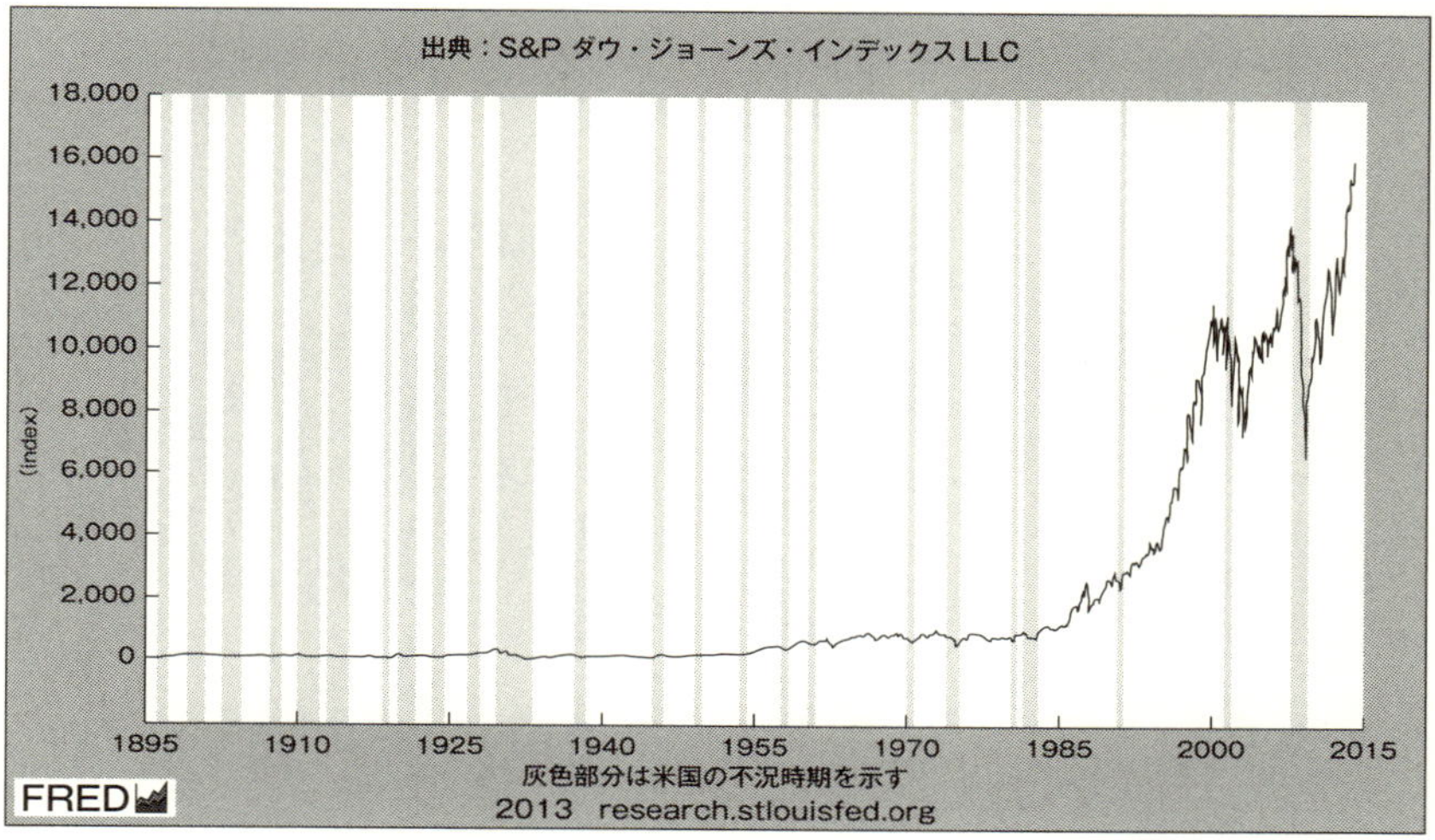

所得に課税することが認められる。

Q　連邦準備銀行は所得税ができた年に設立された？

A　そうだ。連邦準備銀行はドルを生み出すために税金が必要だったのだ。

▼トムのタックスレッスン――税金は新しいお金を生み出す

米国の納税者に支えられた連邦準備銀行はお金を創造できる。税制がなければ連邦準備銀行は後ろ盾を失い、お金を生み出すことができない。

Q　なぜ一九一三年が大事な年なのか？

A　今日の地球規模の危機が始まったのが一九一三年だからだ。連邦準備制度や国税庁、つまり税金の制度が作られなければ今日の財政危機はなかっただろう。

多くの専門家が、連邦準備銀行が存在しなければ数兆ドルの量的緩和、紙幣の印刷は起こらなかっただろうとしている。連邦準備銀行がなければ二〇〇七年の不動産市場の暴落も二〇〇八年の巨大銀行の破綻も起こらなかったはずだ。また、納税者の金を使って巨大銀行を救済することもなかった。こうした理由で、一九一三年は今日の危機の背景を理解するための重要な年なのだ。

●大恐慌からブレトンウッズ体制へ

一九二九年、株式市場が大暴落した。この暴落は世界大恐慌の引き金となった。大恐慌は米国人を震え上がらせた。米国の金融不安は、ジョンソン大統領の目指した「偉大な社会」、つまり現在の米国を破綻させようとしている財源不足の給付金制度が抱える負債などの、今日の社会福祉政策につながっていく。

二〇一七年における米国の総赤字は、債務超過に陥った社会保障やメディケア（高齢者医療保険）などの簿外債務を含めると、二二〇兆円を超えると予想される。

一九三五年、社会保障がフランクリン・ルーズベルトによって制定された。今日数百万人が、引退後の生活を政府に頼ろうとしている。

一九四三年、当期税法が承認された。議会はＥクワドラントの従業員の給与から前もって税金を差し引くことができるようになった。

一九四四年、ブレトンウッズ合意により、世界はドルを基軸通貨とすることになった。米国はドルを金《きん》で裏書した。世界は国際的な取引をすべてドルで行うよう強いられた。世界中の中央銀行は金を保有する代わりに米ドルを持つようになった。米ドルは「金と同価値」であり、「世界の準備通貨」となった。これは経済的な面で米国に前代未聞の優位性を与え、米国と米国人は極端な金持ちになった。

一九七一年、リチャード・ニクソン大統領はブレトンウッズ合意を破棄した。公然と紙幣の印刷が始まった。ニクソンがブレトンウッズ合意を破らなかったら今日の危機は起こり得なかった。

一九七二年、ニクソン大統領は中国へのドアを開いた。雇用は労働賃金の安い国に流れて行った。その後三〇年間のうちに、中国は貧困国から世界の超大国へと成りあがった。

●オイルダラーの功罪

一九七四年、ニクソン大統領はサウジアラビアとオイルダラー合意を行った。米ドルは現在、石油によって裏書されている。すべての国は石油を米ドルで買わなければならず、おかげでドルは歴史上最も強力な貨幣となっている。オイルダラーは連邦準備銀行による狂気じみた紙幣の印刷を可能にしている。

おかげで米国経済は活性化した。だがそれは、テロを横行させることにもなった。数千人がテロリストの手によって殺され、数百万人が戦争によって母国を離れた。戦争の主な原因はオイルダラーである。米国政府はしばしば世界の警察官と呼ばれる。だがそれは真実ではない。米国は米ドルのヘゲモニーのために戦争しているに過ぎない。

Q　ヘゲモニーとは何だ？

A　一つの国が他の国に対して支配権を持つことだ。サウジアラビアをはじめとする産油国との合意が米国の経済を強くし、贅沢なライフスタイル、高い生活水準、そして世界の人々に比べ不当なほどの優位性をもたらしたのだ。

Q　オイルダラーが終わりを告げたら何が起こる？

A　いい質問だ。それは誰にも予想できない。数兆のオイルダラーが米国に戻ってくる。中央銀行がドル準備を放出し、結果として米国にものすごいハイパーインフレが起こる。米国のヘゲモニーは終わりを告げ、富裕層と貧困層の格差はさらに大きくなる。

Q　つまり中東の危機は一九七三年に始まったわけか？　ドルがオイルダラーになった時に？　数百万の難民がヨーロッパに流れ込んでいるのもオイルダラーのせいだというのか？

A　鋭い質問だ。過去を学んで未来を見る方法が分かってきたようだね。

●401（k）の登場

一九七八年、確定拠出年金401（k）が始まった。今日ベビーブーマー世代の八割が、引退したらもっと貧しくなるだろうと考えている。401（k）はベビーブーマー世代のふところを安定させるために作られたのではない。ウォール街を儲けさせるために作られたのだ。

一九八三年、バッキー・フラーの『グランチ・オブ・ジャイアンツ』が出版される。

一九八七年、株式市場の暴落が起きる。一九八七年から二〇〇六年まで連邦準備制度理事会議長だったアラン・グリーンスパンは、いわゆるグリーンスパン・プットを行った。正式な名称は「金融市場のための大統領ワーキンググループ」（President's Working Group on Financial Markets）だった。組織内部ではPPT（plunge protection team）暴落防止チームと呼ばれる。

Q　暴落防止チームは何をするんだ？

A　株式市場が暴落するたび、「出所不明の金」によって市場を買い支える。多くの人がこの金は連邦準備銀行から出ているのではないかと疑っている。

グリーンスパンと連邦準備銀行が一九八七年に暴落を防いだ時、富裕層は裏で糸を引いているのがFRBであることを知っていた。一九八七年を振り返ってみると、グリーンスパンが市場を買い支えると発言してから株式市場は上昇した。FRBは金持ちに暴落が起こった際の「返金保証」をし、ある種のセイフティーネットを請け負ったのだ。金持ちは絶対に損をしないのだ。

●となりの億万長者たち

一九八七年から二〇〇〇年にかけて、ダウ平均株価は放物線を描き、となりの億万長者は富裕になった。数百万人の中流層、つまり受動的投資家が、住宅や401(k)、IRA(個人退職年金)そして企業や国の年金プランなどの価値が膨張したおかげで億万長者になった。一九七〇年から二〇〇〇年にかけて、金持ちになることは米国人にとってたやすいことだったのだ。

一九九六年、『となりの億万長者』が出版された。著者のトマス・J・スタンリーは、家を買い、倹約し、株式市場に長期投資をして億万長者になった普通の人々を賞賛した。

連邦準備制度理事会議長アラン・グリーンスパンはこうした「不合理な熱狂」について警告した。彼の言葉はパーティーが終わりに近づいているというサインになった。グリーンスパンは、このパーティーを主催したのが自分と連邦準備銀行だということが分かっているのだろうか。彼の言った「不合理な熱狂」の意味は、「みんなちょっと飲み過ぎだぞ。このパンチの入ったボウルは片づけるよ」だったのだ。

一九九七年、『金持ち父さん　貧乏父さん』が出版され、金持ちはお金のために働かない、預金する者は敗者だ、持ち家は資産ではない、などの警告が発せられた。

Q　あなたは『金持ち父さん　貧乏父さん』を警告のつもりで書いたのか?

A　そうだ。私は「楽しいそり遊び」の時間は終わったことを知らせたかったのだ。好景気がはじける直前だったし、暴落による現金の強奪が今にも始まろうとしていた。

Q　ベビーブーマー世代はベビーバスト(破産)世代になるというのか?

A　そうだ。今日、これを書いている二〇一七年、中流層は減少し貧困層は増加している。

図⑲のグラフをよく観察してみよう。これは米国の社会保障の歴史、その支払い能力の推移だ。これを見てあなたはどんな未来を予想する?　ベビーブーマー世代、彼らの子供の世代、そして孫の世代のそれぞれ

⑲社会保障の資金状況　出典：Peter G. Peterson Foundation

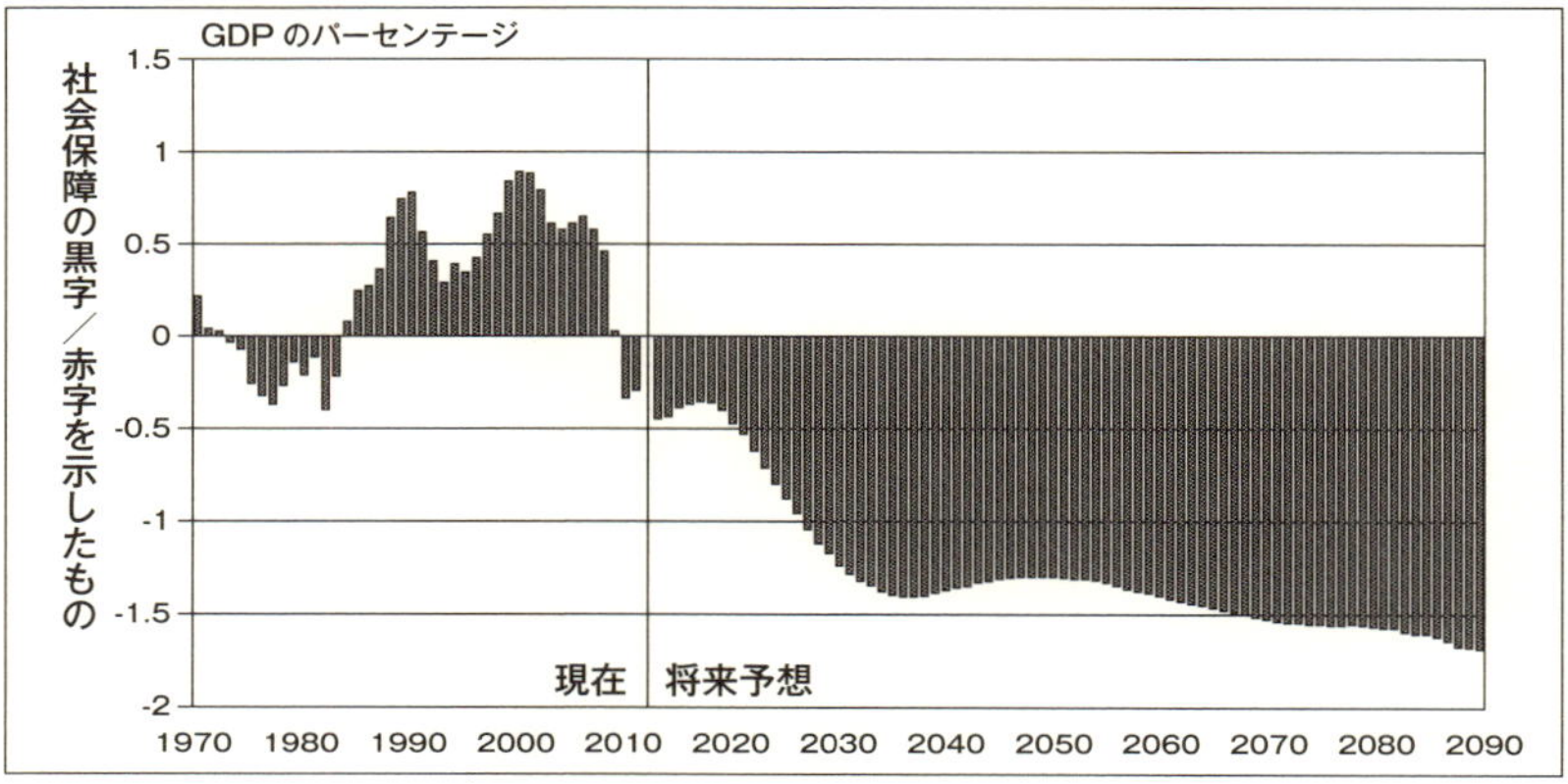

のどんな未来を？　あなたはすでに予言者だ。どんな未来が見えるだろうか？

一九九九年、欧州連合がユーロを作った。

二〇〇〇年、サダム・フセインがユーロ決済でイラクに石油を売ると発表。

二〇〇一年、世界貿易センタービルが攻撃される。一九人のハイジャック犯のうち一四人がサウジアラビア人で、イラク人は一人もいなかった。

●一九一四年六月二八日を回想する

この日、サラエボでフランツ・フェルディナンド大公が暗殺され、第一次世界大戦が始まった。同じ日、イギリスはメソポタミア、今日のイラクの石油の利権に関する合意を結んだ。イラク北部の都市モスルは、一九一四年当時も今も重要な都市である。本書を執筆している時点で、イラクの兵士がモスルをＩＳ国の支配から奪還すべく戦っている。

石油は人類の歴史と世界経済において長いこと重要な役割を演じてきた。一九四一年に米国が日本への石油輸出を停止した後、真珠湾攻撃が起こった。ベトナム戦争の原因も、共産主義の台頭などではなく石油だった。米国は中国がベトナムの石油を得るのを阻止したかったのだ。私は、オイルダラーは守られるべきだと思う。石油が米ドルで取引されない事態になれば米国経済は破綻する。

●三つの大暴落

今世紀の最初の一〇年間、二〇〇〇年から二〇一〇年の間に三つの大暴落が起こった。

二〇〇〇年　ドットコム暴落
二〇〇七年　サブプライム暴落
二〇〇八年　巨大銀行破綻暴落

三つの巨大暴落の規模は、一九二九年の株式大暴落よりも数千倍大きい。無数の「となりの億万長者」が二〇〇〇年から二〇一〇年の間に消え去った。次の暴落で消える人々の数はそれを上回るだろう。

二〇〇二年、『金持ち父さんの予言』が出版される。この本の中で私は、二〇一六年あたりに最大級の株式暴落が起こると予言した。また、二〇一六年以前に小規模の暴落が起こるとも書いた。これは二〇〇七年と二〇〇八年に現実となった（RichDad.com/RDTVでCNNのウルフ・ブリッツァーによる私のインタビューを見ることができる）。

二〇〇八年、三番目の暴落は銀行破綻だ。その約六か月後の二〇〇八年九月一五日、米国最古の銀行の一つで一五〇年の歴史を持つリーマン・ブラザーズが倒産した。

二〇〇八年一〇月三日、ベン・バーナンキと、財務長官でゴールドマン・サックスの前CEO、ハンク・ポールソンはTARP（不良資産救済プログラムTroubled Assets Relief Program）を創設した。

このプログラムはいくつかの巨大銀行を救済した。ポールソンの雇用主であったゴールドマン・サックスも含まれていた。納税者は今後何世代にもわたって救済の費用を返済することになる。

二〇〇九年、カダフィ大佐、リビアの石油を金《きん》に裏付けられた通貨ディナールで取引することを提案する。

二〇一一年、カダフィ大佐、殺害される。

二〇一五年、イスラエル首相ベンヤミン・ネタニヤフ、オバマ大統領から冷遇される。イスラエルはオバマ大統領のイランとの国交正常化の試みに反対していた。

Q　あなたは二〇一六年の暴落の予言を今でも信じているのか？

A　もちろんだ。

●二〇一六年に起こったこと

二〇一六年一月、ダウ平均株価が下落し、平均的な投資家は約六・三％の損失を出していた。ナスダックでの投資家の損失は平均約八％だった。連邦準備銀行とＰＰＴが救援に乗り出し、暴落は止まった。石油価格が下落し、金利は世界史上最低となった。

二〇一六年八月、並外れて強大なはずのドイツ銀行が危機的状況にあるというニュースが伝えられた。銀行が所有するデリバティブが暴落したのだ。あなたが本書を読んでいる頃には、この金融危機がいかに世界に影響を及ぼすか見えているだろう。

『金持ち父さんの予言』の中で、私はテロリズムが蔓延することも予言している。米国を倒す一つの方法はオイルダラーを挫折させることだ。石油がドルで取引されなければ米国経済はすぐにトラブルに陥る。二〇一六年、ＩＳ国をはじめとするテロリスト集団が勢力を拡大した。

二〇一六年、テレビニュース番組「60ミニッツ」は、米国を攻撃したかどでサウジアラビアが提訴されたことを報道した。オバマ大統領はサウジアラビアに飛び、王にひれ伏した。サウジアラビアとイランは仇敵同士である。サウジアラビアはオバマ大統領のイランに対する制裁緩和を快く思っていない。

石油価格の下落とイランが石油をヨーロッパに販売し始めたことで、サウジアラビアの経済と社会福祉は窮地に追い込まれている。サウジは自国の石油会社、サウジアラムコ社の株式を一般公開すると発表し、各国を震え上がらせている。彼らは投資を換金したいのだ。ゲームが終わったことを自覚しているのだ。

中国とロシアはパイプラインを作り、自国の通貨で石油の取引を行っている。オイルダラーを生んだ一九七四年の合意は破綻しかけているのだ。

●大暴落はすでに始まっている?

いくつかの事実が真実を物語る。二〇一六年、数百万の米国人の賃金が上がらず、家も買えず、引退のための貯金もできず、その子供たちは学資ローンの借金に首まで浸かっていた。そして米国政府も借金が膨らむばかりだった。これらの人々にとって、「大暴落」はすでに始まっている。

二〇〇七年、二〇〇八年以来、状況はあまり変わっていない。むしろさらに悪くなった。本当にまずい状況だ。

Q　家を失った人々を気の毒に思うか?

A　もちろんだ。仕事や家、引退後の資金、そして自分の未来を失った人々を見るのはつらい。だからこそ私は一九九七年に『金持ち父さん　貧乏父さん』を、二〇〇二年に『金持ち父さんの予言』を書いた。人々に警告し、ファイナンシャル教育によって未来に備えてもらうために。念のために言っておくが、私たちは決して個人住宅の差押え物件は買わなかった。

Q　人々が手離した家を、暴落の原因を作った銀行が買ったのか?

A　そういうケースは多かった。

●もう一つの回想

二〇一三年一月、売りに出た個人住宅の大部分を買ったのは、ウォール街の銀行から資金提供されたヘッジファンドとプライベート・エクイティー・ファンドだった。米国最大の不動産所有企業であるブラックストーン・グループは、予測より早く価格が上昇に転じると、一戸建て住宅の買収をさらに加速させた。

Bloomberg.comによると、ブラックストーンは一三三億ドルのファンドから、二五億ドルを一万六〇〇〇軒の家に投入し、賃貸物件として運営している。同社は、現在複数の小規模投資家が運営しているこの市場を組織化された資産に変容させようと目論んでおり、ＪＰモルガン・チェース銀行の試算によれば、その価値は一兆五〇〇〇億ドルになるという。

二〇一五年末、ブラックストーンは価格が再び上昇し始めたことを理由に個人住宅の買取を停止すると発表した。史上最大の不動産セールは終わったのだ。これが、暴落が金持ちをもっと金持ちにする理由だ。

Q　マーケットは操作されていると言うのか？

A　その質問に答えるより、ウォーレン・バフェットの言葉を紹介しよう。彼は「あなたがポーカーテーブルを囲んでいて誰がカモだか分からない時、カモはあなたなのだ」と言っていた。

バッキー・フラーが『グランチ・オブ・ジャイアンツ』を書いた理由が分かっただろうか？

一九一三年に連邦準備銀行と国税庁が設立されなければ、この経済危機は起こらなかったという理由が理解できただろうか？

米国の学校で本当のファイナンシャル教育をしない理由が分かっただろうか？

あなたは未来予測の方法を理解した。次にどんな行動をする？

●買い物をすべき時

バーゲンが嫌いな人はいない。買い物に良いのは欲しいものがセールになっている時だということは誰もが知っている。だが残念なことに、ほとんどの人は派手な車、新しい服、宝石など、自分を貧しくするような買い物をしてしまう。

金持ちは自分を金持ちにしてくれるものを安く買う。株式市場が暴落するのを待って良い株を安く買う。暴落の時を待ち構えているおかげで、破格の値段で不動産が買えるのだ。金も銀も、そしてビジネスも、彼らはバーゲン価格で買う。

金持ちは長期投資や分散投資、様々なものに少額投資するようなことはしない。他人が勧めるものを買うこともない。ウォーレン・バフェットは分散投資についてこう語っている。

「分散投資は無知を覆い隠す手段だ。自分が何をやっているか分かっていれば、そんな必要はない」

投資信託の問題点は、それが分散投資であることだ。ＥＴＦやＲＥＩＴ（不動産投資信託）も同様だ。ファンド・オブ・ファンズにも同じことが言える。

Ｑ　ファンド・オブ・ファンズとは何だ？

Ａ　投資信託や上場投信、不動産投資信託などを複数組み合わせたファンドだ。分散投資の際たるものだ。

こうした分散投資商品はとなりの億万長者向けに作られたものだ。残念ながら、分散投資は今世紀初めの三つの暴落のような壊滅的暴落からはあなたを守ってくれない。Ｉクワドラントの本当の投資家になるためには、「選別」の方法を学ばなければならない。お金の知識のない人々が気づかないものを見る方法を学ぶべきなのだ。

●暴落に備えよ

本当のファイナンシャル教育は暴落への備えとなる。

Q　いつ暴落が起こるのか、どうやって分かる？

A　予知する方法はたくさんある。歴史や株式チャートを研究したり、本を読んだり、賢い人々の話を聞くのも一つの方法だ。

私の経験から言うと、暴落が起こるのは愚か者が「投資家」になり始めた時だ。

私は何年も前から不動産市場が暴落することを予知していた。浮かれた気分が広がっていたからだ。無職、無収入の人々が家を買っていた。私が所有していたアパートも空室率が高くなっていた。家賃を払えないような入居者が突然豪華な家を買い始めたからだ。食料品店のレジ係が私に名刺を手渡して「今度電話してください。あなたが投資したくなるような物件があるんですよ」と言った時、私はブームの終わりが近いことを悟った。何とか気を引こうと、彼女は付け加えた。「価格は上昇しています。すぐに行動しないと」

それは二〇〇七年のことだった。私は彼女に礼を言い、名刺を受け取った。終わりが近いこと、もうすぐ絶好の買い場が来ることを私は知った。

このことがあってからしばらくして、私とキム、そしてビジネスパートナーでありリッチダッド・アドバイザーであるケン・マクロイは不動産買収を始めた。

第六章

借金が金持ちをもっと金持ちにする

貧乏父さん　「借金のせいで貧乏になった」
金持ち父さん「借金のおかげで金持ちになった」

借金はお金だ。金持ちがもっと金持ちになる一つの理由は、借金をうまく使っているからだ。だが残念なことに、ファイナンシャル教育がない貧困層や中流層は借金によってもっと貧しくなってしまう。これについてドナルド・トランプがうまいことを言っている。「知っての通り私は借金王だ。私は借金が大好きだ。だが借金は非常に扱いが難しく、危険なものだ」

住宅ローン会社が与信が低いサブプライムの借り手に貸付けを始めた時、住宅市場は暴落した。多くの借り手は仕事がない人々で、今までは手の届かなかった家を買うことを勧められた。数百万人という中流層のホームオーナーが自宅をＡＴＭのように使い始め、結局彼らは家を失った。

学資ローンの負債総額は現在一兆三〇〇〇億ドルを超えている。これはすべてのクレジットカードの負債総額よりも大きい。学資ローンは米国政府の最大の収入源である。学資ローンの負債が、特に学校を中退した学生を貧困にする一方で、米国政府をもっと金持ちにしているのだ。

「かつて見た光景
今年、米国のクレジットカードの負債総額は一兆ドルを超えようとしている。銀行が積極的にこのプラスチックの板を広めたおかげで消費者は借金に対して抵抗感がなくなってしまったのだ。これは財政

ウォールストリートジャーナル　二〇一六年五月二一日

危機前、負債が史上もっとも大きくなった二〇〇八年七月の一兆二〇〇億ドルに迫るものだ。

さらに、貸し手は与信度が低い人々、かつては融資など受けられなかった数百万人とも契約した。

クレジットカードは、銀行がいまだに利益を上げている数少ない事業分野の一つである」

●金持ちはいかに借金を利用して金持ちになるのか

一九七一年、ニクソン大統領がドルと金《きん》の交換を停止した時、ドルは借金になった。これは世界史上最大の経済変化の一つだった。一九七一年、預金する人は敗者となり、借金する人が金持ちになった。

私は世界中の人々と話をするが、しばしばこう質問される。「金持ちはどうやって借金を使って金持ちになるのですか?」分かりやすくするために、私はクレジットカードを例に取って説明する。

あなたが新しいクレジットカードを手に入れたとしよう。その口座にはお金は入っていない。あなたにあるのは信用だけだ。あなたは買い物に行き、一〇〇ドルの靴を買う。靴の代金をクレジットカードで支払うと、あら不思議、一〇〇ドルのお金が創造される。同時に一〇〇ドルの借金も生まれる。私たちの経済に一〇〇ドルのお金が流れ込み、皆がハッピーになる。

問題は、あなたが働いてこの一〇〇ドルの借金を返さなければならないことだ。

Q　一〇〇ドルの借金を返せる私の能力が一〇〇ドルを生み出したわけか?　私の借用証書、支払うという約束が一〇〇ドルを創造したと?

A　そうだ。

Q　つまり、一〇〇ドルは借金、私の約束だということか?　私の借用証書以外の何者でもないのか?

A　その通り。

Q　私は無から一〇〇ドルを作ったのか？
A　理論的にはそうだ。
Q　だからクレジットカード会社は私にもっとクレジットカードを作るよう勧めるわけか？
A　まったくその通り。
Q　なぜそんなことをする？
A　色々な理由がある。

一つは、あなたや私が借金することでお金を創造すると、経済が成長するからだ。逆に借金を返すと経済は縮小する。もう一つの理由は、借金が金持ちをもっと金持ちにするからだ。借金が金持ちにお金をもたらさないなら、彼らはあなたにクレジットカードなど発行しない。

金持ちはあなたが好きだからカードをくれるのではない。彼らが与信枠をくれるのは利息によって自分たちが儲かるからだ。あなたがカードの借入れ残高に対し、毎月定められた最小額を返済するだけでも彼らの儲けはそれ以上になる。

Q　政府が金持ちにクレジットカードの発行を許しているのは、経済の発展と雇用の創造を望むからか？
A　そういう理屈だ。クレジットカードの利用者の場合と同じ理由で、銀行は国家に借金を返してほしいとは思っていない。ギリシャやプエルトリコ米国自治連邦区のような国は破産の危機に瀕している。これは彼らが「最低限の利子」の支払いさえもできなくなることを意味する。銀行はこれらの国々が債務を「再構築」することを許すだろう。再構築とは、借金を借り換えること、つまり銀行がもっと金を貸すことだ。これによって彼らは利子の支払いを続けていける。

Q　銀行は彼らにさらにお金を貸す。そして彼らは「最低支払額」が払えるということか？

A　そうだ。彼らは実際そうしている。

Q　だからクレジットカード会社は最低支払額だけ要求してくるのか？　私が借金をすべて返済してしまわないように？

A　その通りだ。あなたが払う最低支払額は入居者が家賃を払うようなものだ。クレジットカードの負債は決して完済されず、入居者が住んでいる家やアパートを自分のものにすることは決してない。月々の家賃が不動産投資家に利益をもたらすように、あなたのクレジットカードの最低支払額は、金持ちをもっと金持ちにするのだ。

●無から生まれるお金

クレジットカードで靴を買う例えでは、何もないところから一〇〇ドルが生み出された。クレジットカードを利用すると、一〇〇ドルは金持ちの資産となり、カードを持つ中流層や貧困層の負債となる。

Q　では金持ちになりたければ借金を使って儲ける方法を学ぶ必要があると？

A　そういう理屈だ。だが借金には十分注意する必要がある。借金を使って金持ちになるにはファイナンシャル教育が必要だ。

借金というのは諸刃の剣だ。借金はあなたを金持ちにするが、突然状況が変わればとても貧しくしてしまう。二〇〇七年に不動産市場が暴落した時に起こったのがこれだ。

数百万の人々が、住宅の資産価値が上昇したおかげで自分は金持ちだと信じ、それをＡＴＭのように使って金を引き出していた。そこに市場暴落が起こり、彼らは足元をすくわれた。負債は家の価値を上回った。

たった一晩で彼らは貧しくなったのだ。多くの人がすべてを失った。

キムと私がキャッシュフローを学ぶためのボードゲームを作ったのもこれが理由だ。それは、プレイヤーが借金を使ってゲームに勝つ、唯一のファイナンシャル教育ゲームだ。

Q　実際にお金を儲ける前に、ゲームで借金の使い方を学んでおけということか？

A　そうだ。忘れてはならないのは、借金は危険だということだ。借金は弾の入った銃のようなものだ。銃はあなたを救うことも、殺すこともできる。

●企業もCEOも借金を活用している

私が「借金を使って資産を買った」と言うと、多くの人は「それは危険だよ」と言う。彼らはクレジットカードを使って一〇〇ドルの靴のような負債を買うことは何とも思わないのに。

世界一裕福な企業の一つ、アップルは銀行に手つかずの現金二四六〇億ドルを持っている。にもかかわらず金利が低いこともあって、同社は過去数年間に数億ドルの借金をしている。なぜアップルは借金をするのか？　海外にある金を本国に戻し、米国政府に税金を取られるよりも、負債を抱える方がコストが安いからだ。

多くの企業のCEOは現金よりもストックオプションで報酬をもらっている。このため、CEOたちは借金をして自社株を買う。株価が上がればCEOや幹部たちは持っていた「オプション」を高値で売り、もっと金持ちになる。だがそれは、従業員や株主たちの損失になる。一九七〇年代以来多くのCEOが、借金をして会社を成長させ雇用を創り出すよりも、借金で投機をする方を選んでいる。

●借金の使い方を学ぶ

では、借金を現金のように使う方法をどうやって学べばよいのか。すでにお話ししたことから始めよう。

一九七三年、貧乏父さんはベトナムからハワイに戻った私に、学校に戻ってMBAを取るように言った。一方、金持ち父さんは不動産投資について学ぶよう勧めた。貧乏父さんはEクワドラントの高給取りの従業員になることを勧め、金持ち父さんはIクワドラントのプロの投資家になることを勧めたのだ。

ある日テレビを見ていると、不動産投資の無料セミナーのインフォマーシャルをやっていた。私はセミナーに参加し話を聞いて、三八五ドルを投資して三日間のコースを受講することにした。当時の私にとって三八五ドルは大金だった。まだ海兵隊に所属していて、給与はあまりよくなかったからだ。

三日間のコースは素晴らしかった。講師は金持ちで経験豊富な、成功した投資家で、教えることを愛していた。私は多くのことを彼から学んだ。コースの最後に彼は私が聞いた中で最高のアドバイスをくれた。

「本当の勉強は教室を出てから始まる」

彼が我々に与えた課題は、三人から五人のグループを作り、一〇〇件の不動産物件を見て評価レポートを書くことだった。与えられた時間は九〇日だった。そして、この間決して物件を買ったり投資したりしてはいけないと言われた。私たちのグループは当初五人のメンバーがいたが、最初のミーティングに現れたのは三人か四人だった。そして九〇日が過ぎようという頃、残ったのは二人だった。

●本当の勉強が始まった

九〇日間不動産を見て、一〇〇の物件それぞれに一ページの評価を書いた後、私は最初の不動産投資の機会を見つけた。それはマウイ島のビーチに隣接した、ベッドルーム一つバスルーム一つのコンドミニアムだった。建物全体が抵当に入っており、コンドミニアムの値段は一万八〇〇〇ドルだった。しかも売り手はその九〇%を貸付けるという。

私がすべきことは一〇%の頭金として一八〇〇ドルを用意することだった。私は自分のクレジットカードを不動産ブローカーに手渡し、コンドミニアムは私のものになった。自分にとっての最初の投資物件を一〇〇%のOPM（Other people's Money—他人のお金）によって手に入れたのだ。自分のお金はまったく使わなかった。

以後毎月、月々のローンと管理費を支払った後、約二五ドルの利益が私のポケットに入るようになった。投資に対する無限大の収益だ。無限大というのは、取引に自分のお金をまったく使っていないからだ。月に二五ドルというのは大した額ではないが、学んだことには無限の価値があった。その一つは、借金はお金であること、また借金には課税されないということだった。

Q　なぜ課税されないのだ？

A　お金の知識で特に重要なのは、負債と純資産《エクイティー》だ。シンプルに言えば、エクイティーとはあなたのお金だ。負債とはOPM、つまり他人のお金だ。
物件を買う時、通常まず頭金の支払いをする。ほとんどの場合、新しいオーナーが支払う頭金は税引き後のお金だ。オーナーは所得税という形ですでに税金を払っているのだ。

Q　借金で頭金を支払えば所得税を取られずにすむというわけか？

A　その通りだ。借金は、それによってお金を生む方法を知っていればまったく安いものだ。だがクレジットカードを使って借金で負債（たとえば靴など）を買い、毎月最低支払額だけを返済するならば、それは非常に高くつく。

Q　あなたの最初の不動産投資は一〇〇%借金でまかなわれ、毎月二五ドルの正味のキャッシュフローを得たというわけか？

A　そうだ。そしてその二五ドルも非課税だ。

Q　一体どうしてそんなことができたんだ？

A　ファイナンシャル教育のおかげだ。公認会計士であり、私のタックスアドバイザーのトム・ホイールライトが「トムのタックスレッスン」で税金とその対策について説明している。

▼トムのタックスレッスン——なぜ借金は課税されないのか

一般的に、すべての所得は課税対象だ。所得とは、あなたが何の制約もなしに使えるお金だ。しかし借金は所得ではない。返済しなければならないからだ。従って、投資のために借りたお金には税金がからない。借金は純資産、つまり自分のお金よりも安くつくというのはこれが理由だ。純資産は既に税金を引かれたお金だ。従って、たとえ五～六％の利子を取られたとしても、借金は四〇％の課税をされる純資産よりもはるかに安いのだ。

マウイ島の一万八〇〇〇ドルの物件というのはあまりに極端な例だ。今日、その物件は約三〇万ドルの価値がある。売らなければよかったと思っている。

キムの最初の不動産投資は四万五〇〇〇ドルの物件だった。五〇〇〇ドルの頭金で月々五〇ドルのキャッシュフローが生まれた。取引の詳細はこうだ。銀行はキムが売手のローンを引き継ぐことをＯＫしてくれた。銀行はその家を欲しがらなかった。それよりも住宅ローンの月々の支払いが欲しかったのだ。二年後、キムはその家を九万ドルで売り、売却益を別の物件に投資した。

今日、キムと私はリッチダッド・アドバイザーのケン・マクロイと共に約一万の賃貸物件を所有している。それは非課税のキャッシュフローを生み、私たちは働かずに毎月多くの人の生涯賃金以上のお金を得ている。

不動産投資の手法が変わったわけではない。変わったのは小切手の金額のゼロの数だけだ。

年月と共に、私たちのファイナンシャル教育の知識と経験は蓄積されていった。

私に言わせれば、人々はパブロフの犬のごとく、教えられたこと、条件づけられたことを繰り返している。深い考えもなく自分のお金をウォール街に手渡し、長期投資をし、何一つ学んでいないように思える。

Q　クレジットカード、つまり借金を使って頭金を支払うのは危険ではないのか？

A　答えはイエスだが、一八〇〇ドルの靴を買うよりもはるかにリスクは小さい。不動産は通常、価値が下がらない。靴は、あなたが履いた瞬間、価値の九〇％から一〇〇％を失う。靴をレンタルしたいと思う人がいるだろうか？　だが多くの人はハワイの白砂のビーチにある素敵なコンドミニアムを借りてみたいと思っている。

こうして金持ちはもっと金持ちになる。金持ちは収入よりも資産に注目し、借金を使って資産を手に入れ、それを育てていくのだ。

キャッシュフローゲームにはビッグディール（大きい取引）とスモールディール（小さい取引）の二種類がある。人々がゲームをしているのを観察するのは面白い。その行動によって敗者は誰かを見分けることができる。敗者は常にビッグディールから始める。

●銀行は不動産を好む

資産には次の四つの種類がある。

1. ビジネス
2. 不動産

3. 紙の資産：株式や債券

4. 商品

四つの資産のうち、どれを手に入れる場合でも、融資を受けること、つまり借金をすることが可能だ。だが、四つのなかで融資を受けるのが一番簡単なのは不動産だ。銀行は不動産のためにお金を貸すことを好む。それには理由がある。

銀行に行って「ビジネスを始めたいので一〇〇万ドル貸して下さい」といっても話を聞いてもらえないだろう。親切な銀行員であればＳＢＡローン（米国中小企業局が提供するローン）を申し込んでみたらどうか、とアドバイスするかもしれない。だが不動産を所有していないとビジネスローンを得るのは難しい。

▼トムのタックスレッスン――銀行は安全性を求める

銀行がスタートアップビジネスに融資したがらないのは安全性を重視しているからだ。不動産は危険が少ない。余程のことがない限り不動産は価値が下がらないことを銀行は知っている。あなたがローンを返済しなければ銀行は不動産を差押え、それを売却して支払いに代える。だがビジネスは、それが失敗すれば売ることはできない。銀行にとってビジネスローンはリスクが高い。だからこそ銀行はＳＢＡにあなたへの融資を保証して欲しいのだ。ビジネスが失敗しても金を取り戻せるからだ。

株式ブローカーはあなたに株式や債券の信用取引をさせてくれる。あなたには信用枠があるからだ。もし失敗してお金を失えば、ブローカーはすぐに証拠金を請求し、担保として入れた資産を売却してしまう。

▼トムのタックスレッスン——信用取引

株式は売却が非常に簡単なため融資の担保としては好適だ。だが値段の上下も激しい。だからこそ、ブローカーはあなたの株式ポートフォリオの一部（通常は五〇％以下）しか融資してくれない。返済が滞ったり株式が暴落したりした場合に、すぐに売却できるようにしておくためだ。

借金で金や銀を購入しようとしても、多くの銀行は融資してくれないだろう。銀行は金・銀を担保として受け取るかもしれないが、金・銀を買うために五％の利息で一五年間貸し付けてくれる銀行家を私は知らない。

金貨や銀貨は紛失する可能性がある。だが不動産は失われることがない。政府は不動産についての書類、法的な記録、過去に遡った所有者の記録、売買の記録などを何年分も保存している。そして、これらは銀行が不動産を好む理由の一部でしかない。

不動産ビジネスや不動産投資を始める場合、投資のつもりでファイナンシャル教育を学び、小さな投資から始めて経験を積むことは必須となる。

⑰借金は金持ちとそうでない人で使い方が違う

損益計算書

収入

支出
借金—貧しい人々はクレジットカードを使って生活費を支払う（食糧、服、ガソリン）

貸借対照表

資産	負債
借金—金持ちは借金で資産を買う	借金—中流層は借金で負債を買う（家、車など）

幸いなことに、あなたにファイナンシャル教育があれば四つの資産区分のどれでも財を築くことが可能だ。

●自分のクワドラントは賢く選択しよう

Q　金持ち父さんはこうした理由であなたが海兵隊を除隊する前に不動産投資のコースを受講するよう助言したのか？

A　それも理由の一つだ。だが主な理由は人生の早いうちからＩクワドラントに目を向けさせたかったからだ。

一方、貧乏父さんは私にＥクワドラントで良い給料を得られる仕事をして欲しかった。

「不動産の天国」に入る方法はいくつもある。“The Real Book of Real Estate”（不動産投資のリアルブック）は、真の不動産投資家によって書かれた不動産の投資戦略や方法を集めた本だ。本書の中で、ドナルド・トランプ氏の息子、ドン・ジュニアとエリックが、父親から学んだことを解説している。

●かつての時代

かつて政府は、国債の購入を奨励するために人々に充分な利子を支払っていた。国債は、政府が財力以上の活動をし、税収以上の支出をするために発行されたものだ。

かつて銀行は、人々の預金を獲得しようと必死だった。トースターやステーキナイフ、さらには現金までプレゼントして預金確保に躍起になっていた。今日、ヨーロッパや米国、アジアの銀行は積極的に預金を遠ざけている。ヨーロッパや日本では預金者から手数料を取るまでになっている。ＮＩＲＰ、マイナス金利として知られるものだ。他の国々が追随するのは時間の問題だろう。預金者が敗者となったことの確たる証拠だ。

これは何を意味するのか？　世界に流通するお金が多過ぎるということだ。銀行はあなたの預金が欲しくない。銀行にとって負債になってしまうからだ。銀行が欲しいのは借り手、お金を借りる方法を知っている人々だ。金利が非常に低いのもそのせいだ。

かつて、人々は銀行を信用し、自分の預金を生産的なプロジェクトや経済の発展のために使ってくれると信じていた。今日、銀行や企業の重役は預金者のお金を経済の成長のために再投資したりはしない。

私は六か月でＭＢＡを中退した。私が教わったのはビジネスの育て方ではなく「市場を操作して莫大な金を稼ぐ方法」だったからだ。

今日のビジネススクールは米国で最も優秀な学生を集めながら、研究開発への投資やビジネスの育て方、雇用創出の方法などではなく、市場操作によって利益を生み出す方法を教えているのだ。

株式市場や銀行は、企業がビジネスを発展させ資金を調達するために、そして預金者や投資家が企業と共に豊かになるために設立された。今日、富裕な企業が借りる必要もないお金をせっせと銀行から借りて、株式市場に投資しているのは皮肉の極みだ。これも貧困層と中流層がさらに貧しくなる理由の一つだ。

人々は、米国経済が深く病んでおり、もはや一般の米国人のためには機能していないことを理解し始めている。だからこそ、バーニー・サンダース上院議員の選挙運動のスローガンは「富と収入の不公平は現代最大の倫理問題」だったのだ。

サンダースの言う倫理問題は米国の学校から始まっている。我々の教育システム、Ｋ―12（幼稚園から高校三年までの教育）では、お金についてほとんど教えない。多くの人がいまだに貯金は有効だと信じており、一九七一年以降借金がお金になったことも知らない。お金の教育がないために、お金のルールが変わったことを認識していないのだ。

もしあなたが金持ちになりたいなら、借金をお金として使いこなす前に、まずファイナンシャル教育に投資することだ。負債を使って富裕になる方法は、あなたに信じられない力をくれる。それはまだほとんど誰も経験したことのない力だ。

●第一部まとめ

富裕層と貧困層を分けるのは以下のものだ。

1. **ファイナンシャル・アドバイザー**
2. **税金**
3. **借金**
4. **失敗**
5. **貯金**
6. **暴落**

第一部を読み終えたあなたは、今まで以上にコインの裏表を見通せるようになっているはずだ。コインの反対側を見通すにはファイナンシャル教育が不可欠だということを、あなたは理解したと思う。だが、ファイナンシャル教育に入る前に、ファイナンシャル教育ではないものは何かを知っておくことが大切だ。そしてファイナンシャル教育を知らない場合に払わされる代償についても。

第二部

ファイナンシャル教育ではないもの

●第二部を読む前に――あなたのファイナンシャル教育のレベルは?

人々は、自分にはファイナンシャル教育があると信じている。この本を読んでいるあなたは、自分のファイナンシャル教育がどのレベルにあるのかがだいぶ分かってきたと思う。金持ち父さんの意見に賛成し、お金と投資についてまだまだ学ぶべきことがあると思ったかもしれない。

「ファイナンシャル教育とは何か」を語る前に、ファイナンシャル教育ではないものについて語ろう。たとえば、ほとんどの人は持ち家を資産と考えている。しかし多くの場合、持ち家は負債だ。負債を資産だと思い込むことが、金持ちとそれ以外の人々の格差を広げている原因の一つだ。

ファイナンシャル教育ではないものは何かを定義した後、次の章でファイナンシャル教育について語る。そしてさらに重要なこと、経済が再び変化した時、ファイナンシャル・リテラシーがない人々に何が起こるかを見ていく。

さあ、自分のファイナンシャル教育の程度、ファイナンシャル・リテラシーのレベルを知る準備ができたら、第二部に進もう。

第七章

ファイナンシャル教育ではないものとは何か？

貧乏父さん「なぜファイナンシャル教育なんてものが必要なんだ？　私には素晴らしい学歴がある。立派な仕事もある。家も、銀行預金もあり、政府の提供する退職金プランにも入っている。」

金持ち父さん「愚か者と論争しても、愚か者が二人になるだけだ」

貧困層と中流層のためのファイナンシャル教育というものが存在する。そして同じコインのもう一方の面に、金持ちのためのファイナンシャル教育がある。

ウォーレン・バフェットはこう言った。「ウォール街は、ロールスロイスに乗ってやってくる人々が地下鉄で通勤する人々からアドバイスを受ける唯一の場所だ」

本当のファイナンシャル教育とは何かを語る前に、コインの裏側、ファイナンシャル教育ではないものについて話しておこう。

●ファイナンシャル教育ではないもの

『金持ち父さん　貧乏父さん』は一九九七年に出版され、二〇〇〇年にニューヨークタイムズのベストセラーリスト入りした。誉れ高いこのリストに掲載された後、私はオプラ・ウィンフリーの番組に招かれ、彼女のインタビューを受けた。たった一時間の番組で、私は無名人から一気に有名人になった。

電話がひっきりなしに鳴りはじめ、いくつものテレビやラジオショーに出演し、世界中の雑誌や新聞からインタビューされた。インタビューで聞かれたのは私の二人の父、金持ち父さんと貧乏父さんのことだった。誰もファイナンシャル教育については聞かなかった。

私をインタビューした人々は、高学歴で、自分はファイナンシャル教育とは何かを知っていると考えていた。金持ち父さんが言ったように「愚か者と論争しても、愚か者が二人になるだけだ」。彼らの考えるファイナンシャル教育と金持ち父さんのファイナンシャル教育が違うものであることを説明するのは、ある意味自分の外交能力が試される経験だった。私たちは互いにコインの違う側に立っていたのだ。

以下は、高学歴の人々が考えるファイナンシャル教育の一例だ。

●経済学を学ぶ

多くのジャーナリストが、経済学はファイナンシャル教育だと考えている。経済学を理解することは重要だが、それは金持ち父さんが考えるファイナンシャル教育ではない。金持ち父さんはよく言っていた。「経済学を学べば金持ちになれるなら、なぜほとんどの経済学者が金持ちじゃないんだ?」

今日、米国連邦準備銀行は博士号を持った経済学者を他のどの団体よりもたくさん雇っている。博士号を持つ経済学者が私たちを裕福にしてくれるなら、なぜ米国経済は立ち直らないのだろう? 図㉑を見てほしい。これらの経済学者が給与をもらい過ぎていることは経済学の博士号がない人でも解るだろう。

●小切手帳の収支を合わせる

あるインタビューで有名なテレビ司会者が言った。「ファイナンシャル教育とは小切手帳の収支を合わせることだ。」私が否定すると、彼は私の話を遮って次の話題に移った。

小切手帳の収支を合わせるのは大事なことだ。だが私の両親もそうしていたのに貧しいままだった。

㉑米国政府の債務——1940年から現在までの米国政府の債務

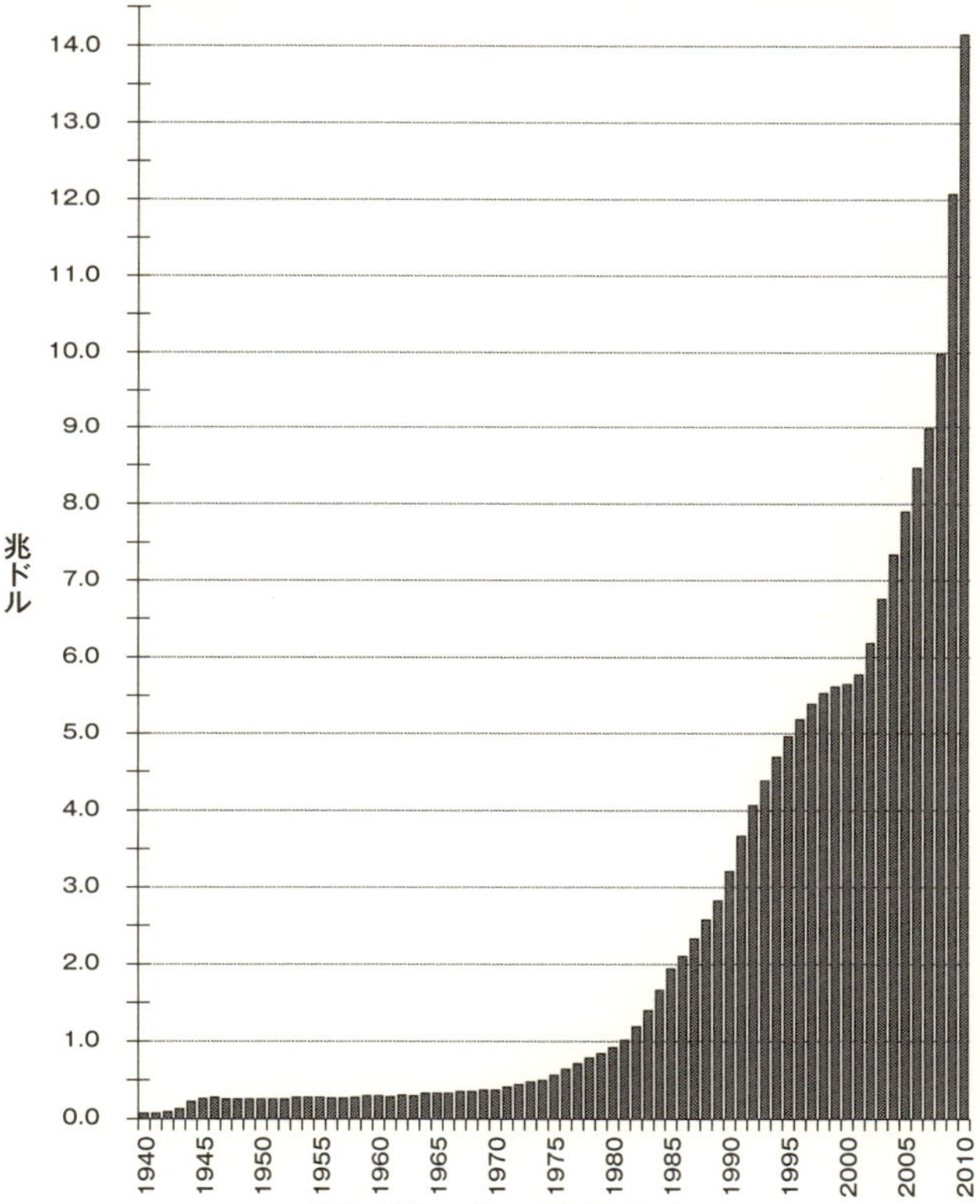

出典：U.S. national debt clock

●貯金する

すべてのインタビュアーが、お金を貯めることは知性的で賢い行動だと考えていた。私が「貯金する人は負け組だ」と言うと、彼らは皆たじろいだ。

本当のファイナンシャル教育はお金の歴史についても教えるべきだ。インタビュアーのほとんどは、ニクソン大統領が金《きん》とドルの交換を停止した一九七一年に、米国、そして世界がお金を印刷し始めたことを知らなかった。賢い人間が、政府がお金を印刷している時に貯金をするだろうか？

図㉒と㉓は本書の初めに、政府が紙幣を印刷すると何が起こるかを検証するために示したものだ。ファイナンシャル教育のある人は、政府や銀行が紙幣を印刷するとその価値が下落し、生活費が値上りすることを知っている。お分かりの通り「お金こそが重要なのだ、愚か者め」なのだ。

●自分のＦＩＣＯスコアを知る

ＦＩＣＯスコアはクレジットスコアの一つだ。クレジットスコアとは、あなたがローンを期限通りに返済する可能性を測る数値である。企業が住宅ローンやその他の貸付け、クレジットカードの発行などを審査する際に使われる。クレジットスコアは重要だが、ファイナンシャル教育とは無関係だ。実際、多くの貧困層・中流層が高いクレジットスコアを保持している。

●借金を返す

貧乏父さんは、借金は悪いもの、「無借金生活」は良いものと信じていた。彼の限られたファイナンシャル教育では、借金なしの生活は悪くないはずだった。

貧困層や中流層にとって無借金でいることは良いアドバイスだが、金持ち父さんはよく言っていた。「借金はお金だ。」彼はまたこうも言った。「借金には良いものと悪いものがある。良い借金は君を金持ちにする

出典：MarketInsider

㉒連邦政府によるマネタリーベースの拡大

かつてなかった大規模な紙幣印刷

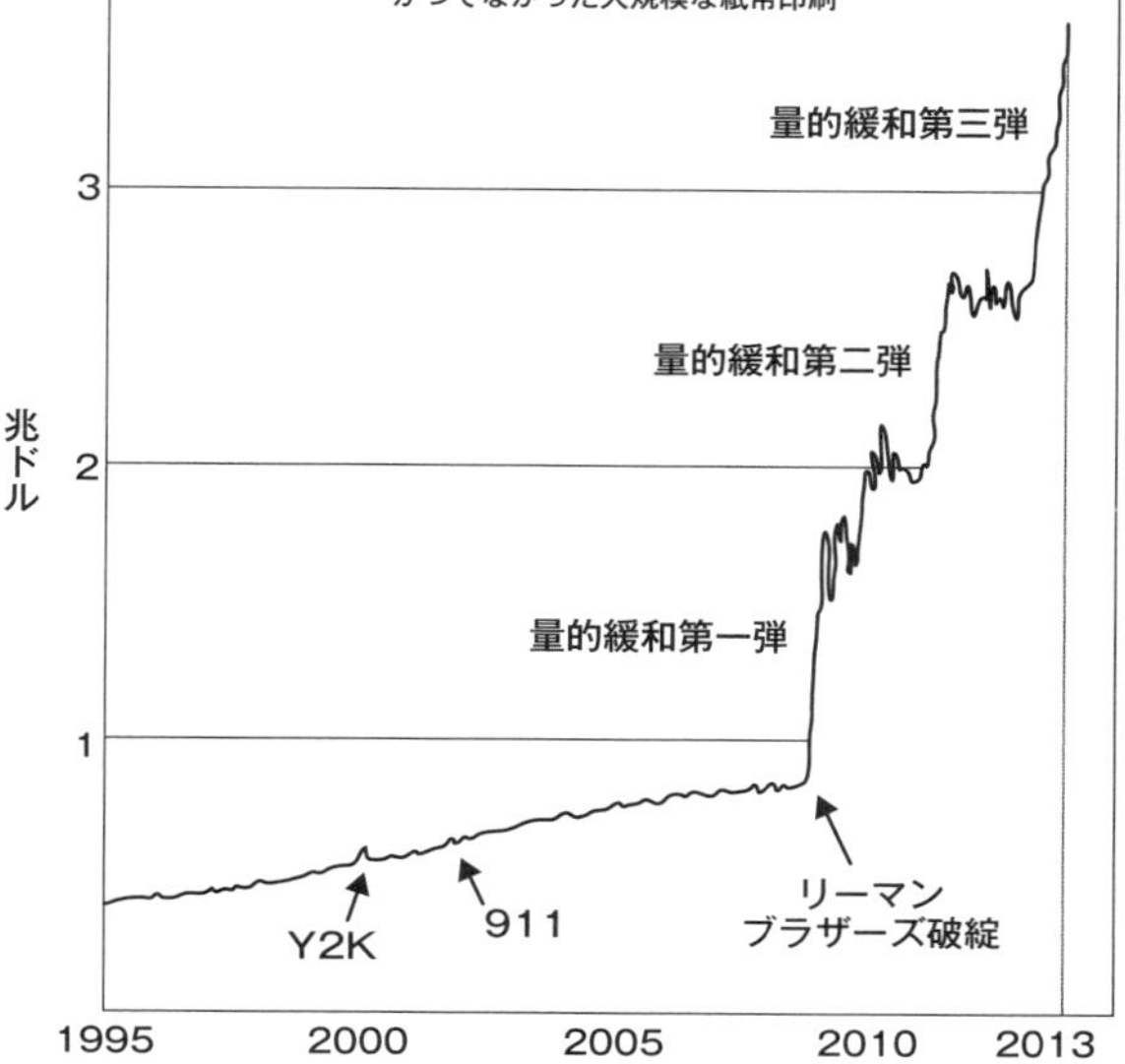

㉓米ドルの購買力の変化（1990－2003年）

出典：Financial Sense

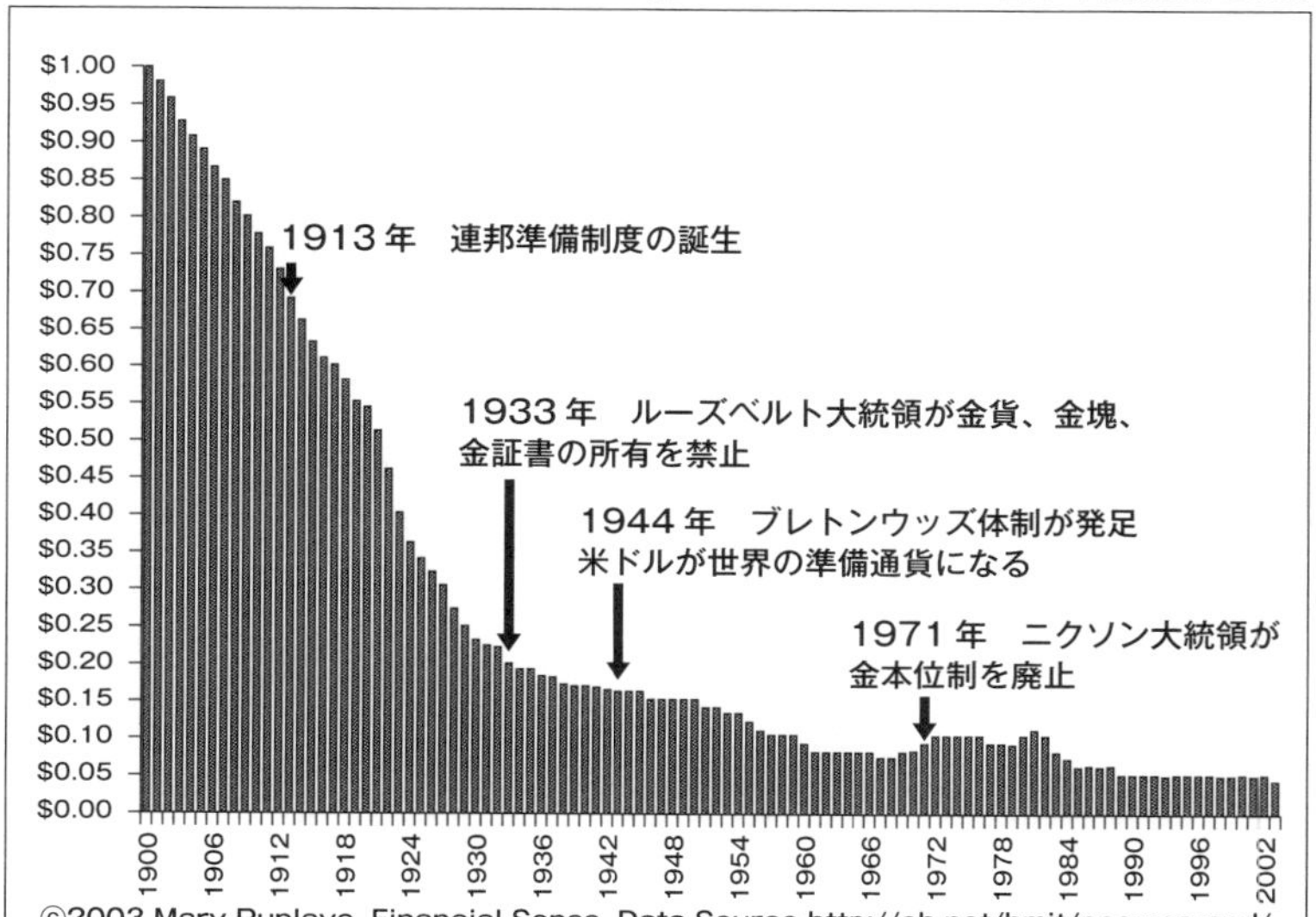

©2003 Mary Puplave, Financial Sense. Data Source http://eh.net/hmit/ppowerused/

が、悪い借金は君を貧しくする。金持ちになるために借金をするなら、まずファイナンシャル教育を受けて良い借金と悪い借金の違いを学び、借金の使い方を理解することだ」

図㉔は、銀行というシステムを説明したものだ。本当のファイナンシャル教育は銀行システムの全体像を説明するものでなければならない。銀行システムは預金者と債務者によるシステムだ。このイラストが示すように、借金する人がいなければ世界のマネーシステムは破綻してしまう。

多くの銀行のクレジットカードが無料の旅行や現金、その他の特典をプレゼントしてくれるのはこれが理由だ。人々に借金させようとしているのだ。銀行は預金者ではなく債務者から利益を得る。二〇〇七年に不動産ローンが破綻して以来、多くの銀行にとってクレジットカードが最大の収入源となった。

貧乏父さんは借金をして家と車を買った。これは悪い借金だ。悪い借金とは負債を買うもので、自分で返さなければならない借金だ。一方、金持ち父さんは借金で投資物件を買い、ビジネスを育てた。これは良い借金だ。そして良い借金はあなたをもっと金持ちにする。良い借金とは、誰かが代わりに返済してくれるものだ。政府は良い借金の使い方を知っている人には税金を控除してくれる。

世界の銀行システムは部分準備制度を前提として作られている。これにより、預金者が一ドル預けると、銀行はその数倍の金額を貸し付けることができる。たとえば準備率が一〇だとすると銀行は一ドルの預金を元に一〇ドル貸し付けられる。インフレがひどい場合、中央銀行（米国で言えば連邦準備銀行など）はツールを使って銀行が貸し付けられる割合を下げることができる。もしも準備率を五にすると、銀行が貸し付けられるのは一ドルにつきたった五ドルになる。

今日のように銀行が預金金利を低くするのは、彼らの本音が「預金者はもう要りません、それより借りてくれる人が欲しいんです」というものだからだ。

低金利になると、中流層は少しでも多くのリターンを得ようと株式や不動産投資に群がる。中流層は金融市場の「バブル」を追い求める。だがもしバブルが弾ければ、彼らの多くが何もかも失うだろう。

㉔銀行にはお金を預ける人と借りる人が必要

低金利は銀行からのこんなメッセージなのだ。「どうかお金を借りてください。お金のセールですよ」

金持ちは低金利によってもっと金持ちになれる。だが貧困層や中流層、とくに預金者にとって、低金利は財政的なトラブルとなる。

皮肉なことに、預金は課税されるが、借金は無税だ。これが、金持ちがもっと金持ちになるもう一つの理由だ。

▼トムのタックスレッスン――預金と借金は同じコインの裏表である

預金と借金では課税が異なる（預金には課税され借金にはされない）だけでなく、よい借金（資産を買うための借金）の場合、利息への課税の控除が可能だ。つまり、借金は課税を低め、預金は課税を高めるのだ。

●収入の範囲内で生活する

かつては、収入の範囲内で生活し貯金をすることは意味があった。節約し、将来のために貯金することにより経済的な安定が得られ、金持ちになれる可能性さえあった。

ニクソン大統領が金《きん》とドルの交換を停止し、銀行や政府が紙幣を印刷することを可能にした一九七一年以降、収入の範囲内で生活し貯金をすることは意味がなくなった。図㉕は、中流層に起こっていることを端的に物語っている。収入の範囲内で生活し貯金をするのは、もはや経済的に賢い方法ではない。今日それは、貧困層と中流層をもっと貧しくしてしまう。

●長期投資をする

図㉖は過去一二〇年間の株式市場の動きである。これを見ると、一八九五年から二〇〇〇年までは長期投資も意味があったことがわかる。二〇〇〇年から二〇一〇年の間に世界は三つの大暴落を経験している。二〇〇〇年、私たちはドットコム暴落を目撃した。二〇〇七年、サブプライム不動産暴落が起こり、二〇〇八年には金融機関の破綻による暴落があった。

第一章で紹介したウォーレン・バフェットの会社のチャートが示すのは、二〇〇〇年以降、世界最高の投資家さえも自分の企業バークシャー・ハサウェイを損失から守ることができなかったということだ。

私は、もっと大きな暴落がやって来ると信じている。多くの人が「心配いらないよ、一九二九年の大暴落より大きいものは二度と来ない」と言うが、私はそうは思わない（図㉗）。

あなたに質問したい。次に来る暴落は一九二九年のものとは比較にならないほど大きい。なのになぜ長期投資をしようとするのか？

二〇〇二年、『金持ち父さんの予言』が出版された。その中で私は、二〇一六年前後一、二年のあいだに史上最大の暴落が起こると予言した。図㉘は重要な問いを投げかける。次に何が起こるのか？

もし市場が上昇し続けるなら長期投資は意味がある。だが暴落すれば金持ちがもっと金持ちになり、数百万の人々が破産する。金持ちになりたければ、地下鉄で通勤する人々のアドバイスを聞かないことだ。

㉕中流層の収入を得ている家庭はどんどん少なくなっている

中流層の収入が停滞しているだけでなく、1970年代以来、中流層の収入を得ている家庭そのものが減少している。2010年、米国家庭の収入中央値の ±50%に入る家庭の数は42.2%、1970年の50.3%よりも下がっている。

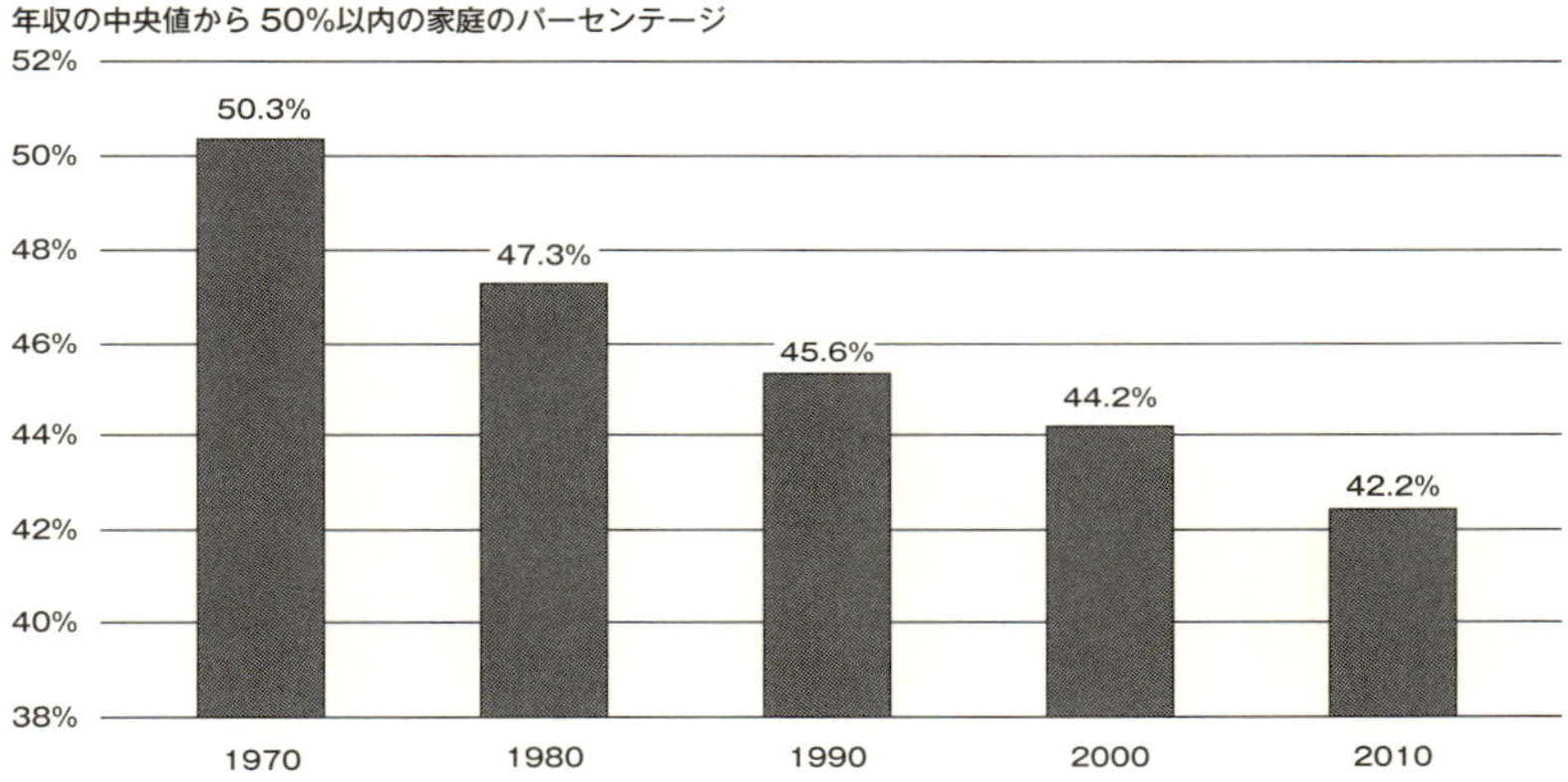

出典：アラン・クルーガー

㉖ダウ・ジョーンズの120年間の動き

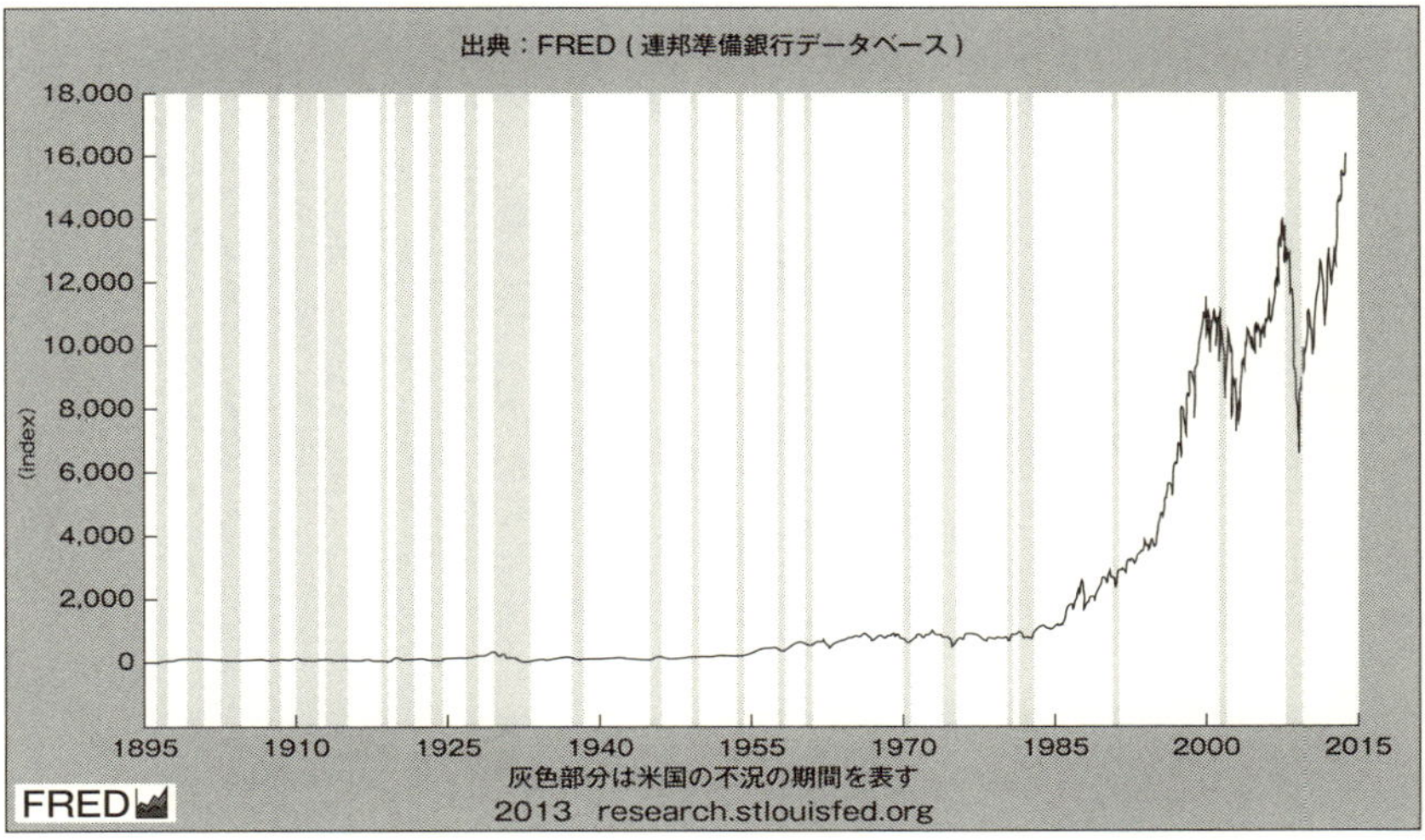

●それはどのくらいひどいのか？

Q　誰かがこの狂気の歯止めになって世界経済を救うという可能性はないのか？

A　どんなことだって起こり得る。問題は、世界経済は非常にもろい状態だということだ。

Q　崩れるのにどのくらいの時間がかかる？

A　もし崩壊するなら、いくつかの段階を経るだろう。準備さえしていれば、変化に対応して自分を変える時間があるということだ。

世界経済の未来に興味がある人々に私が勧めたいのはフィリップ・ハスラムの〝When Money Destroys Nations〟（お金が国家を破壊する時）という本だ。お金について非常に正確に書いてあり、読みやすく分かりやすい。

フィリップ・ハスラムは若く優秀な公認会計士であり、経済アドバイサー、著述家、講演者でもある。南アフリカのヨハネスブルクに在住している。私とトムが南アフリカを訪れた時、フィリップも講演のステージに上がり、南アフリカの税法や紙幣の印刷がもたらす未来、ビットコイン、そしてグローバルエコノミーなどの話題についてトムをサポートしてくれた。

南アフリカに住むフィリップは国境を越えてジンバブエに行き、かつて豊かさの頂点にあった国が戦争や災害ではなく、無制限に紙幣を印刷したことで経済崩壊した様子を直接目撃した。

●ハイパーインフレの六つの谷

本の中でフィリップは「ハイパーインフレの六つの峡谷」について書いている。彼の住む南アフリカには

㉗1929年の大暴落

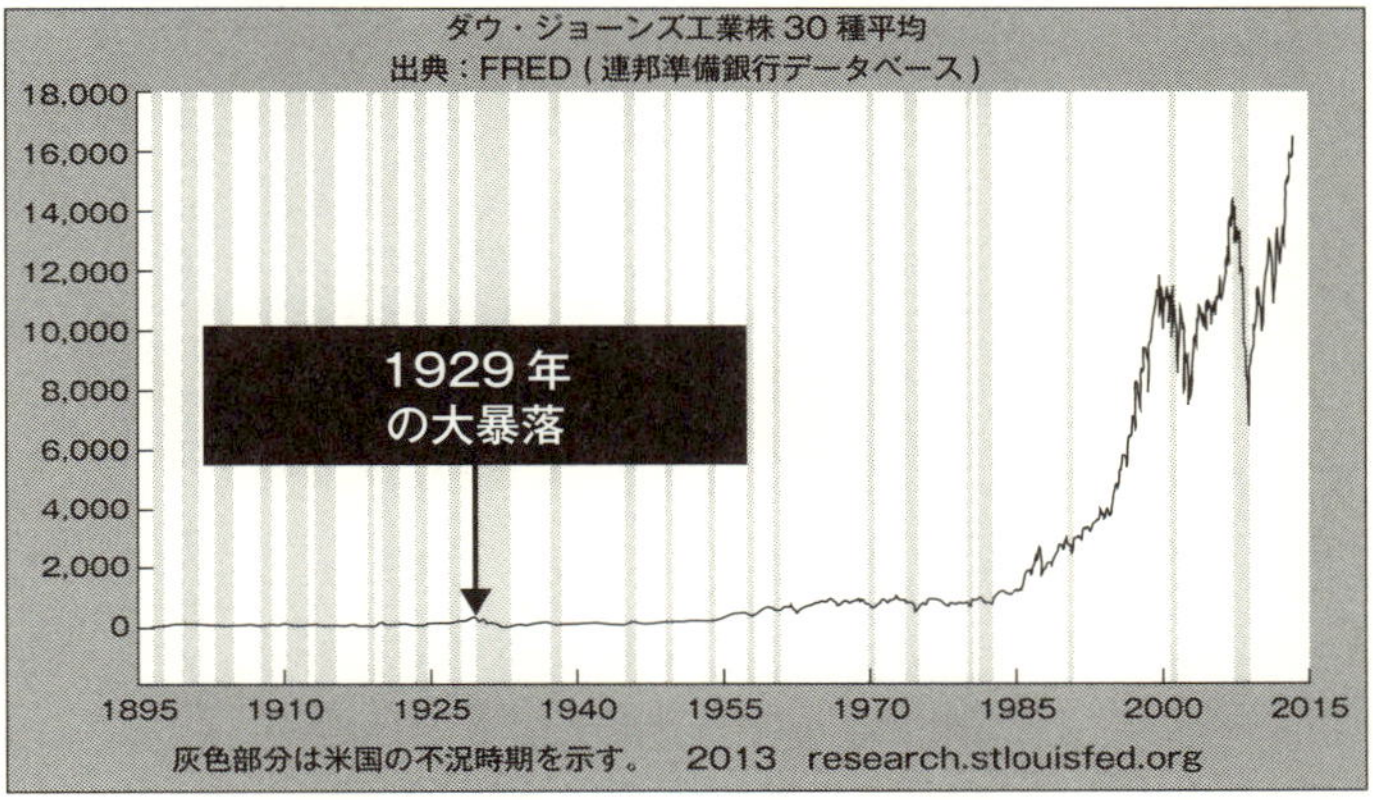

㉘次に何が起こるのか？

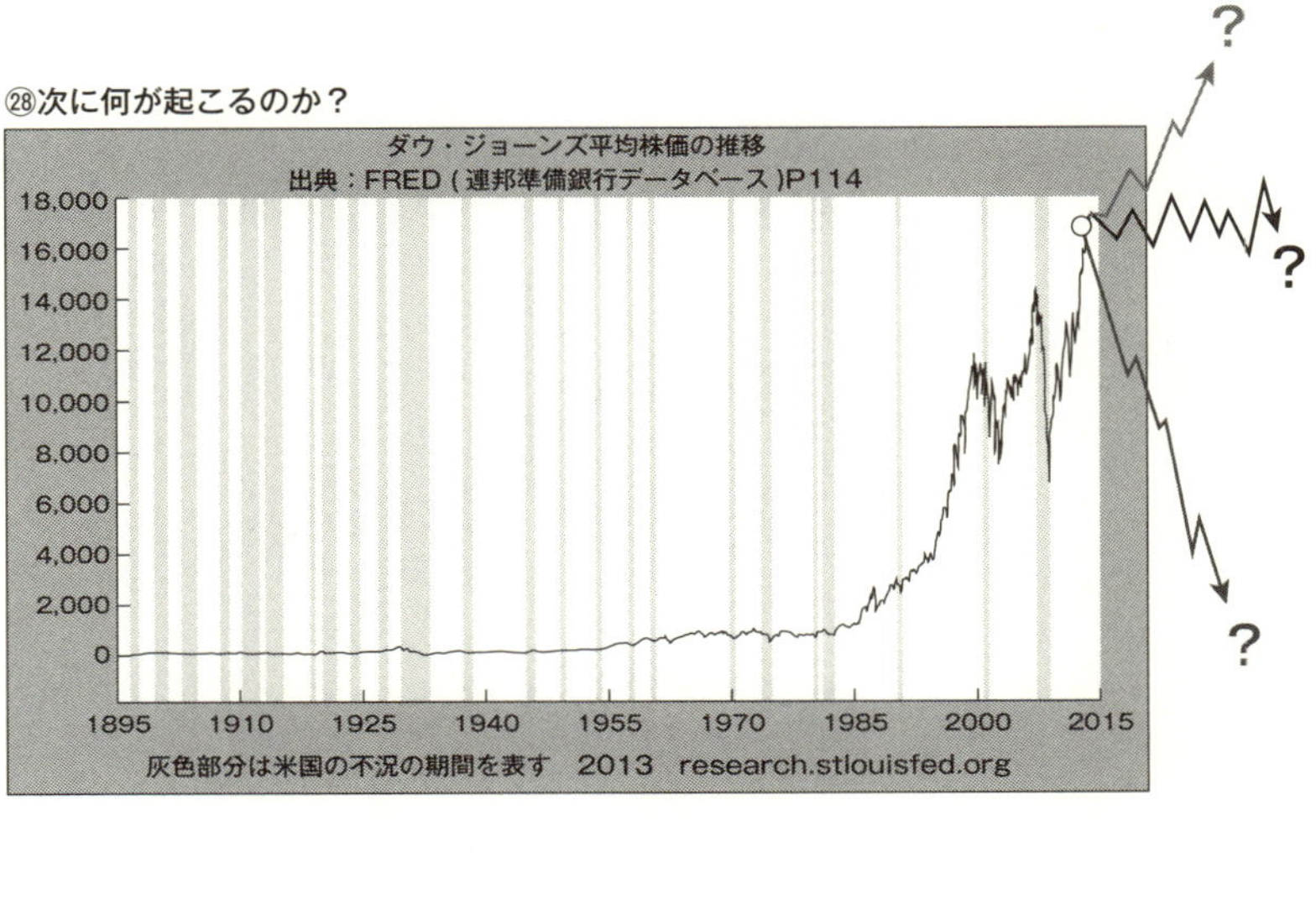

自殺峡谷と呼ばれる、山岳部に六つの恐ろしげな滝を持つ深い峡谷がある。彼は崖から下の水面に飛び降りた経験を語っている。今振り返ると他に選択の余地はなかったという。彼には、巨大な滝から浅瀬に飛び降りる以外に方法がなかった。

彼は経済崩壊の六つの段階を自殺峡谷での経験にたとえ、実際にそれを体験した人々の視点でジンバブエの崩壊の六つの段階を語っている。それは心底ゾッとする話だ。行動を起こす動機が欲しいなら、是非この本を読んでほしい。以下はフィリップの本から抜粋した、崩壊を経験した人々の談話である。

「彼らは結局自分の家を売らなければならなくなった。おかげで三、四年は生き延びたが、その後彼と妻は極貧となり、息子と一緒に暮らすために南アフリカに移った。二年後、ふたりとも亡くなった」

「父の友人は法律事務所のパートナーとして五〇年以上働いていた。その期間、彼は老後の蓄えにとオールド・ミューチュアル（従業員のための投資会社）に投資していた。ハイパーインフレが襲うと、彼の蓄えはすっかりなくなった。オールド・ミューチュアルは手紙を寄こし、『もはや月々の支払いをする価値はないので一括払いをする』と言ってきた。そのお金、自分が生涯をかけて貯めた年金で、彼はジェリー缶（一九リットル缶）一缶分のガソリンを買った」

「価値を失っていくばかりのお金をどうやって受け取れというんだ？　だが政府は我々に紙幣を使用するよう強制した」

「食料庫には厳重にカギをかけた。食料はお金と同じだ。今の私たちにとって投資であり預金だ。食料を使えば、労働、砂糖、米、燃料、何だって買える。物が我々のお金だ」

「女性刑務所ではタンポンとナプキンが不足した。生理用品の需要は米ドルよりも高く、これらはやがて刑務所内で物々交換に使われるようになった」

「ハイパーインフレのおかげで誰もが犯罪者になった。法を破らずに生きていくことは不可能だった」

「我々の所でパートタイムで働いていた老夫人が孤児たちのために本を何冊か買い、米ドルで支払いをした。するとすぐに政府の覆面エージェントがなだれ込んできた。我々は賄賂を払わされた。許しがたいことだったが、老女が刑務所に行くか賄賂を払うかの選択を迫られたらそうするしかないだろう」

「彼らは先細り、干からびてしまった。薬も食料も手に入らず、なぜお金で物が買えないのか誰も分からなかった。家で亡くなっていた年金生活者や、生活に行き詰まって命を絶った夫婦の話は枚挙にいとまがない」

●かつて富裕だった国家

多くの人が言う。「そんなことになったのはジンバブエが貧しい国だからだろう。」だが思い出してほしい、ほんの五〇年前、ジンバブエは「アフリカの穀倉地帯」と呼ばれる富裕な国だったのだ。

今日、ベネズエラがジンバブエと同じ状況にある。ベネズエラは世界最大の石油埋蔵量を誇る非常に豊かな国だった。裕福な国の国民がなぜこんな目にあうのか?

フィリップの本はその理由をこう記している。

「インフレが進行するにつれてジンバブエの国民はジンバブエドルへの信頼を失くしていった。政府は強力な抑制策に活路を求めるしかなかった。価格を管理し、インフレ率を操作し、人々が状況を理解できないように、曖昧な言葉を使って説明を行った」

●グリーンスパンのフェッドスピーク

元連邦準備制度理事会議長、アラン・グリーンスパンは、フェッドスピーク(FRB議長が使う、仰々しい言葉に満ちた分かりにくいスピーチ)で有名だった。グリーンスパン自身の言葉を引用しよう。「中央銀行に入ってから、意味のない言葉をつぶやくことを学んだ。もし私の言葉が明確に理解できるなら、あなたがそれを誤解しているということだ」

フェッドスピーク、あるいは他の中央銀行の関係者の談話にいくら耳を傾けてもファイナンシャル教育にはならない。それはお金についてのニセ情報である。ＦＲＢ議長、グリーンスパン、ベン・バーナンキ、そしてジャネット・イエレンが率直にしゃべるなら、こう言うだろう。「お金こそが重要なのだ、愚か者め」

私はフィリップ・ハスラムに聞いてみた。二〇一六年頃に世界が落ち込む谷は何番目だと思うか？　彼は言った。「三番目か四番目の谷だろう」

ファイナンシャル教育ではないものについて、あなたは大体のところが理解できたと思う。次の章ではファイナンシャルの知識がないとどんな結果になるかを説明しよう。

第八章

あなたにはファイナンシャル・リテラシーがあるか?

貧乏父さん「持ち家は私の資産だ」
金持ち父さん「持ち家は負債だ」

私の父、貧乏父さんは最高の教育を受けていた。卒業生総代を務め、大学を二年で終了し、その後スタンフォード大学とシカゴ大学、ノースウェスタン大学で学び、博士号を取得した。だが残念ながら彼にはファイナンシャル・リテラシーがなく、資産と負債の違いが分からなかった。お金の言葉を知らなかったのだ。ファイナンシャル・リテラシーがなかったせいで、彼は人一倍働かなければならなかった。それでもお金の面で人に先んじたことは一度もなかった。給与は毎年上がったが、支出も増えた。彼はお金をうまくやりくりしようと努力したが、稼ぐそばから消えていった。最高の学歴があり、正直で勤勉、四人の子供に恵まれた家庭人で、地域社会の中心人物だった父は、貧困のうちに亡くなった。

●リテラシー欠如の代償

私たちはリテラシーの大切さを知っている。読み、書き、話す能力、そして基本的な計算の能力だ。リテラシーは人間にとって外の世界との接点だ。リテラシーに関して次のような統計がある。

1. 小学四年生の終了時に満足な読解力がない子供の三分の二が、刑務所に収監されるか生活保護を受ける。
2. 米国の刑務所に収監されている人間の七〇％が小学校四年レベル以上の読解力を持っていない。

3．米国の子供の四人に一人が読み書きを教わらずに成長する。
4．小学校三年時までに十分な読解力のない生徒の中退率は通常の四倍以上だ。
5．二〇一一年、米国はＯＥＣＤ（経済協力開発機構）に加入している自由市場国家の中で唯一、現在の世代の教育程度が前の世代よりも劣っている国だ。

●ファイナンシャル・リテラシーの欠如の代償

ファイナンシャル教育がないと、支払う代償も大きいことはあなたも同意してくれると思う。

「ファイナンシャル・リテラシーがない人は身動きがとれなくなる」
ファイナンシャル・リテラシーがない人々は怯えながら生活し、間違った安心感にしがみつこうとする。恐れは人々を貧しくする。ファイナンシャル・リテラシーのない人々は基本的なお金の問題を解決できない。

「ファイナンシャル・リテラシーの欠如は自尊心を破壊する」
大抵の場合、ファイナンシャル・リテラシーのない人は自尊心や自己評価が低い。そのため効果的な行動ができず、決断力もない。彼らは、お金をうまく使っているふりをしながら生きていく。

「ファイナンシャル・リテラシーの欠如は人々をイラつかせ、動揺させる」
離婚の理由で最も多いのは、お金についての争いだ。ファイナンシャル・リテラシーがない人々はお金の問題を解決できない。お金が十分にない状況を常に恐れている。彼らの多くは幸福で満ち足りた人生を送ることができない。

「ファイナンシャル・リテラシーがない人は固定観念に縛られる」
私が見るところ、彼らは心を閉ざしている。金持ちは悪で、強欲で無慈悲だと信じている。そして、もっとお金があれば問題が解決されると考えている。ファイナンシャル・インテリジェンスのない人がよく口にするのは「ここではそれは無理ですよ」というセリフだ。ファイナンシャル・リテラシーがある人々が目の前で実行していても、彼らは自分の考えにしがみつく。知識がないために行動が制限されているのだ。彼らの固定観念が、無知から来る痛みや混乱、愚かさ、救いのなさから目を背けさせている。

「ファイナンシャル・リテラシーがない人は自分を犠牲者と考える」

ファイナンシャル・リテラシーがない人は、世界経済で何が起こっているのか理解できない。自分のお金の問題を常に誰かのせいにし、大抵は金持ちのせいにする。彼らの多くが自分は税制の犠牲者だと信じ、金持ちが税金をほとんど払っていないと聞くと激怒する。金持ちがどうやって課税を下げているか知ろうとする代わりに（そうすれば自分の税金も減らせるのに）、金持ちは不誠実ないかさま師だと罵倒する。

「ファイナンシャル・リテラシーの欠如は現実を見えなくする」

ファイナンシャル・リテラシーがない人々は数百万ドルを稼ぐ機会が目の前にあっても見逃してしまう。彼らは自分よりも見知らぬ人を信頼し、お金を託してしまう。「何に投資すればいいですか？」と質問し、誰が自分たちのお金を管理しているかも知らずに長期投資をする。そして市場暴落が近づいていることも知らず、誰かにお金を任せてしまう。

「ファイナンシャル・リテラシーの欠如は貧困の原因になる」

皮肉なことに、世界にはお金が溢れている。なのに中流層は減少し貧困層は増えている。銀行が数兆ドルの金を印刷しているにもかかわらず、数十億人がいまだに「私には買えない」と言い続けている。かつてないほどの低金利なのに、人々は融資を受けられず、家を買う余裕もない。

「ファイナンシャル・リテラシーがない人は投資で失敗する」

ファイナンシャル・リテラシーがない人は間違った場所にいて、間違った時期に間違ったものに、間違った理由で投資する。彼らは高値で摑み、安値で売る。ウォルマートがセールをすると真っ先に駆け込んで買い物をするのに、ウォール街のセールでは、大安売りの最高の投資に尻込みしてしまう。

「ファイナンシャル・インテリジェンスがないと判断を誤る」

ファイナンシャル・インテリジェンスがない人はものの価値を測れない。品質にお金を出さず、安物を買う。何が重要か、価値とは何か、何をすべきかが分からず、自分の行動がどんな結果になるかも気にしない。

「ファイナンシャル・インテリジェンスがない人は人生を憎む」

多くの人が好きでもない仕事を続け、欲しいだけの金、必要な金額を稼げない。実に七〇％の米国人が自分の仕事を嫌っているという。彼らは自分の最も大事な資産である「人生」を給与と引き換えにしている。

「ファイナンシャル・インテリジェンスがない人は不道徳な行動に走りやすい」

ファイナンシャル・インテリジェンスの欠如はモラルや倫理、法を重んじる心を蝕む。小銭を稼ぐために麻薬の取引や売春、ギャンブルに走った人々の悲惨な物語は誰もが聞いたことがあるだろう。

▼トムのタックスレッスン――世界の脱税

脱税に手を貸してほしい、あるいは脱税を見逃してほしいと言ってくる人が毎年何人かいる。そんな時私は、税法を理解していれば脱税の必要などないことを説明する。説明を聞いて何人かは脱税をやめる。だがやめない人もいる。あまりに怠惰で、正しいやり方で節税するのが面倒なのだ。イタリアの税法は二つの脱税に対応している。軽微な脱税と大きな脱税で罰則が違うのだ。講演旅行の途中、ロバートと私は、脱税するのがあたりまえという国の人々と会うこともあった。だがファイナンシャル教育があればそんな必要もない。誰もが合法的に課税を低く抑え、税務署に見つからないかと戦々恐々とする必要もない。

「ファイナンシャル・インテリジェンスの欠如は現実を歪める」

お金に縛られ、ストレスと不安を感じている人は現実がはっきり見えていない。彼らは他の選択肢や機会に気づいていないのだ。多くの人は大きな家やかっこいい車、素敵な服や高価なワイン、装飾品が手に入れば金持ちになれると信じこんでいる。

●一つ一つ段階を踏もう

人生のさまざまなものごとと同じで、ファイナンシャル教育は段階的なものだ。ファイナンシャル教育はファイナンシャル・インテリジェンスを高め、ファイナンシャル・インテリジェンスはお金の問題を解決する能力を高める。お金の問題を解決することで、人はお金について賢くなる。お金について賢くなれば、より豊かになれる。

Q　つまり、お金の問題を解決すればするほど金持ちになれるということか？

A　そうだ。金持ちは、貧困層や中流層が手に負えないお金の問題を解決する。

Q　ではお金の問題を解決することを避けていると、もっと貧しくなる？

A　なる。お金の問題を放置していると、未払いの請求書のように積み上がってさらに大きな問題になる。

Q　我が国の政府も同じことをしているのではないか？

A　その通り。

Q　ではどうやって世の中を変えればよい？

A　難しい問題だね。金持ち父さんは言った。「世界を変えたいならまず自分自身を変えることだ。」私が何かに文句を言ったり嘆いたりするたび、彼は次の言葉を繰り返すよう言った。「状況を変えるには、まず自分が変わらなければならない」

金持ち父さんの最も重要な教えの一つはこうだ。「問題をいかに解決するかによって、その後の人生が決まる」

●財務諸表の図が人生を変えた

図㉙は金持ち父さんが私たちにお金の知識を授けるために使った図だ。言ってみれば金持ち父さんによる財務諸表だ。このシンプルな図が私の人生を変えた。収入と支出、資産と負債を視覚的に理解できるこの単純な図と出会わなかったら、私は貧乏父さんと同じ轍を踏み、従業員になって必死に働き、お金で苦労する人生を歩んでいたかもしれない。

財務諸表はファイナンシャル・インテリジェンスの中心となるものだ。金持ち父さんはよく言っていた。「銀行は学校の成績表を見せろとは言わない。銀行の担当者は私がどこの学校に行ったか、成績はどうだったかなどには興味がない。彼らが見たがるのは財務諸表だ。学校を卒業した後は、財務諸表が君の成績表となるのだ」

ファイナンシャル・リテラシー、若い頃に学んだお金の基本は私の人生の方向をはっきり示してくれた。財務諸表が読めない人はファイナンシャル・インテリジェンスがないのと同じだ。あなたも知っている通り、最高の教育を受けたにもかかわらず財務諸表が読めない人はたくさんいる。これこそ私たちが直面している金融危機だ。

●言葉ではなく図で説明する

お金の教育が始まった時、金持ち父さんの息子と私は九歳だったので、金持ち父さんは言葉をほとんど使わず図で説明した。大人になった今、私も同じように言葉よりも図で説明している。

貧乏父さんは安定した職業と収入を求めた。金持ち父さんはキャッシュフローを生む資産を求めた（図

㉚）。あなたは財務諸表のどちらの欄を重視するだろうか？　収入か、それとも資産だろうか？

▼トムのタックスレッスン——財務諸表が持つ力

どんな財務諸表をどのように使っているかを見るだけで、私はその人のファイナンス・インテリジェンスのレベルを判断できる。従業員の場合、納税申告書を作る時、自分の収入を書くだけでよい。支出に関しても控除になるものはほとんどない。Eクワドラントの従業員の場合、給与明細がそのまま財務諸表となる。

スモールビジネスのオーナーの場合、収入と支出を重視する傾向がある。これは損益計算書の部分で、彼らがどのようなお金を得て、どのように使うかを表す。スモールビジネスのオーナーは、納税申告書では収入と支出を報告するだけでよく、貸借対照表は要求されない。Sクワドラントに属するスモールビジネスオーナーにとって、損益計算書が財務諸表なのだ。

BとIクワドラントに属する人々は、最低あと二つの財務諸表を使う。自分の資産と負債を報告する貸借対照表と、お金がどこから来てどこへ行くかを示すキャッシュフロー計算書である。大規模ビジネ

㉙金持ち父さんの財務諸表

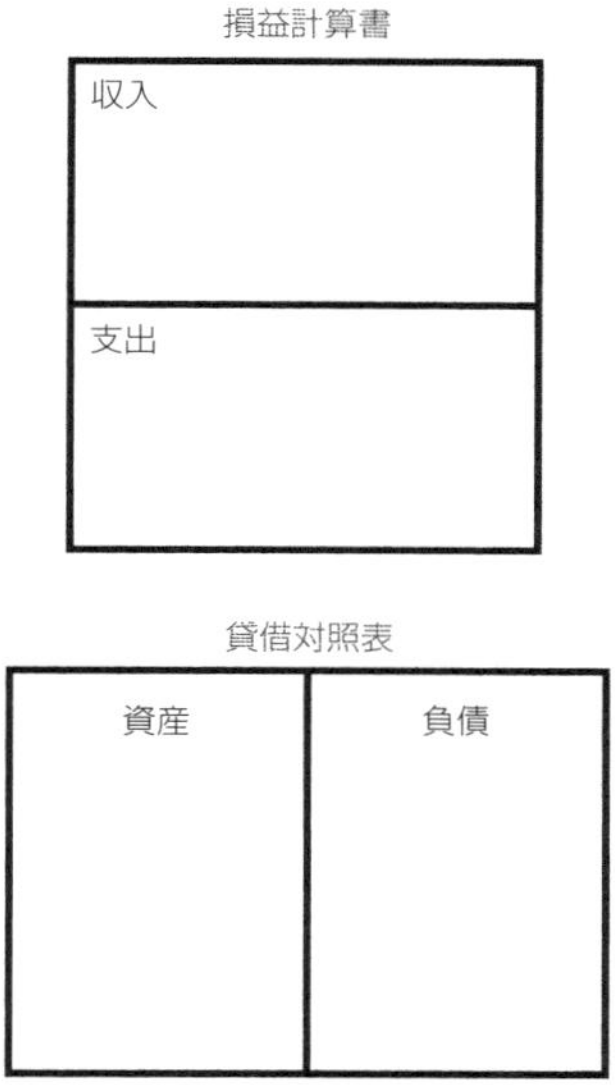

㉚どこの欄を重視するか

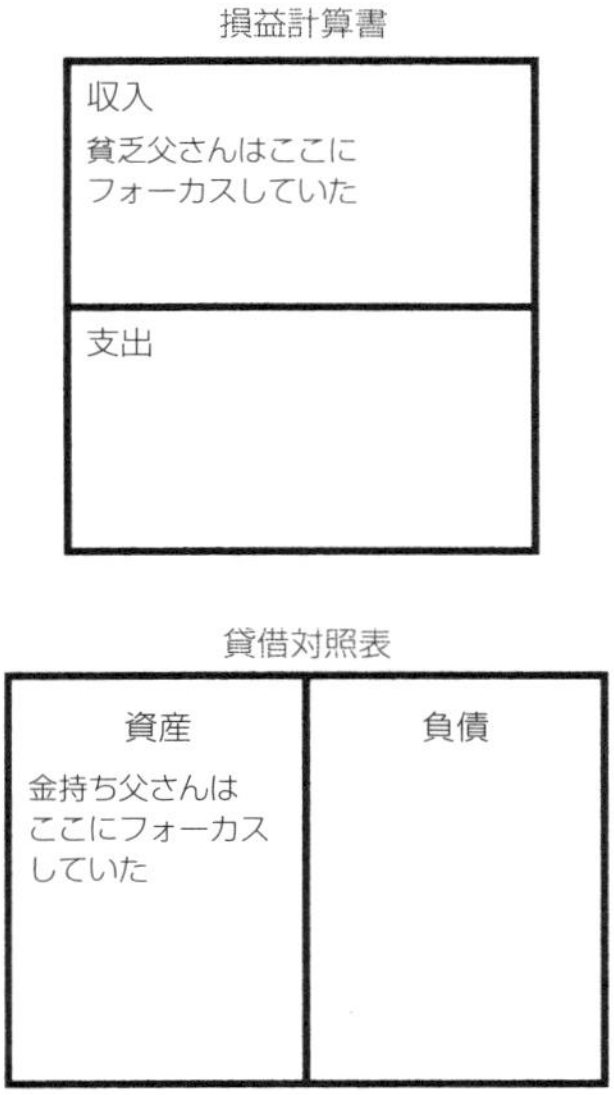

スのオーナーやプロの投資家たちは、納税報告書を提出する際に自分の損益計算書と貸借対照表を要求される。彼らは損益計算書、貸借対照表とともにキャッシュフロー計算書を銀行に提示することになっている。

私の公認会計士事務所で納税申告書を作成する場合、クライアントがビジネスオーナーか投資家かを問わず、また規模を問わず、損益計算書と貸借対照表を提出してもらう。クライアントが提出した情報の正確さが、よりはっきり分かるからだ。税務署も同じように感じている。企業が納税申告の際に損益計算書だけを提出した場合、貸借対照表も一緒に見せた時に比べて監査の入る可能性は五倍は高くなる。

●六つの大事な言葉

ファイナンシャル・インテリジェンスで最も重要な五つの言葉がある。それは次の五つだ。

1. 収入
2. 支出
3. 資産
4. 負債
5. キャッシュフロー

起業家に最も重要な言葉を挙げてもらうと、彼らはキャッシュフローと答えるだろう。

Q　なぜキャッシュフローが最も重要な言葉なのか?

A　キャッシュフローは、あるものが収入か支出か、資産か負債かを決定するからだ。

たとえば、図㉛で分かるように、収入は流れ込んでくるお金、支出は流れ出ていくお金だ。現実社会で言えば、収入と支出を表す小切手帳というところかもしれない。

Q　あなたが小切手帳の収支を合わせるのはお金の教育ではないと言うのはそのためなのか？

A　そうだ。

Q　小切手帳は資産と負債を含んでいないからか？

A　その通り。私の両親はいつも小切手帳の収支を合わせていた。だが資産と負債がどういうものかは知らなかった。だから貧乏から抜け出せなかったのだ。

両親は、毎月お金がどこに消えるのか不思議がっていた。お金は家や車など、彼らが資産と呼んでいた負債を通して流れ出ていたのだ。

Q　資産と負債が、金持ちか貧乏か、あるいは中流層かを決めるわけか？

㉛お金の流れを財務諸表に書き込んでみると

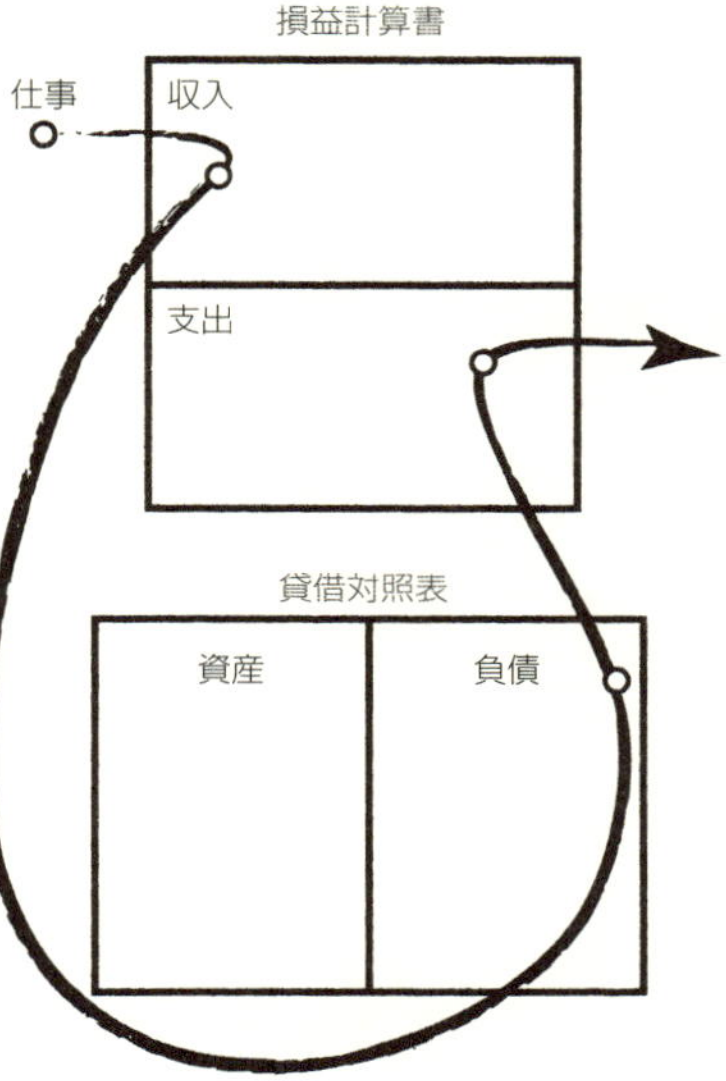

㉜階層により注目するところが違う

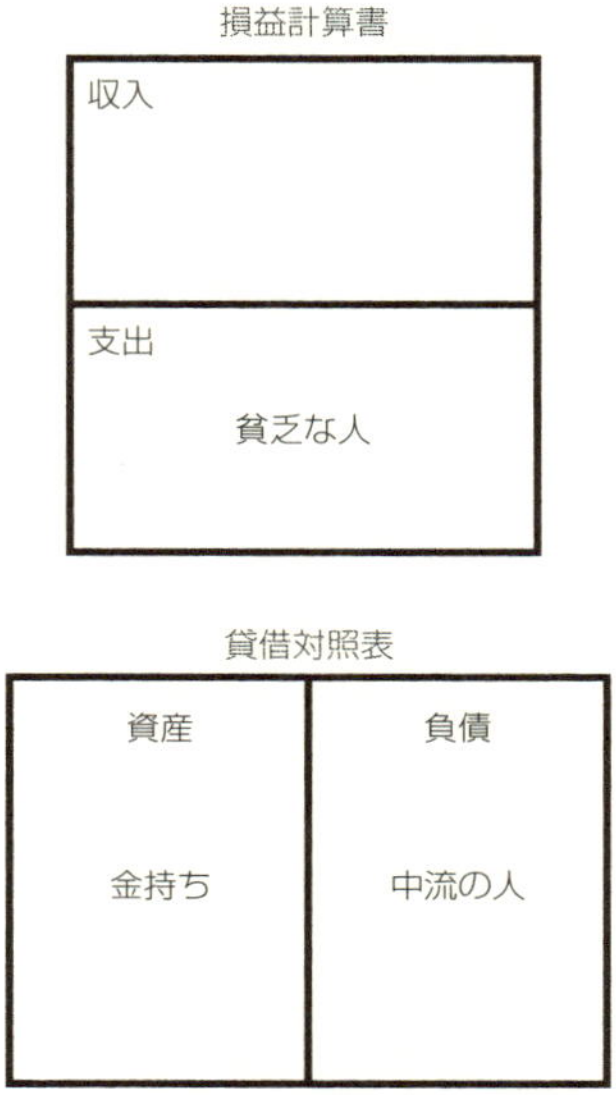

Ａ　そうだ。階層ごとに、財務諸表の中で注目する場所が異なる（図㉜）。

Ｑ　貧困層は支出を抑えることで貯蓄をしようとしているのか？

Ａ　そうだ。

Ｑ　一方、金持ちは資産に注目する？

Ａ　そうだ。

Ｑ　中流層はなぜ負債に注目するのか？

Ａ　彼らが資産と負債の違いを知らないからだ。

Ｑ　だから貧乏父さんも持ち家を資産と呼んだのか？　そして金持ち父さんは負債と言っていたわけか？

Ａ　そうだ。

Ｑ　なぜそんなことになったのだろう？

Ａ　答えはコインの裏と表、ファイナンシャル・リテラシーがあるかないかの違いだ（図㉝）。

●言葉の力

金持ち父さんが私たちに資産と負債の違いを理解させるために使った重要な定義がある。

資産は、働いていようがいまいが、あなたのポケットにお金を入れてくれる。

負債は、たとえ価値が上昇するとしても、あなたのポケットからお金をとっていく。

Q　つまり、お金が流れる方向が資産か負債かを決定するというわけか？

A　そうだ。

Q　住宅がポケットにお金を運んでくれる場合は資産になる？

A　まさにその通りだ。キャッシュフローの方向によって、何でも資産と負債に分けられる。多くの人が家や車を資産と考えるため、お金が出ていってしまうのだ。

▼トムのタックスレッスン——負債とキャッシュフロー

財務状態を描き出すもう一つの方法が「貸借対照表」だ。入るお金が出て行くお金を上回るなら、その人の財政状態は良好だ。仕事をしていない場合、入ってくるお金は資産によって決まり、出ていくお金は負債によって決まる。つまり資産とは、お金を流入させるもの、負債はお金を流出させるものだ。資産と負債の差額、お金の流れの差額は、あなたの純資産、あるいは財産と呼ばれる。

㉝資産は収入を生み、負債は支出を生む

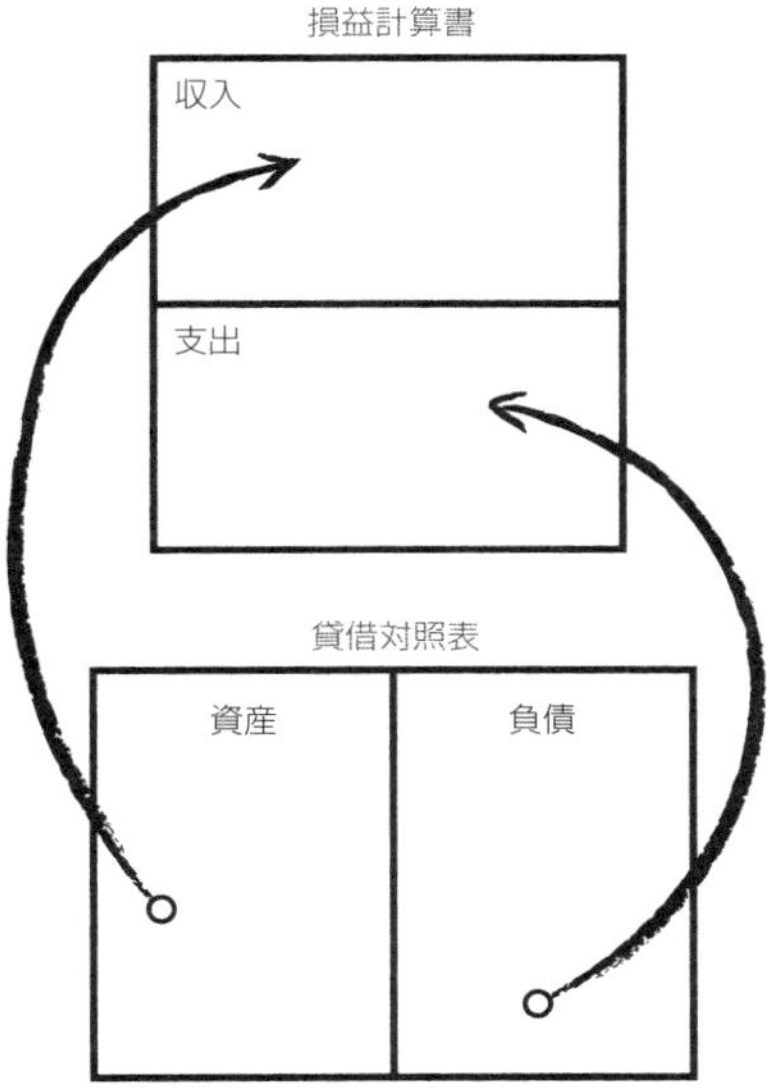

㉞となりの億万長者は預金と株式が好き

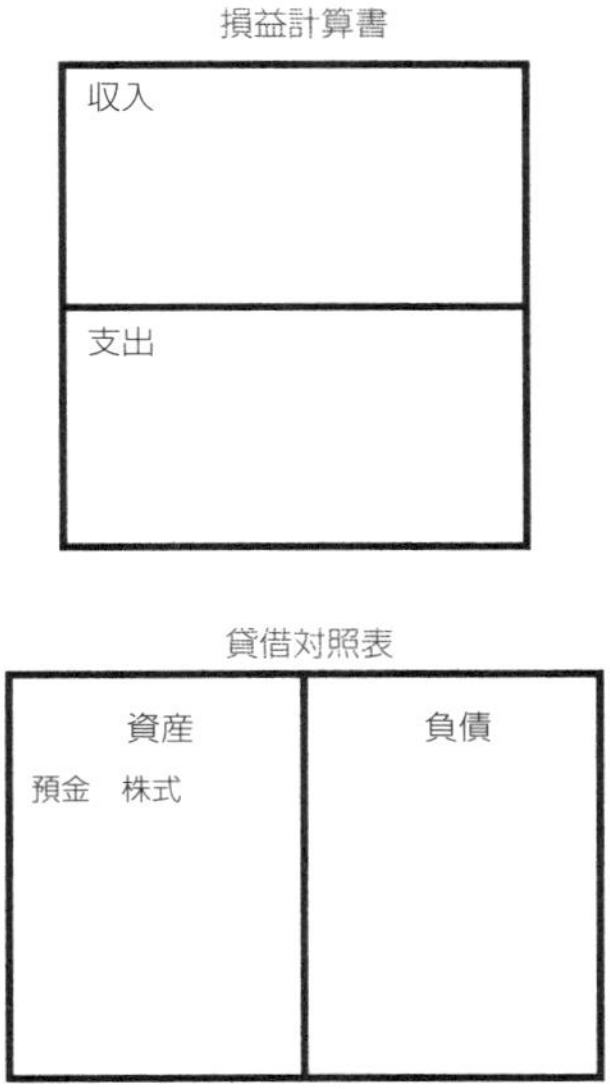

㉟1929年の大暴落

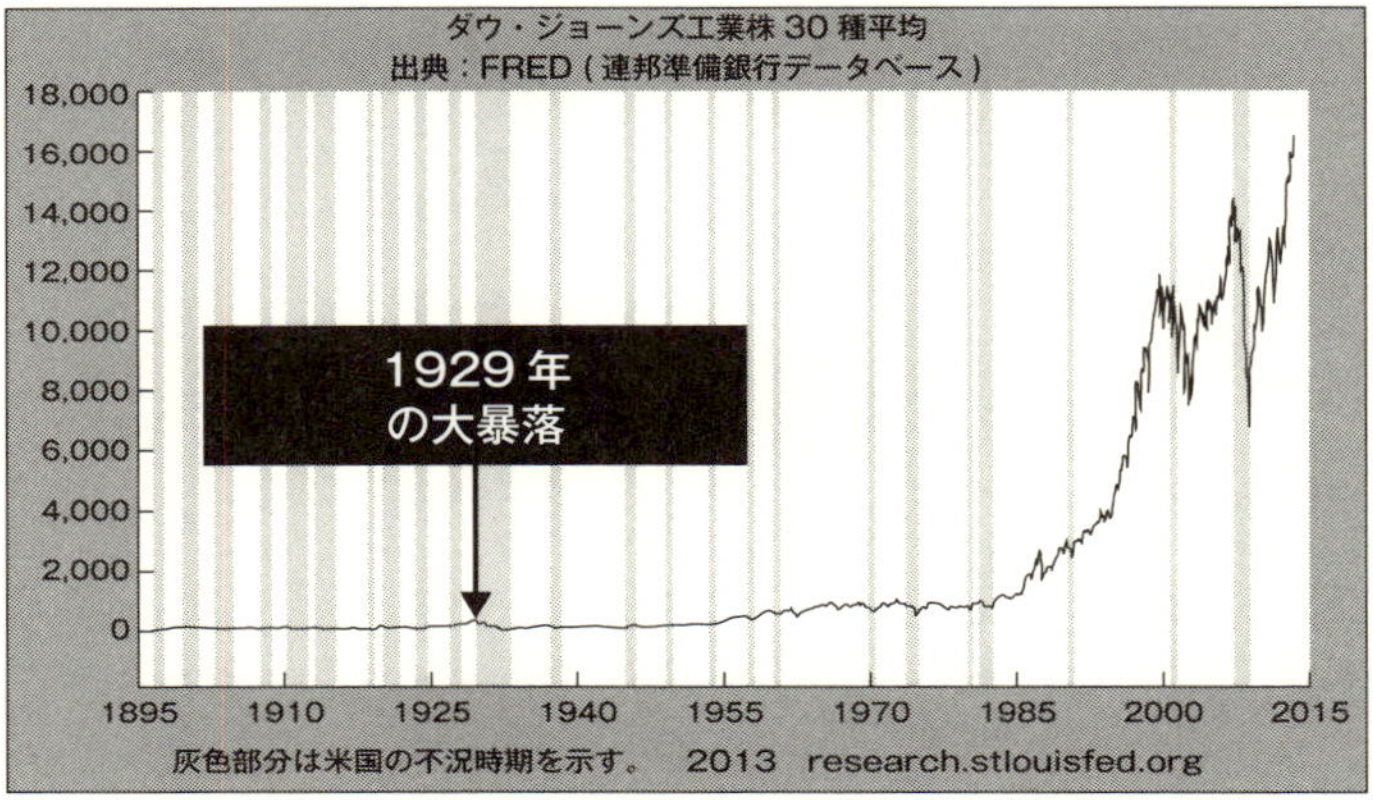

復習しよう。ファイナンシャル・インテリジェンスの中心となる五つの言葉は収入、支出、資産、負債、そしてキャッシュフローだ。

Q　だからあなたはゲーム、『キャッシュフロー』でこの言葉を使ったのか？

A　そうだ。現実のお金の世界では、キャッシュフローの方向をコントロールすることはとても大切だ。金持ちはお金が流れ込んでくるようにする方法を知っているが、貧困層や中流層はキャッシュフローをコントロールするやり方を知らない。

Q　それが世界が金融危機に陥った理由か？　私たちのリーダーが負債を生み出し、お金が流れ出ていくからか？

A　そうだ。さらに悪いことに、リーダーたちは流出したお金を埋め合わせるために紙幣を印刷している。

●重きを置く部分を変えよ

となりの億万長者は預金と株式という二つの資産を重要視していた（図㉞）。今日大きなトラブルに陥っている資産はこの二つだが、これらには中毒性がある。

一九七一年から二〇〇〇年の間、お金を貯め、株式市場に長期投資した人々は成功した。だが二〇〇〇年、世界は変わった。ファイナンシャル・インテリジェンスがある人は、前にも登場した図㉟のグラフを見て、その意味が理解できる。

Q　あまり脅かさないでほしい。

A　脅かすつもりはない。確かに恐ろしい話だ。だが私がファイナンシャル教育を推し進めているのは、人々に、次に起こることへの備えをしてほしいからだ。

Q　次に何が起こるんだ？

A　私も正確には分からない。誰にも分からない。今までこんな状態になったことがなかったのだから。

二〇一〇年九月七日、ウォーレン・バフェットは言った。

「一つ言っておきたい。最悪の投資は現金を持つことだ。誰もが、現金こそ王様である、といったことを言う。だが現金は時間と共に価値を失ってしまう」

バフェットのアドバイスを受け入れ、二〇一〇年に現金から株式投資に切り替えた人々は大成功した。だが問題は、私がこの本を書いている時点で株式市場が最高値を記録していることだ。果たしてウォーレンは次の暴落から人々を救えるのだろうか。

㊱バークシャー・ハサウェイ社 vs. S&P 500（5年リターン）

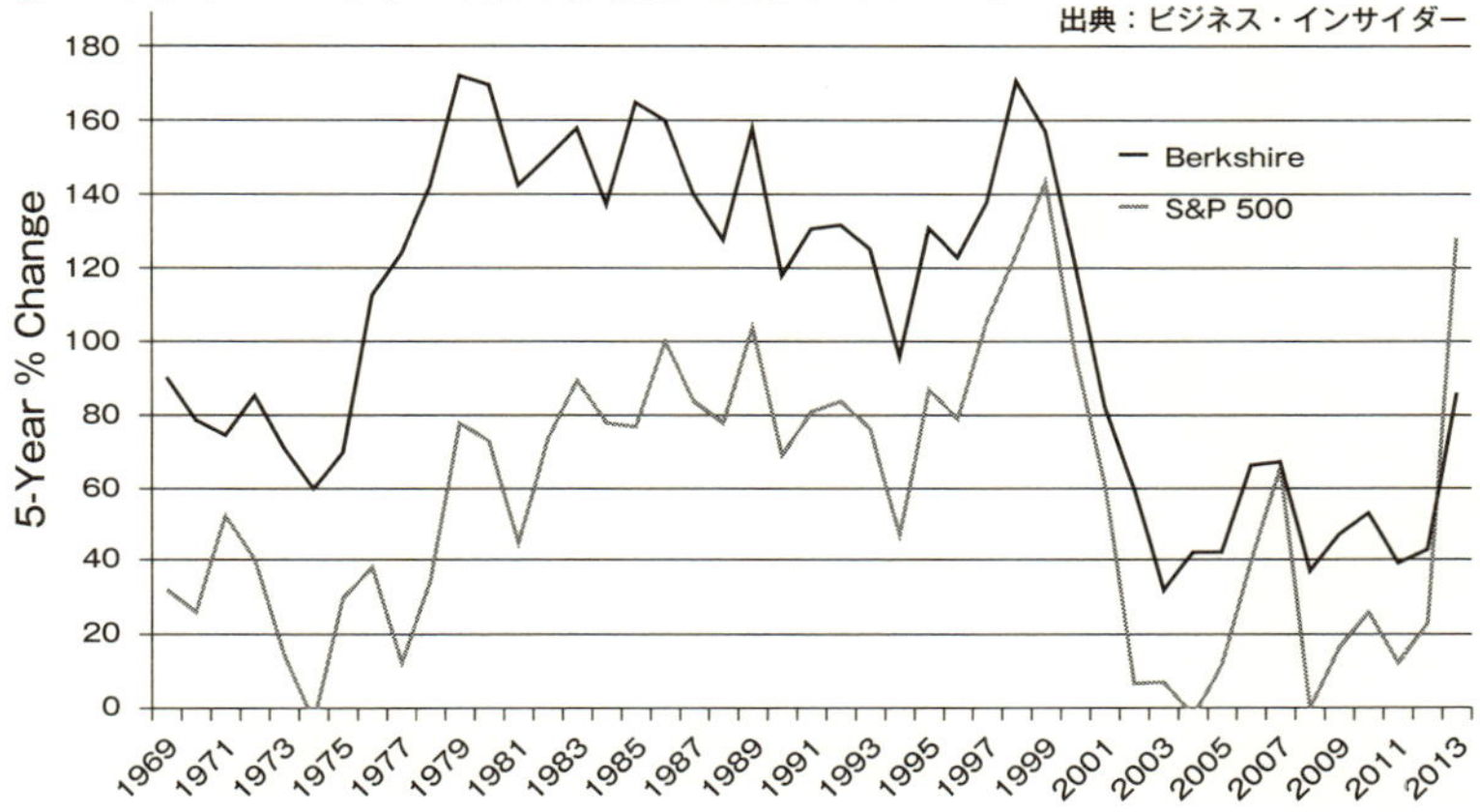

今世紀の三回の暴落の時にバフェットの運用成績がどうだったかをもう一度振り返ろう（図㊱）。グラフは市場が再び上昇していることを表している。投資家たちがウォーレン・バフェットと同等の知識を持っていたとしても、次の暴落で損失を出さずにすむのか大いに疑問だ。

●あなたにファイナンシャル・インテリジェンスはあるか？

次にあげた行動や反応、ファイナンシャル・インテリジェンスのレッスンについて検討し、あなたがどのような反応をしたかを考えてほしい。あなたは何を感じ、何を考えただろうか？

次にあげたのは、暴落が起きた時、ファイナンシャル・インテリジェンスがない人々がしがちな反応だ。

ファイナンシャル・インテリジェンスの欠如は人々を硬直させてしまう。
ファイナンシャル・インテリジェンスの欠如は自尊心を破壊する。
ファイナンシャル・インテリジェンスの欠如は人をイライラさせ、怒らせる。
ファイナンシャル・インテリジェンスの欠如した人は固定観念を抱く。
ファイナンシャル・インテリジェンスの欠如した人は被害者意識を抱く。
ファイナンシャル・インテリジェンスの欠如は現実を見えなくする。
ファイナンシャル・インテリジェンスの欠如は貧困の原因となる。
ファイナンシャル・インテリジェンスの欠如した人は下手な投資家になる。
ファイナンシャル・インテリジェンスの欠如は判断を誤らせる。
ファイナンシャル・インテリジェンスの欠如した人は人生を憎む。
ファイナンシャル・インテリジェンスの欠如は人を不道徳な行為に駆り立てる。

Q　ファイナンシャル・インテリジェンスが欠如した人々はどうすれば良いのか？

A　まず知識を蓄えることを始めよう。ファイナンシャル・インテリジェンスの基本となる五つの言葉を理解しよう。

1. 収入
2. 支出
3. 資産
4. 負債
5. キャッシュフロー

●ファイナンシャル・インテリジェンスを身につけるために

まず以下のことに挑戦しよう。


あるものが資産か負債かはキャッシュフローで決まることを理解しよう。

なぜ持ち家が資産ではないかを理解しよう。

なぜ貯金する人が敗者なのかを理解しよう。

投資ポートフォリオが資産ではなく負債かもしれない理由を理解しよう。

市場が混乱に陥っている理由を理解しよう。

となりの億万長者の基本的な資産、預金と株式が負債になるかもしれない理由を理解しよう。

「お金こそが重要なのだ、愚か者め」の意味を理解しよう。


これらの法則や考えを理解すれば、あなたはお金の天才への道を歩んでいると言える。

●第二部まとめ

お金というのは言語だ。金持ちになる方法を学ぶのは外国語を勉強するのに似ている。時間と練習、そして打ち込む姿勢が必要になる。

貧しい人々は皆同じ言葉を使う。それは貧困の言葉だ。彼らは貧困の言葉で考え、貧困の言葉で話す。彼らが使う言葉はいつも、「私には買えない」「私にはできない」だ。使う言葉を変えない限り何も変わらない。ヘンリー・フォードは言った。「あなたができると思うならあなたはできる。あなたができないと思うならできない。どちらの場合も、あなたは正しい」

中流層は同じ言葉を使う。中流層が好きな言葉は、安定した仕事、安定した給与、福利厚生だ。彼らが避ける言葉はリスクと借金だ。彼らはお金を貯めることが賢いと考えている。だがそれは一九七一年までの話だ。彼らが使う言葉を変えない限り、状況は変わらない。

金持ちは違う言葉を使う。ファイナンシャル教育を受けた金持ちは、まったく違う言葉を使う。起業家が使う言葉は従業員のものとは違う。不動産投資家が使う言葉は株式投資家とはまったく異なる。たとえば不動産投資家はキャップレート（還元利回り）といった言葉を使い、株式投資家はＰＥＲ（株価収益率）などと言う。どちらも意味はほとんど同じだ。つまり、「言葉は肉になる」ということだ。

●本当のファイナンシャル教育を受けたか?

第二部は、ファイナンシャル教育ではないものと、ファイナンシャル・インテリジェンスが欠如するとはどういうことかを説明した。第三部では、本当のファイナンシャル教育とは何かについて話そう。

幸いなことに、本当のファイナンシャル教育は言葉、真のお金の言葉、金持ちの言葉から始まる。そしてもっと幸いなことに、言葉は肉となる上、お金がかからない。

第三部

本当のファイナンシャル教育とは何か

●第三部を読む前に——借金と税金

お金の言葉で最も不愉快なものは借金と税金だと言ったら、多くの人が同意してくれるだろう。借金と税金は、金持ちとそれ以外の人々との間に広がる格差の原因だ。

だからこそ、一九一三年は世界の歴史の中で重要な年だったのだ。一九一三年、米国連邦準備銀行が設立された。さらにこの年、米国憲法修正第一六条が承認され、これが皆に恐れられる米国政府の税金部門、国税庁の設立につながった。

フラー博士がグランチと呼んだ現金強奪のためには、これら二つの組織が必要だったのだ。

今日、借金と税金は貧困層や中流層の心と魂を蝕む癌のようなものだ。米国の抱える赤字には破滅的な未来が待っている。にもかかわらず、コインの裏面では借金と税金が金持ちをもっと金持ちにしているのだ。

本当のファイナンシャル教育とは、株式や債券、投資信託、ＥＴＦを買うことではない。本当のファイナンシャル教育は分散投資とは関係がないのだ。ウォーレン・バフェットも言っている。

「分散投資は無知を覆い隠す手段だ。自分が何をやっているか分かっていれば、そんな必要はない」

●借金と税金についての知識なしに、自分の行動を理解できるだろうか

私が「私は数百万ドル稼いでいるが、税金はごくわずかしか払っていないよ。しかも合法的にね」と言うと、ほとんどの人は心不全を起こさんばかりに驚き、それ以上話を聞こうとしない。世の中で税務署ほど恐れられている存在はないし、政府による税務監査ほど苦痛なものもない。だが、バフェットが言うように、自分が何をやっているか分かっていれば、恐れる必要はないのだ。

トム・ホイールライトを自分の助言者、教師、タックスアドバイザーにしたことで、私は起業家、プロの投資家としての活動に大いなる自信を持つことができた。何か大きな決断をする際、私は必ずトムに相談す

る。ルールに従えば人生はとても楽になる。特に税金のルールと法律に関してはそうだ。

トムはいつも言う。「税金のルールというのは基本的にインセンティブであり、政府が人々にして欲しいこと、人々がすべきことのガイドラインなのだ。」世界中の政府の税法が企業家や大規模ビジネスを優遇しているのもこれが理由だ。

簡単に言うと、税法はEやSクワドラントの人々を冷遇し、BやIクワドラントの人々を優遇する。だからこそ、本当のファイナンシャル教育は借金や税金について学ぶことから始めなければならない。

本当のファイナンシャル教育は借金・税金の「コインの裏側」を見なければいけないのだ。

本当のファイナンシャル教育は、借金や税金が金持ちをより金持ちにしているからくりと、それを実践して金持ちになる方法を教える。

私が本書を書く際に、タックスアドバイザーのトム・ホイールライトに助言者になってもらったのもそのためだ。借金と税金はファイナンシャル教育の要なのだ。

▼トムのタックスレッスン――税法の本当の目的

税法は政府が収入を得るために存在するが、もう一つの目的は、人々が政府の政策を実践するよう奨励することだ。世界中の政府は、企業が人を雇うこと、投資家が住居やエネルギー、食糧生産に投資することを望んでいる。BとIクワドラントに多くの税金控除があるのはそのためだ。

第九章

なぜ金持ちはモノポリーをするのか？

貧乏父さん「仕事に就きなさい」
金持ち父さん「お金のために働いてはいけない」

私は過去何年も、多くのセミナーや会議、お金に関するレクチャーに参加してきた。どれにも共通していたのは、内容が分かりにくく、複雑で苛立たしいものだったことだ。どれもまるで外国語を聞いているようだった。彼らが金融の専門用語を使うのは、人々とうまくコミュニケーションをとるためではなく、自分の優位性を保つためなのだろう。自分が私たちよりも賢いことを証明したいだけなのだ。

本当のファイナンシャル教育は複雑でも分かりにくいものでもない。私はいつも、アインシュタインが言ったとされる言葉を思い出す。「ある考えを六歳の子供に説明できないなら、自分でも理解していないということだ」

本当のファイナンシャル教育はとてもシンプルで、それはちょうどモノポリーをするようなものだ。

●三つの収入

「学校に行って仕事に就き、一生懸命働いてお金を貯め、４０１（ｋ）に長期投資をしなさい」という若者へのアドバイスに欠けているのは、税金に関するファイナンシャル教育だ。若者にこの成功への決まり文句を言う場合は、「だが君への税率は最高のパーセンテージになるだろう」と付け加えなければいけない。

このちょっとした情報を知っている若者は、こう言うだろう。「どうすれば税率を下げられますか？」そしてそれは次の質問につながる。「本当のファイナンシャル教育ってどういうものですか？」

こうした質問をすることによって、人はコインの縁、物事の両側が見通せる優位な場所に立つことができる。そこからは、金持ちが住む、お金のために働かない世界を垣間見ることができるだろう。

税金に関する本当のファイナンシャル教育は決して複雑なものではない。お金の話はその人物の収入がどんな種類のものかということから始まる。世の中には次の三つのタイプの収入が存在する。

1．勤労所得
2．ポートフォリオ所得
3．不労所得

このうち最も税率が高いのが勤労所得だ。「仕事に就け」というアドバイスを受けた人は、勤労所得を得る従業員の思考になってしまう。「学校に戻ってキャリアをレベルアップしよう」と言うのは、「勤労所得のために働こう」と言っているのと同じことだ。

「お金を貯めろ」というアドバイスは、高い税金を払えというのと同じだ。預金の利子への課税は勤労所得への課税と同じパーセンテージだ。「401（k）を使ってリタイア後の資金を貯めろ」というアドバイスも、長期的に考えると401（k）による収入は勤労所得だということが分かっていない。

▼トムのタックスレッスン——勤労所得は最悪の所得

ポートフォリオ所得と不労所得は税率が低いうえ、優遇措置がある。政府はポートフォリオ所得と不労所得を奨励するためインセンティブを提供しているのだ。それ以外の収入はすべて勤労所得だ。政府は、労働しお金を貯める人々には優遇措置を用意していない。引退に備えての貯蓄、米国の401

（ｋ）やカナダのＲＲＳＰなどへの優遇措置は、収入に対する課税を、それを引き出す時まで先延ばしにするというだけの話だ。４０１（ｋ）には通常の勤労所得と同じ税率がかけられるだけでなく、引退年齢に達する前にそれを引き出すと罰則がある。つまり、最高の税率を課されるだけでなく、引退するまで手を付けることができないのだ。引退前にお金を引き出すと、最高率の税金に加えて罰金まで支払うことになる。

Q　つまり、学校に行き、仕事に就いて、お金を貯めて政府の年金プランに長期投資をするのは、勤労所得のために働くことなのか？

A　そうだ。

Q　起業してＥクワドラントの従業員からＳクワドラントの起業家になっても、もっと高率の税金を納めることになるのか？

A　その通り。

Q　なぜなんだ？

A　手短に言えば、彼らがお金のために働いているからだ。「金持ち父さんの教えその一　金持ちはお金のために働かない」を思い出してほしい。また、一九七一年以降、すべてのお金が借金になったことも。お金がどんどん印刷されているのに、なぜお金のために働くのだ？　お金そのものが借金なのに、なぜ借金を返そうとする？　すべては一つの言葉に言い表される。「お金こそが重要なのだ、愚か者め」

学校は学生に、お金のために働くよう教える。これが金持ちと、貧困層・中流層の間の格差が広がっている最大の理由だ。

人々にもっとお金を与えることは助けにはならない。給付金制度を増やすことは貧困層と中流層をさらに貧しくするだけだ。なぜなら給付金制度は税金によって賄われ、その税金を支払っているのが貧困層と中流層だからだ。つまり、お金のために働いている人々だ。

Q　それは不公平ではないか？

A　またそのセリフか。世界が公平だと誰が言ったのだ？　私はそんなことは言っていない。もし人生が公平ならば、私はブラッド・ピットのようなルックスであるはずだ。公平でない点があるとすれば、学校でファイナンシャル教育をしていないことだ。ファイナンシャル教育がないために、数十億という人々が財政危機の中で喘いでいる。

学校は学生に、勤労所得のために働けと言い、それ以上は言わない。これが問題の根源だ。

●金持ちの所得

金持ちはポートフォリオ所得や不労所得のために働く。

ポートフォリオ所得はキャピタルゲインとも呼ばれる。キャピタルゲインは何かを安く買って高く売った時に発生する。株式を一〇ドルで買い一六ドルで売ったとすると、一株につき六ドルのキャピタルゲインが得られる。不動産で言えば、市場が暴落した時に物件を買い、価値が上がるまで待って売却する。不動産で利益を出すのも、安く買って高く売るという点ではまったく同じだ。

厳密に言えば、勤労所得はお金のために働いて得られるものだ。ポートフォリオ所得は物を安く買って高く売った時に得られる。あなた自身がお金のために働くのではなく、あなたのお金があなたのために働いてくれるのだ。米国では、ポートフォリオ所得には二〇％の税金がかかる。

▼トムのタックスレッスン――世界のポートフォリオ所得

投資を優遇するのは米国だけではない。ほとんどの国で、ポートフォリオ所得の税率は勤労所得よりも低い。どこの国の政府も国民に投資をしてほしいのだ。だからこそポートフォリオ所得には特別に低い税率を設定している。

不労所得は資産が生み出す所得だ。あなたの資産がお金を生むのだ。不動産の場合、不労所得は賃貸収入と呼ばれる。一〇万ドルで買った賃貸物件の賃貸収入が月一〇〇〇ドルだとすると、これが不労所得となる。不動産が生む不労所得は税率が最も低く、時には〇%のこともある。

お気づきのように、この辺は混乱しやすい。同じことを指す違う言葉が数多く存在するのだ。不動産業界のある言葉を、株式の世界では別の言葉で表し、債券業界では別の言葉を使う、といった具合だ。

話をシンプルにするために、三つの所得があることを思い出してほしい。勤労所得、ポートフォリオ所得、そして不労所得だ。私が何かの会議に出席して講演者が「外国語」を口にした時、私は手を挙げて質問する。「それは勤労所得、ポートフォリオ所得、不労所得のうちのどれですか？」講演者が三つの所得の違いを知らなかったら、彼は恐らく自分の話していることを理解していないのだ。この章の初めで引用したように「ある考えを六歳の子供に説明できないのなら、自分でも理解していない」ということだ。

Q　本当のファイナンシャル教育には三つの所得の違いを理解することも含まれるのか？

A　そうだ。そして、金持ちと貧困層、中流層の違いはここから始まる。どの所得のために働いているかで属する層が決まるのだ。

●モノポリーをする

金持ち父さんは教材としてモノポリーのゲームを使った。このボードゲームが彼の教室だった。彼は私たちに、お金のため、勤労所得のためではなく、ポートフォリオ所得と不労所得のために働くようにと教えた。私が一軒の緑の家を持っていて、その賃貸収入が一〇ドルだとすると、その一〇ドルは不労所得であり、三つの所得の中で最も税率が低いものだ。

Q　つまりあなたは三つの所得の違いを若いうちに知っていたのか？

A　知っていた。第三部の冒頭で、本当のファイナンシャル教育は借金と税金について教えるものだと書いた。なかでも一番大切なのは、借金と税金がいかにして金持ちをもっと金持ちにするかという点だ。モノポリーで遊んだおかげで私は三つの所得について理解し、借金と税金によって金持ちになる方法の基礎を身につけた。

モノポリーで遊んだ後、金持ち父さんは私たちを、彼の所有する本物の「緑の家」、賃貸物件を見に連れて行ってくれた。彼は「賃貸収入」や「キャッシュフロー」といった言葉を使った。彼はいつも私たちに言ったものだ。「この緑の家はやがて赤いホテルになるよ」

緑の家を見たあとで家に帰ると、貧乏父さんは私に言った。「宿題はやったのか？　いい成績をとらないといい学校に行けないいし、いい仕事に就けないぞ」

Q　つまり片方の父さんは勤労所得のために働けと言い、もう片方はポートフォリオ所得や不労所得のために働けと言ったわけか？

A　そうだ。私は九歳の子供だったので、三つの所得や借金と税金についてはまだ知らなかった。だが金持ち父さんは私の未来の基礎を築いてくれた。私はコインの反対側から自分の未来を見通すことができた。コインの反対側を目指す私の旅は、実人生でのモノポリーを学ぶことだと分かっていた。

●大きな「赤いホテル」

一〇年後、一九歳の私は金持ち父さんの「赤いホテル」のグランドオープニングに出席するためにニューヨークの学校からハワイに戻ってきた。それはワイキキビーチの中心地にあった。ハワイで、そして世界でもっとも高級な不動産の一部だった。

今、私とキムはアリゾナに「赤いホテル」を所有している。数百人の従業員を抱え、敷地内には五つのゴルフコースがある。私たちは現実の人生でモノポリーをしたに過ぎなかった。勤労所得のために働いている間、キムと私は金持ちになれなかった。そこで私たちはポートフォリオ所得と不労所得のために働いた。

Q それが、あなたと奥さんがキャッシュフローゲームを開発した理由なのか？　人々に投資について教えるために？

A そうだ。一九九六年にはキムと私は経済的自由を手に入れていた。キムは三七歳、私は四七歳だった。そうなるまでに一〇年の月日が必要だった。私たちは若い夫婦として、無一文ですべてを始めた。そして私たちは働くこともお金を貯めることも４０１（ｋ）も必要のない、経済的自由を自分のものにしたのだ。

経済的自由をどうやって手に入れたのか人々に尋ねられても、私たちは正確なところを説明できなかった。そこで私たちは人々とモノポリーをプレーして、自分たちが行った方法を説明しようとした。それがキャッシュフローゲームに結びついた。一九九六年には商品版が発表された。『金持ち父さん　貧乏父さん』は、本というよりもキャッシュフローゲームの説明用小冊子として一九九七年に自費出版された。初めはゲームを売るための小冊子だったのだ。ご存じのように、書籍化については当時すべての出版社が出版を断ってきた。

Q　あなたがコンタクトした出版社はコインの裏側を見通せなかったということか？

A　そういうことだろう。彼らは、金持ちはお金のために働かない、預金する人は敗者だ、持ち家は資産ではない等の考え方を理解することができなかったらしい。出版関係者の多くはお金のために、つまり勤労所得のために働く従業員だ。だが、私の本とキャッシュフローゲームは人々にポートフォリオ所得と、特に重要な不労所得について教えるものだ。

Q　出版社はあなたの本のメッセージを理解できなかったが、オプラ・ウィンフリーは理解したというわけか？　だから彼女は二〇〇〇年にあなたを自分の番組に呼んだと？

A　オプラは世界でもっとも裕福な女性の一人だ。彼女は『金持ち父さん　貧乏父さん』の話をすぐに理解した。彼女の人生は、コインの貧しい側から始まったが、現在はコインの反対側の世界にいる。オプラは仕事をする必要がない。

●なぜ株式市場はバブル状態なのか？

私は本書の前半で、金持ちがもっと金持ちになる理由は「金融化」だと述べた。金融化産業が「デリバティブ」と呼ばれる謎めいた大量金融破壊兵器を作って金融危機を招いたのだ。金融化産業は世界経済をバブル状態にし、最後の暴落を防ぐために借金を数兆ドル単位に膨らませ、金利をマイナスにしている。

金融化は企業の幹部の給与にも影響した。経済政策研究所（economic policy institute）によると、ＣＥＯの給与は一九七〇年から飛躍的に増え、一九七〇年以来実に一〇〇〇％近く上昇したという。この間の従業員の給与の増加は大体一一％だ。

●企業の幹部はお金のために働かない

企業の世界では、企業幹部への報酬の大部分は給与よりもストックオプションという形で支払われる。最高経営幹部は高額の給与小切手を望まない。彼らは勤労所得を好まないのだ。

あるCEOが自社の株式を一〇ドルで買うオプションを持っていたとしよう。彼は仕事に励み、株価は一六ドルまで上昇した。CEOはオプションを利用して株式を一〇ドルで購入し、大抵の場合すぐに一六ドルで売却して、一株につき六ドルの利益を手にする。

持ち株が一〇〇万株あるとしたら、キャピタルゲインは六〇〇万ドルだ。六〇〇万ドルのキャピタルゲインへの課税は、六〇〇万ドルの給与への課税よりはるかに低い。CEOが六〇〇万ドルを勤労所得、給与として受け取っていたら、連邦税と州税としてその約四五%を課税される。六〇〇万ドルの四五%＝二七〇万ドルの課税となる。六〇〇万ドルの報酬を長期のキャピタルゲイン、あるいはポートフォリオ所得として受け取れば、連邦税と州税は約二五%となり、六〇〇万ドルの二五%＝一五〇万ドルの課税で済む。

従業員が勤労所得のために働いている時、幹部たちはポートフォリオ所得のために働く。これが金持ちがもっと金持ちになるもう一つの理由である。

企業幹部が従業員をさらに働かせ、株式を上昇させる自信がある場合、幹部は自分の給与、勤労所得を一ドルに抑え、残りをストックオプション、あるいはポートフォリオ所得として受け取る。クライスラーのリー・アイアコッカもアップルのスティーブ・ジョブズもそうした。繰り返すが、金持ちはお金のためには働かない。そしてその理由の一つが税金なのだ。

●バブルの思考

二〇〇八年の暴落以降、米国の企業は何とか成長しようとあがいている。だがビジネスが成長せず株価も上がらなければ、CEOや企業幹部たちは多くの利益を得られない。

巨大な金融化が起こるのはこんな時だ。CEOたちは会社の良好な信用を利用し、かつてないほどの低金利で銀行からお金を借り、自社の株を買う。いわゆる自社株買いである。つまり、自社株買いが意味するところは、CEOとそのスタッフたちが企業の業績を上げることができないということなのだ。だからこそ、業績を伸ばすために借金をして研究開発に投資し、新製品を開発して市場を広げるよりも、借金で自社株買いをして株価をつり上げる方を選ぶのだ。CEOはその後株式を売り、勤労所得ではなくポートフォリオ所得を得る。

多くの人々、となりの億万長者たちは自社株買いは素晴らしいことだと考えている。株価が上がれば彼らの退職後の資産も上昇する。彼らはその企業の業績が伸びたと考える。CEOが良い仕事をしてビジネスが成長したと勘違いするのだ。

だが自社株買いの結果、ほとんどの企業は将来のビジョンを失い、新製品も出なくなり、巨額の借金を背負って競争力を失い、弱体化してしまう。そして幹部たちは「黄金のパラシュート」を使って企業から脱出する。ポートフォリオ所得がたくさん詰まったバッグを背負って。

大量の借金を積んだ沈みゆく船に残された従業員たちは、それでも勤労所得のために働き、利子（それも勤労所得だ）を得ようと貯金し、年金のために401（k）に投資する（これまた勤労所得だ）。

本当のファイナンシャル教育を知らない従業員たちが、勤労所得のために働き、貯金し、投資することが最良の選択ではないことを理解できなくても無理はない。従業員の立場で、金持ちと自分たちの格差がますます広がる理由を理解する術があるだろうか？

●ストライキが起こる時

やがて従業員たちは何かがおかしいことに気づく。不信を抱き始めるのだ。賃金は上がらない。労働組合のリーダーは賃金引き上げのストライキを呼びかける。労働者側が勝利し、彼らの勤労所得は今までより多くなる。

だが高い賃金は企業を弱体化させる。その結果、会社は「買収の標的」になる。重役会の面々、ポートフォリオ所得で数百万ドルを稼いだ連中は今が潮時だと判断する。彼らはもう十分稼いでいるので、やすやすと会社を新しいオーナーに売ってしまう。会社が売却されると新オーナーは「大掃除」を行う。それは大抵の場合、従業員の解雇だ。

クビになった労働者は、知られる限り最悪の借金、学資ローンを使って学校に戻る。卒業後新しい仕事を見つけ、再び勤労所得のために働けることを期待して。そして金持ちと彼らの格差はさらに広がるのだ。

従業員たちは、労働組合の集会に行ったり、勤労所得の値上げを要求したり、学校に戻って勤労所得を増やそうとするよりも、昼休みにモノポリーをすべきだったのだ。そうすれば、給与よりも緑の家からの家賃収入の方がずっと高い理由が理解できただろう。

▼トムのタックスレッスン――教育費の税額控除

職を得ることを期待して学校に戻る時に考慮しなければいけないのは、教育費に関しては税額控除がないことだ。彼らはまったく新しい職種に就こうとしているからだ。だがもし投資の知識を得るためにファイナンシャル教育のセミナーに行く場合は、自分のビジネスや投資スキルの向上が目的であるため、控除を受けられる可能性がある。

第十章

「幽霊所得」は金持ちの所得

貧乏父さん　「私には給与小切手が必要だ」
金持ち父さん「私は給与小切手などいらない」

幽霊所得を説明するのは部屋にいるお化けについて語るようなものだ。この章は非常に重要なので、できる限り分かりやすく解説したつもりだ。幽霊所得はとても裕福な層の所得であり、この存在に気づいている人はほとんどいない。

一つ提案しよう。この章が複雑すぎると感じたら誰か数学の得意な友人をパートナーにして、まず一人で本章を読み、その後友人と内容について話し合ってみよう。それでも幽霊所得のコンセプトが分かりにくかったら会計士に相談して、この重要なテーマを理解するためにベストを尽くしてほしい。ファイナンシャル教育のない人々は幽霊所得についてもまったく知らない。この章はとても重要だ。なぜなら幽霊所得こそ金持ちの所得だからだ。

●さらに高いレベルのお金の知性

一九七三年、私がベトナムから戻ると、金持ち父さんはファイナンシャル教育の手始めとして不動産投資のセミナーを受けるよう勧めた。

「不動産業のライセンスをとるんですか?」私は聞いた。

金持ち父さんは笑いながら言った。「いいや。不動産のライセンスはSクワドラントの人々のものだ。だが君に必要なのはＩクワドラントのファイナンシャル教育だ」

不動産業者は勤労所得のために、不動産投資家はポートフォリオ所得と不労所得のために働く。不動産取引のライセンスを持っていることに問題はないが、ほとんどの不動産ブローカーは投資家ではない。金持ち父さんはよく言ったものだ。「彼らがブローカーと呼ばれるのは、君よりもさらにお金がないからだ《ブローカー》」

その頃私は海兵隊のパイロットだった。ある晩、夜間の任務を終えた私はワイキキのコンドミニアムに帰った。かなり遅い時間だったが、テレビをつけると不動産投資のインフォマーシャルが私の目をひいた。出演者は「頭金なしで」不動産を買う方法を教えると請け合っていた。海兵隊のパイロットは安月給だったので、不動産を頭金なしで買う――それも世界で最も高価な場所の一つであるハワイに――という話に興味をそそられた。私はテレビ画面の番号に電話し、無料セミナーを予約した。

無料セミナーには私のような人がたくさんいた。九時から五時までの仕事に飽き飽きして人生の別の道を探している人々だ。セミナーは全部で三日間、費用は三八五ドル。それは海兵隊のパイロットの月給の約半分で、当時の私にとっては大金だった。

私はセミナーに行った方がいいか、金持ち父さんに聞いてみた。彼は微笑しながら言った。

「どうして私に分かるんだ？　私はそのセミナーを受けたことがないし、それを知るにはやってみるしかない。やってみれば何かしら学べる。多くの人のように何もしないでいるよりもはるかにましだ」

●学歴人間とセミナー人間

これも、金持ち父さんと貧乏父さんの違いのひとつだ。貧乏父さんは学歴人間だった。彼は従来の教育を信じていた。有名大学に存在しないコースは、彼にとって本当の教育ではなかった。講師の名前の後に博士が付いていなければ、本当の教師とは見なさなかった。

金持ち父さんはセミナー人間だった。お気に入りはデール・カーネギーのセミナーだ。彼にとってセミナーは実用的ですぐに役立つもので、時間の面でもお金の面でも良い投資だった。金持ち父さんは講師の経歴など気にかけず、その人が持つカリスマ性を重要視した。もし退屈な人間だったらカーネギー社が雇っておくはずがない、クビになっているだろうと考えていたのだ。金持ち父さんは講師が彼の興味を引きつけ、ためになることを教えてくれると信じていた。

一方、貧乏父さんが気にするのは学位と肩書だった。彼は高校の卒業生総代から学士号、修士号、博士号とステップアップしていくことに喜びを感じていた。だが、肩書と学歴が重要なのはEとSクワドラントの世界だけだ。一方、金持ち父さんはBとIクワドラントでの成功だけを考えていた。

ウォーレン・バフェットさえもセミナーに出席する。バフェットは言う。「私は自分の学位証明書をオフィスの壁に飾ったりはしない。それよりも、デール・カーネギーのパブリックスピーチのコースの修了証明書を誇らしく掲げる。株主総会で話す時、手足が震えないようにする方法を学ぶ必要があったからね」

バフェットは世界で最も有名なセミナーのひとつ、バークシャー・ハサウェイ・アニュアル・インベスター・カンファレンスを主催している。それは資本家の「ウッドストック」と呼ばれている。

●真の教師

三日間の不動産セミナーは素晴らしかった。私の講師は現役の不動産投資家だった。彼は裕福で、経済的な自由を手に入れており、そして幸福だった。私が望むものをすべて持っていた。

セミナーは非常に実用的で、胡散臭いところはまったくなかった。講師は現実の例を用い、教科書の理論は教えなかった。彼は自分の成功例と失敗例を話した。そして、金持ち父さんと同様、失敗の重要性を強調した。失敗はお金に換えられない警告で、「目を覚ませ、まだまだ知らないことがある、お前が学ばなければならないのはこれだ」というメッセージなのだ。

彼はまた、良いパートナーを持つことの大事さ、そして悪いパートナー、特に不誠実なパートナーから得る苦い教訓の重要性について話した。信頼、敬意、謙虚さなどの価値、共に働く人々に優しさと尊敬の念を持つことの大切さも語った。彼に言わせれば、自分が隣人よりもより良く賢いと考えることは罪であり、同胞に対する犯罪だということだった。

三日間の終わりには、私は不動産投資家になることは金儲けが目的ではないことを理解していた。それは住宅物件を扱う起業家として、安全で手頃な住居を人々に提供することなのだ。良い仕事をすれば利益もついてくる。ビジネスがうまく行けば銀行はさらにお金を貸してくれる。政府も税を控除してくれる。なぜならあなたは政府のパートナーで、政府が望むことをしているからだ。

真の不動産投資家は売却益を求める転売屋ではない。家を転売するのは不動産トレーダーであり、タイプの違う資産投資家だ。不動産を転売する人々は価格をつり上げることに一役買っており、不動産価格の上昇を望んでいるため、より多くの税金を支払うことになる。

> **▼トムのタックスレッスン――転売は勤労所得**
>
> 転売は投資家の個人的な労働を必要とする。従ってそれは勤労所得と同じ課税となり、転売業者はSクワドラントの他の職種と同じ税率の税金を支払うことになる。

ほとんどの株式投資家は不動産転売業者と同じだ。彼らは本当の意味で資産を求めていない。資産の価格が上がることを期待しているだけだ。十分な売却益が得られると見れば、買ってから数日後、時には数時間後に売ってしまう。彼らはそれで利益を上げる。売却益に対する課税、特に株式の売買益などに対する課税が、キャッシュフローを得るために投資する受動的投資家への課税よりも高いのはこれが理由だ。

●大馬鹿理論と市場暴落

転売業者が信奉する「大馬鹿理論」というものがある。転売業者は物件を購入し、彼らよりも馬鹿な人間が現れ、さらに高い値段で買うのを待つ。通常、転売業者は物件の価値を高める努力はしない。手直しをしてから売却するのはごく少数の業者だ。不動産物件や株式を転売することは収入のために働くことだ。だから株式や不動産の転売業者は本当の不動産投資家よりも高い税金を払っているのだ。

転売業者やトレーダーは「大馬鹿」が現れ続けるかぎり儲かる。だが馬鹿が買うのをやめると市場は暴落する。二〇〇〇年、二〇〇七年、そして二〇〇八年に起こったのがこれだ。暴落は馬鹿が馬鹿げた行為をやめた時に起こる。

キャッシュフローを目的にしている投資家は市場が暴落するのを待つ。馬鹿どもが逃げ隠れしている時に真の投資家は冬眠から目覚め、掘り出し物の物件を探すのだ。

●幽霊キャッシュフロー

三日間の不動産セミナーの講師はさらに踏み込んで、頭金なしの物件を見つける方法を教えてくれた。彼は金持ち父さんが話していた幽霊キャッシュフロー、見えない収入について説明した。彼は言った。「幽霊キャッシュフローは金持ちのための本当の収入だ。それは貧困層や中流層には見えない収入だ」

つまり、幽霊キャッシュフローは勤労所得やポートフォリオ所得、不労所得などの見える所得とは違った種類のものだと講師は言いたかったのだ。幽霊キャッシュフローはファイナンシャル教育のない人々には見えない。それは借金や税金を利用したデリバティブ（金融派生商品）なのだ。

Q　借金と税金が幽霊キャッシュフローを生み出すのか？

A　そうだ。だからこそ、本当のファイナンシャル教育は借金と税金を中心に据えているのだ。次の言葉を忘れないでほしい。本当のファイナンシャル教育とは借金と税金、そして幽霊キャッシュフロー、つまり金持ちのための見えない所得についてなのだ。

本章のここからは、いかにして幽霊所得、部屋の中の幽霊を見るかについて語ろう。登場する例はかなり単純化されている。詳しく知りたい人のために、九冊の本も挙げておいた。Iクワドラントに行きたい人にはとても重要な本だと思う。

●借金は幽霊キャッシュフロー

大抵の人は物件購入の頭金を税引き後のお金で支払う。一〇万ドルの物件を買うのに二〇％の頭金が必要だとすると、購入者は二万ドルを用意しなければならない。この投資家が所有税四〇％の税率区分にいる場合、この二万ドルは実質的に約三万五〇〇〇ドルの勤労所得、つまり給与にあたる。約一万五〇〇〇ドルをすでに税金として政府に持っていかれているのだ。

すると次の疑問がわく。もし投資家が税引き後の給与を使わず、誰かに二万ドル借金するとどうなるか？投資家は一万五〇〇〇ドル節約できる。この一万五〇〇〇ドルは投資家が稼いだものではなく、税金を払ったわけでもなければ、貯金したわけでもない幽霊所得だ。

Q　つまり、借金を使えば投資家は一万五〇〇〇ドル分だけ先んじられるのか？　マラソンで人より先にスタートを切れるようなものか？

A　まったくその通り。一般家庭の夫婦が税引き後のお金を貯めて頭金を作っている時に、借金の使い方を知っているプロの投資家はずっと先に行動してしまうのだ。一般の投資家が契約しようと腰を上げる時には、プロの投資家は次の投資に手を付けているだろう。

Q　プロの投資家は借金を使い、アマチュアは税引き後の貯金を使って投資するからか？

A　分かってきたようだね。考えてみてほしい。もし二万ドルの頭金を貯めるために働き、納税し、つましく生きる必要がなければ、どれだけの時間とお金が節約できると思う？

Q　つまり二万ドルを借金しろと？

A　そうだ。考えてみよう。多くの人にとって二万ドルというのはそれほど大きな金額ではない。だがもし頭金として二〇万ドル、あるいは二〇〇万ドル、二〇〇〇万ドルが必要になったら？

Q　頭金は払えないな。金持ちは莫大な頭金を借りる方法を知っているから、さらに金持ちになれるというわけか？

A　そうだ。Eクワドラントについて、働いて貯金して金持ちになろうとするなら、Iクワドラントのゲームをするのは難しい。Iは借金、税金、そして幽霊所得のクワドラントだからだ。ファイナンシャル教育のないEクワドラントの人々がIクワドラントで起こっていることを理解するのは困難だ。
　だからこそEやSクワドラントの人には株式や債券、投資信託が適しているのだ。紙の資産には頭金は必要ない。ほとんどの人が現金で購入する。

Q　つまり借金がIクワドラントのカギだということか？

A　そうだ。そして税金と幽霊所得もだ。借金は無税であることを思い出そう。あなたはお金を自分で稼ぐよりも、借金することで莫大な時間とお金を節約できる。

Q　でも、それにはかなりの熟練が必要だろう？

A　必要だ。そしてそのためにファイナンシャル教育がある。ドナルド・トランプの言葉を思い出そう。「知っての通り私は借金王だ」「私は借金が好きだ。だが借金は非常に難しく、危険なものだ」

Q　それで金持ち父さんは不動産投資を始める前にセミナーを受けるよう勧めたのか？　不動産の本質は借金、税金、そして幽霊所得だから？

A　そうだ。

Q　なぜ金持ち父さんは自分で教えなかったのだろう？

A　彼は私に教えられることはすべて教えたと言っていた。私にとってより良い教師を見つける時だったのだ。彼も同じように、飛行機に乗って様々な都市のセミナーに出かけ、常に教師を探していた。

金持ち父さんは天国の星を追いかけた三人の賢者を思い出させる。彼らはすでに裕福で賢かったにもかかわらず、より賢い教師を求めることをやめなかったのだ。

●洗練された投資家になるために

前に紹介した、ファイナンシャル教育の基本となる五つの言葉を復習してみよう。これらは財務諸表に使われる言葉だ。

1．収入
2．支出
3．資産
4．負債
5．キャッシュフロー

前にも言ったように、銀行はあなたに学校の成績表を見せろとは決して言わない。銀行が見たがるのはあなたの財務諸表だ。だが残念なことにほとんどの人はそれを持っていない。

次は、三つの所得、勤労所得、ポートフォリオ所得、不労所得のそれぞれの税率だ。パーセンテージはあくまでおおよそのものであり、概要を掴むために誇張されていることに注意しよう。

勤労所得　四〇%
ポートフォリオ所得　二〇%
不労所得　〇%

貧困層と中流層のほとんどが、三つの中で最も税率の高い勤労所得のために働いている。普通預金と401(k)の所得にも勤労所得と同じ税率がかかる。となりの億万長者は勤労所得とポートフォリオ所得のために働く。

一方、洗練された投資家は幽霊所得のために働く。幽霊所得は高度なファイナンシャル教育と技能を必要とする。幽霊所得は目に見えないからだ。次に幽霊所得の例をあげよう。

●借金は無税のお金

借金による幽霊所得は、働いてそのお金を得るのに比べ、時間とお金を大幅に節約する。税金がかからず貯める手間もないためだ。すでに、二万ドルの頭金は勤労所得にすると実質三万五〇〇〇ドルであることを説明した。この差額の一万五〇〇〇ドルが、お金と時間を節約する幽霊所得だ。

借金をお金として使う方法を知っていれば、より早く、もっと金持ちになれる。

●資産価値の上昇分は幽霊所得

資産価値の上昇は資産の価格が上がった時に起こる。一〇万ドルの物件が一五万ドルに値上がりしたとすると、五万ドルが資産価値の上昇分の幽霊所得だ。

問題は、ほとんどの人が五万ドルを手に入れるために物件を売ってしまうことだ。売却すると税金、キャピタルゲイン税がかかる。キャピタルゲイン(売却益)が五万ドルだとすると、五万ドル×二〇%の課税=一万ドルが税金になる。

キムとケン・マクロイ、そして私がお勧めするのは別の戦略だ。五万ドルの資産価値の上昇分を、物件を売らずに借金として手にするのだ。これはホームエクイティー・ローン、住宅担保ローンと呼ばれ、ホームオーナーはよくこれを実践している。価値の上昇分、つまり幽霊所得は、借金、つまり無税のお金としてあなたのポケットに入る。

最大の利点は、賃貸物件の入居者が五万ドルの借金の利息を払ってくれることだ。通常、住宅担保ローンではホームオーナーが自分で借金の利息を払う。五万ドルを借りたホームオーナーの多くはクレジットカードの負債や学資ローンなど、利息の高い借金の返済に充てる。これは毎月の利息の支出を減らしてくれるが、彼らの財政状態は改善されない。

プロの投資家は五万ドルを頭金として他の賃貸物件を買う。プロの投資家が現在所有する物件で五万ドルの借金をし、もう二つ賃貸物件を買ったとする。彼の財務諸表の資産の欄には三つの賃貸物件が記載される。

Q だがあと二つの住宅ローンを抱えて、投資家の借金は増えてしまうのではないか?

A その通り。だがもし彼が良い投資家なら、彼の不労所得も増える。その増加分は新しい住宅ローンの利息分を賄えるうえ、余った不労所得が彼のふところに入る。

Q 投資家はより多くの幽霊所得を得るわけか?

A そうだ。投資家の幽霊所得の例をもう少し挙げよう。

▼トムのタックスレッスン――より多くの不動産物件＝より多くの幽霊所得

あなたが価格一〇万ドルの賃貸物件を、借金をせずに税引き後の所得で買ったとする。所有不動産の価値は一〇万ドルだ。だが、さらに二〇万ドルの借金をして賃貸物件を三軒買ったとすると、所有する不動産の価値は三〇万ドルとなる。もし物件の価値が一〇％上昇すると、一つしか物件を持っていない場合の上昇分、つまり幽霊所得は一万ドルだ（一〇万ドル×一〇％）。だが物件を三つ所有していると、幽霊所得は三万ドルとなる（三〇万ドル×一〇％）。借金が幽霊所得を三倍にしてくれたのだ。

●ローンの返済は幽霊所得

ローンの返済により借金が減っていく。住宅ローン、自動車ローン、クレジットカードの支払いをするたび、融資残高は減っていき、やがて完済される。

通常の家庭は借金を税引き後のお金、勤労所得で返済する。つまり返済に自分のお金を使う。これは不動産投資家の借金の仕方、入居者に返済してもらう借金とはまったく異なる。負債の削減はプロの投資家のもう一つの幽霊所得の源なのだ。

私が不動産を好むのは、入居者が私の借金を返済してくれるからだ。覚えておいてほしい、良い借金は誰かほかの人があなたに代わって返してくれる借金だ。キムと私は毎月もっと金持ちになる。入居者が私たちの借金を返してくれるからだ。

●減価償却は幽霊所得

減価償却は老朽化とも言われる。物件は老朽化によって価値が下がっていくから、税務署は損金処理を認める。仮に物件の価値が上昇したとしても、税務署は物件の価値が下がっていくと見なして、減価償却分を控除してくれる。

減価償却はプロの不動産投資家の幽霊所得の主要なソースである。

▼トムのタックスレッスン——減価償却の魔術

私は著書、"Tax-Free Wealth"（課税されない財産）の第七章で、減価償却の魔術を詳しく説明した。減価償却は真の幽霊所得だ。減価償却によって税の控除が適用される。不動産物件を買うために借金したとしても、減価償却の控除は受けられる。物件が値上がりした時でさえ、減価償却による控除が可能なのだ。ほとんどの国がこの控除を認めているが、それはキャッシュフローを生む物件に限られる。個人の住宅は減価償却控除は受けられない。

●なぜ貯金する人は負け組なのか

貯金する人は負け組だ。理由は次の二つだ。

1. 預金の利子にも課税される。しかも預けたお金は税金を払った後の勤労所得だ。
2. 銀行システムによってお金の購買力が下がると、貯金する人は実質的にお金を失ったのと同じことだ。（量的緩和や部分準備などがそれを引き起こす）

Q　つまり、貯金する人はお金の価値が下がっても課税されるのか？

A　そうだ。

Q　そして不動産の価値が上がっても控除が受けられる不動産投資家が勝ち組になるのか？

A　そうだ。

次にあげるのは、幽霊所得がいかに金持ちをもっと金持ちにするかの例だ。

●マクドナルドのお金は幽霊所得

マクドナルドの創業者レイ・クロックはかつて、マクドナルドは不動産会社だと発言した。マクドナルドは世界最大のファストフードレストランチェーンであり、不動産会社である。その理由は幽霊所得だ。キャッシュフロー・クワドラントを使ってその理由を説明しよう（図㊲）。

マクドナルドのファストフード事業が一〇〇万ドルの課税対象収入を得たとしよう。そしてマクドナルドの不動産事業が一〇〇万ドルの減価償却を受けたとする。

ファストフード事業からの課税所得一〇〇万ドルは、不動産事業の減価償却の一〇〇万ドルで相殺される。つまり、マクドナルドのファストフード事業は税金を払っていないことになる。

▼トムのタックスレッスン――課税所得

もしマクドナルドが不動産を所有していなければ、一〇〇万ドルの課税所得から四五万ドルを支払うことになる（一〇〇万ドル×税率四五％）。減価償却の控除がマクドナルドの課税所得をゼロにしてい

㊲マクドナルドは不動産会社？

るのだ（課税所得一〇〇万ドル－控除一〇〇万ドル）。従ってマクドナルドは一〇〇万ドルのファストフード部門の所得にかかる四五万ドルの税金を節約していることになる。

Q　マクドナルドはさまざまな方法で利益を上げているわけか。所得だけではなく？

A　そうだ。もう少し幽霊所得の例を挙げよう。

1．マクドナルドの一〇〇万ドルの不動産減価償却は幽霊所得だ。

2．マクドナルドの所有する不動産物件の価格上昇分も幽霊所得だ。

3．ハンバーガー事業の価値上昇も幽霊所得だ。

4．ハンバーガー事業と不動産のための借金はハンバーガー事業から返済されるが、それも幽霊所得だ。

5．多くの米国企業が海外で得た所得をそのまま米国外に置いておくため、米国の課税対象にはならない。これも幽霊所得だ。

6．法人所得税の戦略いかんで、このリストはまだまだ続く。それは企業の税金対策、彼らのトム・ホイールライトがどのくらい優秀かにかかっている。

●マクドナルドの従業員たち

一方、マクドナルドの従業員たちは給与のために働き、お金を貯め、借金を返すために奮闘し、401（k）に投資する。これらすべてが勤労所得として課税される。

これでも金持ちがもっと金持ちになる理由が分からないだろうか。

Q　あなたはマクドナルドのやり方を自分のビジネスに取り入れているのか？

A　そうだ。図㊲のBクワドラントの「マクドナルド」を、「リッチダッド・カンパニー」と書き換えればいいだけだ。

これをキャッシュフロー・クワドラントの図で見てみよう（図㊳㊴）

マクドナルドとの違いは、私たちは海外での収益をすべて本拠地である米国に戻していることだ。私たちはそれが正しいことだと信じている。

Q　リッチダッド・カンパニーの所得をすべて国内に戻しても課税はないのか？

A　ない。Bクワドラントのリッチダッド・カンパニーでさらに稼いだ場合、Iクワドラントのビジネスで不動産を購入する。

Q　BクワドラントとIクワドラントの両方でさらにお金が稼げるわけか。所得を増やし、借金を増やし、税金を抑え、幽霊所得を増やすと？

A　分かってきたじゃないか。

Q　EとSクワドラントの人も同じことができるのか？　彼らも幽霊所得を受け取れるのか？

㊳マクドナルドの事業形態は

㊴マクドナルドのやり方を取り入れる

Ａ　受け取れる。だがそのためにはＩクワドラントのプロの投資家になる必要がある。となりの億万長者にはそれができない。彼らは株式や債券、投資信託、ＥＴＦ、年金プランなどを好む。だが、受動的投資では同じレベルの幽霊所得は得られない。

Ｑ　だからあなたは投資する前に不動産セミナーに参加することを勧めたわけか？

Ａ　不動産投資には、株式や国債・債券、投資信託、ＥＴＦなどよりもはるかにレベルの高いファイナンシャル教育が必要だ。

●資産の種類を理解する

紙の資産は流動性が高い。もし紙の資産への投資でミスを犯してもすぐに売買ができる。

一方、不動産の場合、失敗は下手をすれば破産につながりかねない。不動産の流動性は低い。すぐに損切りをするのは不可能だ。

Ｑ　どんな不動産セミナーを勧める？

Ａ　不動産セミナーをやっている企業は多い。リッチダッド・カンパニーもその一つだ。リッチダッド・カンパニーは様々な種類の不動産コーチやコースを用意している。私たちが提供しているコースやコーチングプログラムが最も素晴らしいと思うが、自分にふさわしいコースを選ぶことが重要だ。

もうひとつ役に立つのはリッチダッド・ラジオ、そしてRichDad.comを通して世界中から聞けるポッドキャストのウィークリーラジオ番組だ。毎週、キムと私は起業家やプロの投資家に関係のある様々なトピックについて、最先端の論客をインタビューしている。また、ＲＤＴＶ（RichDad.com/RDTV/）もおすすめだ。

●本から始めよう

世界で最も偉大な教師は本である。本の良いところは安いことで、またかなり細かい説明をしてくれる。何より素晴らしいのは、本という教師は読む人のスケジュールに合わせて、時間のある時に指導してくれることだ。分からないことがあれば、その部分をもう一度読むことも歓迎してくれる。

私は以前からアドバイザーたちに、本を書いて自分の仕事を説明するよう勧めてきた。リッチダッド・アドバイザーは全員起業家であり、叩き上げの成功者であり、それぞれが自分の分野で天才性を発揮している。

現在、SとBクワドラント、そしてIクワドラント向けのアドバイザーシリーズが出版されている。

もし幽霊所得とIクワドラントについて学びたければ、いくつかおすすめのアドバイザーブックがある。リッチダッド・アドバイザーであるケン・マクロイはIクワドラントでの不動産投資に興味のある人々向けに三冊の本を書いている。

ケンとキムと私は一緒に、一〇〇パーセント借金で数百万ドルを稼いできた。その大部分が無税だ。ケンは不動産に関して今日もっとも賢い人間の一人だろう。また借金を利用して数百万ドル規模の不動産プロジェクトを手に入れるエキスパートでもある。ケン・マクロイの本は次の三冊だ。

"The ABCs of Real Estate Investing"（不動産投資のＡＢＣ）
"The ABCs of Property Management"（物件管理のＡＢＣ）
"The Advanced Guide to Real Estate Investing"（不動産投資の上級ガイド）

またギャレット・サットンの"Loopholes of Real Estate"（不動産の抜け穴）も役に立つだろう。

しかし、言うまでもなく不動産は万人に適しているわけではない。紙の資産を好む人には私のアドバイザーであるアンディー・タナーがいる。彼には"Stock Market Cash Flow"（株式市場のキャッシュフロー）という著書がある。紙の資産に多くを投資しているにもかかわらず運用成績が芳しくない（あるいはまったく儲かっていない）となりの億万長者にとって、この本は計り知れない価値がある。

アンディーはすべての投資家が知っておくべきことを教えている。市場が上昇している時だけでなく、暴落した時いかに利益を上げるか。アンディーはいつも言う。「市場暴落は金持ちをもっと金持ちにする」

紙の資産には、不動産のような借金や税金における優位性や幽霊所得などはないが、Ｉクワドラントの投資家にとっては多くの利点がある。

本書をここまで読んだあなたは、私の会計士であり税の実務家であるトム・ホイールライトが合法的な節税の天才であることに同意してくれると思う。彼はキムと私の税金を数百万ドル単位で節税してくれた。トムのリッチダッド・アドバイザーブックは"Tax-Free Wealth"（課税されない財産）である。

もしＩクワドラントで金持ちを目指すなら、裁判沙汰と税金という二種類の猛獣から身を守る術を知っておくべきだ。

ギャレット・サットンは弁護士であり、資産保全面での私の法律顧問だ。ギャレットがいなければ、キムと私は馬鹿げた裁判ですべてを失っていただろう。彼は資産保全、他人や政府からあなたの財産を守ることにかけては天才だ。

Ｉクワドラントを目指すなら、あなたはＢクワドラントの企業と同じやり方で資産を守らねばならない。ギャレット・サットンによる資産保全の本には以下のものがある。

"Start Your Own Corporation"（自分の会社をはじめよう）

"Run Your Own Corporation"（自分の会社を経営しよう）

"How to Use LLCs and LPs"（有限責任会社と合資会社の使い方）

もしＩクワドラントのプロの投資家を目指すなら、これらの本は必読書である。

●法の精神

かつて、三日間の不動産セミナーの講師は言った。「住宅用不動産の投資家の目的は、安全かつ安心で、手頃な価格の住居を提供することだ。」それを実行すれば、世界中の政府のほとんどがあなたをパートナーと見なし、ＥやＳクワドラントにはない税の控除や幽霊所得などのチャンスをくれる。

> **▼トムのタックスレッスン――政府はあなたが金持ちになることを望んでいる**
>
> 政府は投資家やビジネスオーナーをパートナーにしたいと願っている。マクドナルドが不動産に投資していることで、政府は四五万ドルの控除を与えている。それはちょうど政府が四五万ドルの不動産投資をしているのと同じだからだ。あなたが住居を建設すると政府はこれにも控除をくれるので、あなたはすべてのリスクを負わなくてすむ。あなたの所得に控除を提供することで、政府はリスクの一部を負担してくれるのだ。

もちろんあらゆる法律、不動産法、財政法、税法、会社法などを遵守することは必須だ。法の精神と条文を敬うのはＩクワドラントの人々に絶対に求められることだ。

> **▼トムのタックスレッスン――法に従う**
>
> ここまで読んで、金持ちは一般人とは異なるルールで動いていることが分かったと思う。彼らは同時に、法の遵守に関してより厳しいルールを課せられている。ＥやＳクワドラントの人が納税申告の際多少のごまかしをしたとしても警告程度ですむ。だがＢやＩクワドラントの人が法律を無視すると、刑務所に入ることになる。ＢやＩクワドラントに移りたいなら、法の精神と条文にきっちりと従うことを肝に銘じるべきだ。

Q　人は皆、本格的な不動産投資家になるべきか？
A　そんなことはない。小規模な投資家の例を示そう。例によって話は単純にしてある。

●マリーの不動産投資

マリーは四〇歳の従業員で年収一〇万ドル、税金区分は三〇％なので年三万ドルの所得税を支払っている。彼女は空いた時間を利用し、Ｉクワドラントのプロの不動産投資家として活動している。数年後、彼女は総額一〇〇万ドルの一〇軒の賃貸物件を持っていた。物件からの所得はなかったが、減価償却は年一〇万ドルだった。整理すると次のようになる。

彼女の勤労所得にかかる税金＝三万ドル
賃貸物件の減価償却＝一〇万ドル
税金＝ゼロ（所得一〇万ドルマイナス減価償却一〇万ドル）

Q　つまり、彼女は賃貸収入はなかったが、勤労所得への課税三万ドルを節約したわけか？　彼女は三万ドルを支払う必要がなくなったが、その三万ドルが幽霊所得だったということか？
A　そうだ。三万ドルは彼女の小切手帳に残った。
Q　そのうえ、彼女は物件価格の上昇とローンの元本返済によって、さらに幽霊所得を得られると？
A　まさにその通り。
Q　そして彼女がリタイアする時には物件の支払いが終わり、無借金になっている？
A　そうだ。彼女が物件を担保に借金をしたり売却したりしなければだが。

Q　彼女には一生賃貸収入が入り続ける？
A　そうだ。彼女が物件と入居者をちゃんとケアすればだが。
Q　彼女にとっては株式市場の大暴落も恐れるに足らない？
A　その通り。市場の暴落が起こって再び大恐慌の時代になっても、人々には雨風のしのげる場所が必要だ。
Q　彼女はさらに多くを稼ぎ、納税額はさらに少なくなると？
A　Iクワドラントの信条は、あなたが入居者と物件のケアをしっかりやれば、政府もあなたをケアしてくれる、というものだ。

●一番大事なレッスン

三日間の不動産セミナーの最後に講師は言った。「本当の勉強は教室を出てから始まる。」そして彼は、私たち生徒を三人から五人のグループに分けた。

彼は言った。「君たちへの課題は今から九〇日間で一〇〇の物件を見ることだ。最高の物件とはどんなものか学べるだろう。今まで学んだことを実践する時だ。失敗もたくさん犯すだろう。ここからが本当の勉強だよ」

「不動産エージェントのドアをノックし、物件のオープンハウスに出かけ、チャンスを求めて新聞の広告に目を通し、近隣を車で走り回って物件売出しの表示を探しまわる時から、真の勉強が始まるんだ。よさそうな物件を見つけたら、実際にそれを検分し、分析し、物件の良い点悪い点、収益改善の見込み、借入れの見通し、税金と幽霊所得のキャッシュフローなどを、一ページのレポートにまとめる。君たちは実際に物件を見て、これから九〇日で一〇〇のレポートを書いてみるんだ」

「なぜそんなことをするんです？」生徒の一人が聞いた。

「これこそ本物の投資家がすることだからさ」講師は笑みを浮かべながら言った。

「一〇〇対一というのは、真の投資家が良い投資を見つける比率だよ」

私のグループは、当初確か五人だったと思う。全員、課題をやることに同意していた。だがお察しの通り、それほどしないうちに皆忙しさを口にし始めた。子供をサッカーの練習に連れて行く、残業がある、あるいは妻か夫と「問題」を抱えている……。

九〇日が近づく頃にはメンバーは二人になっていた。手元には一〇〇の物件分析と査定を保存したバインダーがあった。今日まで不動産投資家として四〇年以上を過ごしてきたが、あれ以上役に立ったファイナンシャル教育はなかった。

私は最初の物件を買った。マウイ島の美しいビーチの、道路を渡ったところにあるベッドルーム一つバスルーム一つのコンドミニアムだった。不動産市場は暴落して、買い手は皆姿をくらましていた。その物件はいわゆる差し押さえだった。投資家にとっては理想的だ。価格は一万八〇〇〇ドルで、一〇％の頭金を入れる必要があった。私はクレジットカードを使い、一八〇〇ドルを支払った。つまり一〇〇％借金で購入したのだ。私に入るキャッシュフローは毎月たったの二五ドルだったが、それは無限大の運用益だった。なぜならすべては借金で、自分の金は一銭も使っていなかったからだ。

少しして、私の物件に「濡れ手に粟」のオファーが入った。購入価格の二倍以上の四万二〇〇〇ドルで購入を希望する人が現れたのだ。当初は売却するつもりはなかったが、断るにはあまりに良い投資利益率だった。私はコンドミニアムを売り、その取引に一〇三一買い換え特例を適用した。

Q　買い換え特例とは？

A　キャピタルゲインに対する課税を支払わなくていい制度だ。一〇三一エクスチェンジの規定を守れば、二万四〇〇〇ドルのキャピタルゲイン税は支払わなくていい。

Q 無税のキャピタルゲイン？　また別の幽霊所得か？

A そうだ。私が一〇三一買い換え特例の規定通りにすればそうなる。それは他の不動産に投資することだ。つまり、二万四〇〇〇ドルを好きなように使うことはできないということだ。私はそれを頭金にして三つの物件を購入した。

▼トムのタックスレッスン――一〇三一買い換え特例

米国では、不動産売却で得たお金をすぐに他の物件に投資すれば、政府は課税を見送ってくれる。売却した物件の利益は新しい物件の購入に使うことが条件で、投資家が死ぬまでに物件を売却し現金化した時は課税される。だが、死ぬまで不動産を所有していれば、利益への課税は永遠に免除される。

私はクレジットカードでの借金からスタートし、幽霊所得のルールに従って投資を続けた。

Q あなたが最初に買った一万八〇〇〇ドルの物件は今いくらの価値がある？

A 数年前それを調べてみたが、同じビルのコンドミニアムは三〇万から四二万五〇〇〇ドルで売られていた。今ではもっと高いだろう。

Q 売ったことを後悔しなかったか？

A 答えはイエスでありノーでもある。三日間の不動産セミナーのおかげで私は二万四〇〇〇ドルを数百万ドルにすることができた。今日キムと私は五〇〇〇件以上の賃貸物件、三つのホテル、五つのゴルフコースなどを持っている。それらはすべて借金、税金控除、幽霊所得で買った。だから最初の物件を売らなければよかったと思う半面、あれを売ったからこそゼロから今日の富が築けたとも言える。

●お金のスピード

ゼロから数百万ドルを稼ぐには、「お金のスピード」と言われるものがカギだ。どれだけ早くお金を動かせるか、より多くの資産を手に入れられるか、資産を売ることなしにお金を生み出せるか、そしてより多くの資産を買えるかということだ。

金持ちがもっと金持ちになるもう一つの理由は、貧困層や中流層がお金を銀行に預金するか年金に長期投資するのに対し、Ｉクワドラントの投資家はお金を一か所に留めず動かしていくからだ。

> **▼トムのタックスレッスン――お金を動かさないのと、素早く動かす場合の違い**
>
> 長期投資してお金を動かさない場合、キャピタルゲインと同じ税金がかかる。Ｉクワドラントの投資家がお金を借金や投資などで動かしていく場合、税金はかからない。なぜならそれらは借金であり、減価償却によってさらに幽霊所得を生んでくれるからだ。

Q　一般の人にはお金の動きは見えないわけか？

A　見えない。Ｉクワドラントの人々はお金を借りて素早く動かすが、一般の人はそれを留めておくことしか知らない。

Q　だから人々は「それはここではできませんよ」というのか？

A　そうだ。私はいつもそのセリフを聞かされる。その理由は彼らがＥとＳクワドラントの人間だからだ。彼らは我々がしていることを無理だと言うが、私のオフィスの窓からは「ここで」それをしている人々のオフィスビルが見える。

もしあなたがこの章で理解できない部分があれば、パートナーか会計士を見つけて話し合ってみてほしい。この章は非常に重要だ。この章を理解することができれば、多くの人が目の前にあるのに見えないことが、あなたには見えてくる。

第十一章

ークワドラント：お金の主人たち

貧乏父さん　「学校に戻って経営学のマスター（修士号）をとれ」
金持ち父さん「お金のマスター（主人）になれ」

一九七四年の春、私は海兵隊で最後の飛行の日々を送っていた。目を見張るようなハワイの美しい島々の上空を飛ぶと、海兵隊を去りがたい気持ちが湧いてきた。私は飛ぶことが好きだった。だが次の段階に行くべき時であることも分かっていた。

一九七四年六月、私は基地を去った。衛兵に最後の敬礼を返し、ホノルルのダウンタウンでの新しい生活に一歩を踏み出した。数日後にはゼロックス社での新しい人生が始まる予定だった。

●MBAは要らない

実の父である貧乏父さんは、私がMBAをとり、企業で出世することを望んでいた。だが私は六か月でMBAを中退してしまった。飛行学校とその後五年間の空を飛ぶ日々で、私は普通の教育の退屈さに耐えられなくなっていた。

父は失望したが、理解も示してくれた。彼は私が人生の岐路に立っていることを知っていたし、父の歩んだ道を行かないことも分かっていた。企業で出世するつもりなどないことも、起業家を目指していることも知っていた。

●起業家のためのスキル

金持ち父さんは私にセールスの仕事に就くことを勧めた。「起業家にとって一番大事なのは物を売る能力だ。」彼は口を酸っぱくして「売り上げ＝収入だ」「もし収入を増やしたければ売ることだ」と言っていた。

海兵隊にいる時、私はゼロックス社に応募した。ゼロックスは米国企業の中で最高のセールストレーニングを行っていたからだ。入社してすぐ、私はバージニア州のリースバーグに飛び、四週間のセールストレーニングを受けた。それは素晴らしい四週間だった。

私は一八の時からずっと、軍隊の学校と軍隊で過ごした。一九七四年、二七歳になって初めて私は現実の世界に戻ったのだ。

最高のセールストレーニングを受けた後でさえ、私にとってセールスは難しいものだった。私はホノルルの街角でドアをノックし、目の前でドアを勢いよく閉められた。何ひとつ売れず、お金は入ってこなかった。辞めたくなったが、金持ち父さんの声が頭をよぎった。「失敗は現実社会を学ぶ方法だ。現実の社会では成功するまで失敗が続くんだ。」私はドアをノックし続けた。

二年後、私の成績は少しよくなった。心と体でセールスマンのモットー「顧客がノーと言った時からセールスが始まる」を受け入れていた。

最初の頃は、ノーと言われるたびに傷ついた。二年して山ほどのノーを経験した後、私は顧客にノーと言われると燃えるようになった。すべてのノーがセールスの始まりだということが分かっていた。私はシャイで、拒否されることを恐れる人間だったが、セールスを愛すること、拒否されるのを愛する術を学んだ。

金持ち父さんは私と実の息子に言った。

「恐れているものを愛することを学んだ時、人生は変化していく」

私は拒否される恐怖を愛せるようになった。拒否を乗り越えて顧客の反論をひっくり返すことが私にとってのゲームになった。

この学びはロマンスにも通じる。人生を通して、私は女性がまったく苦手だった。それについてはまったくガッツがなかった。空を飛んでいる時は勇敢なのに、女性の前では臆病だった。だが拒否される恐怖を愛せるようになったことがすべてを変えた。

私が初めてキムに会った時、昔の恐れの感情が湧き上がった。彼女を一目見て私は息をのんだ。私はもう少しで昔の自分に戻り、彼女をデートに誘うことを躊躇しそうになった。

一九八四年に私がキムをデートに誘った時、彼女は断った。彼女はとても礼儀正しく、しかしきっぱりと、私に興味がないことを伝えた。私は創造力を働かせ（だが不快さは与えないよう）彼女を誘い続けた。彼女は断り続けたが、六か月してついにイエスと言った。私たちは初デートをし、以来ずっと一緒にいる。つい最近、結婚三〇周年を祝ったばかりだ。彼女がいなければ現在の私はなかっただろう。彼女はお金のために私と結婚したわけではない。なぜなら二人が出会った時、私は無一文だったからだ。当時の私はSとIクワドラントの、飲まず食わずの起業家だったのだ。

●起業家にとって最高のトレーニングとは

金持ち父さんは、私がゼロックスで仕事を始めたことをとても喜んでくれた。彼は言った。「これが〝本当のビジネススクール〟なんだ。毎日、より良い起業家になるための勉強ができるんだ」

街でのセールス活動が二年を過ぎた頃、私は金持ち父さんの言葉の意味が分かった。日々の私の仕事は会社を訪ね、書類の流れを理解することだった。私は書類が部署から部署にどのように流れ、処理されるのかを学ぶ必要があった。書類の流れが分かると私はゼロックスの新しい機械について、より知識に裏打ちされた提案ができるようになった。書類の流れを研究することで様々なビジネスを内側から学ぶことができた。

●スモールビジネスの起業家

当時の私は新人営業マンだったので、Bクワドラントである大企業へのセールスは許されていなかった。私の担当はSクワドラントの起業家が経営するスモールビジネスだった。さまざまなスモールビジネスのオーナーたちと取引をするのはかけがえのない経験だった。私が達した結論は、スモールビジネスの起業家というものはある種の狂気を孕んでいるということだった。一人一人すべて異なり、皆個性的だった。

従業員たちはみな同じに見えた。皆、正気で落ち着いていた。だが起業家には狂気と熱狂があった。ノイローゼの一歩手前、と言っても良かった。彼らの強みと弱みははっきりしていた。そして、強みは彼らの弱みでもあった。彼らは決して良い従業員にはなれないだろう。また自分のビジネスをBクワドラントに発展させるには独立心が強過ぎた。当時の私はビジネスにおける最も重要な要素である人間に関して、多くを学んでいた。そして私はほとんどの人がSクワドラントに囚われていることを知った。

売上げ（そして私の収入）が上がるに従い、私はEクワドラントを去る日が近づいていることを知った。私の売上げがナンバーワンになったことを会社が発表した時、私はゼロックスに退職の意思を告げた。Sクワドラントに移る時だった。

一九七八年、私はEクワドラントを去った。ゼロックスの同僚たちがささやかなお別れ会を開いてくれた。何人かが私に言った。「君は失敗してすぐ戻ってくるさ。」彼らは私のような人間を何人も見てきた。ごく少数がゼロックスを離れ、失敗し、会社に戻っていた。

彼らに四年間の友情の感謝を告げながら私は言った。「私は失敗するだろう。でも絶対に戻ってこないよ」

●転換期

私のEクワドラントでの最終日はSクワドラントの初日でもあった。喜びと疑いと、恐れと興奮が入り混じった日だった。二年後、私は失敗した。私は起業して五年以内に失敗する一〇人中九人の起業家の仲間入りを果たした。すべてを失ったが、決してEクワドラントには戻らなかった。私はSクワドラントの地獄にどっぷりとはまっていた。「地獄に落ちたら突き進め」という言葉があるが、それが私の呪文《マントラ》になった。

そして私は突き進んだ。何年もの間、目覚めた時にはまったくお金がなく、しかし従業員に給料を払わなければならないという日を何度も経験した。それでも何とか夕食の時間までには、従業員の給与と会社宛ての請求書を処理することができた。私は起業家として大事なスキルを学んでいた。素早く金策する技術だ。

●キャッシュフロー・クワドラントの右側

すでにお話ししたキャッシュフロー・クワドラントの図㊵で示すと、ほとんどの人は学校に行き、Eクワドラントに入る。そしてそこから離れることはない。

ごく少数は学校に戻り、Sクワドラントのための専門的なトレーニングを受ける。彼らは医学部に行って医者になったり、法科大学院に行って弁護士になったり、不動産の学校に行って不動産業者になったり、専門学校に行って電気工事者や建設業者になる。ある種の専門教育はEからSクワドラントに移行する時に役立つ。

EからSへの移行は、起業家にプロとしての資質がないと非常に難しい。ある従業員がレストランを始めるために会社を辞めるとしよう。彼はしばらくの間Sクワドラントの地獄を経験することになるだろう。

一九八〇年の前半、私はついにSクワドラントで成功した。私の会社はサーフィンとロックンロール関係の商品を製造していた。ロックンロール関連では、ポリスやデュラン・デュラン、ピンク・フロイド、ジューダス・プリーストなどのロックバンドのグッズをライセンス生産していた。

ちょうどMTVが登場し、私のロックンロールビジネスは巨大になった。だが新たな問題も起きてきた。

起業を始めた頃は失敗が致命傷だったが、今度は成功が致命傷となった。今度は需要を捌ききれなくなったのだ。常に金策していてお金はなかった。四月に商品生産のための借金をし、商品を売るために営業旅行に出かけた。顧客にはホリデーシーズン前の一〇月までに必ず納品すると約束した。一二月はあっという間に過ぎ、私は顧客の支払いを四月まで待たねばならなかった。投資家に支払いを済ませると、次のホリデーシーズンに向けて再び借金をする。私は成功に殺されそうだった。成功とは高価なものだと初めて知った。

●金持ち父さんを訪ねる

この大変な時期に、金持ち父さんは常に私の師でありコーチだった。私はSクワドラントでもIクワドラントでもうまくやっていたが、大成功には程遠かった。慢性的な金欠だった。金欠には飽き飽きしていた。従業員が病気を理由に欠勤したり、昇給や休暇、福利厚生を要求してくるのもうんざりだった。営業マンの成績が悪かったり、小売り客が値下げや無料の商品、支払い期間の延長を要求してくることにも辟易していたし、政府の規制や査察官の立ち入りも頭痛の種だった。

●Sクワドラントの地獄

私はSクワドラントの地獄に落ちこんでいた。数百万ドルを稼いだが、それらの金は入ってくるが早いか

㊵学校は従業員を育成する

出て行った。

金持ち父さんは私のコーチだった。私は不定期に彼を訪れていた。大抵はひどい状態の時だった。ある晩彼のオフィスを訪れた私は「もう止めたい」と言った。私は疲れていた。成功には程遠く、再びパイロットの生活に戻ることを考えていた。警察署が元軍人のパイロットを探しているという話を聞いていた。給与は良く、休みも福利厚生も多く、政府の年金プランもあった。まさに貧乏父さんが求めている条件だった。

金持ち父さんは笑った。彼にはこの日が来ることが分かっていた。彼は黄色いメモ用紙を取り出し、キャッシュフロー・クワドラントを描き、それに次の単語を書き加えた。

心

体

感情

魂

ルール

彼は説明を始めた。「私たちは人間だ。しかしそれぞれ違う。人間には心と体、感情、そして魂がある。そしてその一つ一つが人によって異なる。だから人はそれぞれ異なる存在なのだ」

従業員の多くは恐怖のためにEクワドラントの安定した環境から離れようとしない。彼ら自身、離れなくてはならないと思っていても、恐れと安定を求める気持ちがEクワドラントに縛りつけているのだ。

「そして現在の私はSクワドラントに縛りつけられている」私は言った。「そこから抜け出せないんです」

私は金持ち父さんに聞いた。「これがあなたが言わんとしていることですか?」

「そうだ」金持ち父さんは笑顔を浮かべて言った。「君はまだSクワドラントのすべてを学んでいない。いくつかの理由でSは最悪のクワドラントなのだ。その一つはSクワドラントが規則でがんじがらめなことだ。

税金のルールや政府の規制がSクワドラントの起業家を苦しめている」

「しかしあなたは以前、Sは最も大切なクワドラントだと言いませんでしたか?」

「言ったよ」金持ち父さんはにやりとして言った。「生き残ればの話だがね」

「ゼロックスの営業マンだった時、君はスモールビジネスのオーナーが生き残りのために戦うのをさんざん見てきただろう?」

「ええ、毎日のようにね。そして今の私は彼らと同じ境遇ですよ」

「赤ん坊が歩き始める時のことを、子供が自転車の練習をする時のことを思い出せ。それぞれのクワドラントでも同じことだ。君はゼロックスで、Eクワドラントでうまくやることを学んだ。そしてSクワドラントに移動した。今の君は、Sクワドラントで自転車の乗り方を覚えようとしている子供だ。だが、まだうまくやれない」

私は少し考え、彼に聞いた。「私の心、体、感情、魂がSクワドラントにふさわしいほど成長していないと? まだ一人前になっていないということですか?」

「その通りだよ」金持ち父さんは言った。「君はうまくやっている。あと一息だ。だがまだ足りないものがある。それはメンタル面か肉体面か、感情か魂か、それともその全部かもしれない」

彼は、人生はゴルフの練習のようなものであることを思い出せと言った。

「ある意味でゴルフは非常にシンプルなゲームだ。ゲームの六〇%はパターで決まる。そしてパターは誰でも打てる。だが現実のゴルフは最も難しい競技だ。ゴルフは心、体、感情、そして魂を通して行われる。ビジネスも同じだ。外の世界というのは存在しない。何もかも自分の中にあるんだ」

私は混乱しながら彼のオフィスを辞した。自分が何を分かっていないのかも分からなかった。今まですべて正しいことをしていたつもりだった。私は近くの中華料理店に入り、自分の感情と戦っていた。店を出る時ウェイトレスが「ありがとうございます」と言いながらフォーチュンクッキーを手渡してくれた。私はクツキーを割っておみくじを引っ張り出した。

「やめることはいつでもできる。もう少し頑張れ」

次の朝、毎日それが目に入るようにおみくじを電話に貼りつけると、私は仕事に戻った。苦境を脱出すべく、営業の電話をかけまくった。古いことわざにあるように、「地獄に落ちたら突き進む」しかないのだ。

●お金の主人はどうやっているのか

数か月後、私は再び人間らしさを取り戻し、多少の幸福さえ感じていた。金持ち父さんからコーチングを受けている間、私は何度となく質問した。「このゲームの終わりはどうなるんです？　起業家として勝利したことがどうやって分かるんですか？」

彼は微笑し、その笑みを見て私は理解した。彼は私の質問に満足したのだ。一呼吸して彼は言った。「君がIクワドラントに移ったら終了だ」

「Iクワドラントではどうなるんです？」私は聞いた。

「君はお金の主人になる。お金の奴隷ではなくなるんだ」

「お金の主人とはどんなことをするんですか？」

「お金の主人になれば、お金を稼ぐためのお金を必要としなくなる。お金の主人は錬金術師だ。彼らはアイディアを黄金に変える。アイディアを国際的なビジネスにしてしまう」彼は続けた。「お金の主人になった人間は、ちょうど私が君にやっているようなことを始める」

「あなたが私にしていることって何です？」私は聞いた。

「君がいつの日かお金の主人になれるよう導くことだ」

「お金の主人になったことはどうやって分かるんですか？」

「君が金儲けの才を開花させた時、君が触るものすべてが黄金、つまりお金に変わる時がそうだ」

「その時私は何をすればいいんです？」

「教える側に回るんだ。かつての君のような人々に教え、導くのが君の責任だ。世界は偉大な起業家を求めている。彼らがいなければ世界経済は滅びてしまう。資本主義は社会主義に、そして共産主義に取って代わられてしまう。恐怖がはびこり自由が制限された、独裁者と暴君が支配する世界だ」

「しかし人に教えられるようになるにはまずＩクワドラントに行く必要があるんでしょう？」

「そうだ。まずＩクワドラントに行くことが先だ。金持ちになる方法を教えると言いながら、実はお金のないほら吹きとニセ予言者が世の中に溢れている。ああいう輩になってはいけない。Ｉクワドラントの立場から人々に教えるんだ」

●金持ち父さんの教室

金持ち父さんのオフィスを最初に訪ねた時、私は九歳だった。オフィスは私たちの教室だった。最初はハワイのヒロにある、彼が最初に所有したホテルの後ろの小さいオフィスだった。私が三〇代半ばになる頃には、金持ち父さんのオフィスは彼が所有するワイキキビーチの巨大ホテルにほど近いビルの高層階に移っていた。私は成長し、若い頃には教えられなかったことも理解できるようになっていた。

「多くの人々が金持ちになりたがる。だが彼らは楽な道しか選ばない。借金や税金、幽霊所得などについて学んだり研究したりせず、ごまかし、嘘をつき、盗む。ビジネスの世界はこういう連中で溢れている。彼らは守るつもりのない約束をする。ルールを捻じ曲げ破るくせに、なぜ自分の評判が芳しくないのかいぶかる。ずるい奴、卑劣漢、ペテン師、嘘つき、口のうまい奴、大ぼら吹き、詐欺師、夢想家、厄介者、ギャンブラー、ごまかし屋、盗人……。信用できない人間、嘘ばかり言い、昇給や昇進のために誰かと寝るような輩。中にはＩクワドラントに登ってくる人間もいるが、その代償は大きい。それは自分の魂だ」

机の向こう側から私を見つめながら金持ち父さんは言った。「そんな人間には決してなるな」

●良いニュース

金持ち父さんは微笑みながら言った。「幸いなことに、こうした連中から学ぶことも多い。彼らは君自身も気づかないうちに、君に関する役立つ教えをくれるのだ。彼らは君の弱みを発見しつけ込もうとする。彼らは君の弱点、思考の欠点を教え、君の甘さを分からせてくれる。彼らは微笑を浮かべながら君のポケットからかすめていく。実社会でビジネスをするためには、彼らは最高の教師とも言えるのだ」

金持ち父さんは彼の信奉するダライ・ラマが、中国がチベットを侵略し、彼を寺院から追い出した後に言った言葉を私に思い出させた。「毛沢東は私の最高の師だ」

金持ち父さんは、EやS、Bクワドラントにも金持ちはいるが、彼らは全員お金のために働いているのだと言った。お金の主人であるのはIクワドラントの人間だ。彼らはお金を必要としない。無からお金を生み出すのだ。

本当のお金の主人は良き教師であり、ちょうど空手の師のようなものだ。だがIクワドラントのすべての人が教師というわけではない。中にはIクワドラントの力を利用して世界を支配している人間もいる。政治家を買収する力があり、選挙のゆくえも左右し、世のルールを作る。彼らは黄金のルールを知っている。「黄金を持つものが規則を作る」のだ。

「あなたはIクワドラントのルールを守っているんですか？」私は聞いた。

「もちろん」彼は言った。「私はルールを守っているし、彼らのようにルールを作るようなことはしない。私には魂がある」

●基本的価値観

金持ち父さんは図㊶を描き、それぞれのクワドラントの人々の基本的価値観を書き入れた。

㊶クワドラントによって価値観が違う

私は安定が欲しい
私はチームを作りたい
E
B
S
I
私は独立したい
私は起業家が欲しい

「なぜＩクワドラントの人は起業家を求めるんです？」私は聞いた。

「私たちは皆、与えられたものを誰かに返したいからだ。Ｉクワドラントの人間は新米の起業家を育てたいのだ。君が私を必要とするのと同じくらい、私には君が必要だ。マズローの欲求段階説によれば、トップに登りつめると、誰かに返したくなる。もし私が料理長だったら、新人シェフを指導したいと思うだろう」

「何だか昔の徒弟制度みたいですね」私は言った。

「まったくその通りだ」金持ち父さんは言った。「残念なことに、昔の徒弟制度は政府の学校制度に代わってしまった。それは起業家ではなく従業員を育てるシステムだ。今の経済がトラブルに陥っている原因だ」

金持ち父さんは心配していた。「息子のマイクはラッキーだった。彼にはすべてのクワドラントを一通り見せ、トレーニングをしてやった。知っての通り、私は彼に何一つ与えなかった。君たち二人に私のところでただ働きをさせた。私はゼロからスタートして金持ちになった。金持ちの子供ほど救いようのない者はない。何でも貰えると思っている子供ほど自滅的な存在はないのだ。だから私は君たち二人を同じように扱い、無給で働かせた。君たちには謙虚になって欲しかったのだ」

金持ち父さんの話はそれだけではなかった。「謙虚さは君たちに、より大きな世界の視点で自分自身を見る能力を与えてくれる。君たちには、私の会社で最も給与の低い、一番下のレベルで働く人々と一緒に働いて欲しかった。一番下で地味な仕事をしている従業員についてよく知って欲しかった。彼らをただの低賃金労働者としてではなく、人間として知って欲しかった。私たちは皆人間だ。だからこそ私は君たちに彼らと同じ仕事をさせ、彼らと一緒に働き、無給で同じ仕事をさせたのだ。君とマイクが一緒に働いた人々はどんな業界でも軽視されている人々だ。だが彼らはこのビジネスの原動力だ。彼らがこのビジネスのエンジンを動かしているのだ。企業家、ビジネスオーナーとしての君の仕事は、彼らのために働くことだ。彼らとその家族をこの世界の厳しい現実から守ることだ」

一呼吸して金持ち父さんは黙り込み、自分の言葉が私に届いているかどうか観察していた。私が聞いていることが分かると、彼は再び口を開いた。「世間にごまんといるMBAを持った若者は、ちょうど君のような中流家庭の子弟だ。修士号をとってから、会社の上層部、エグゼクティブとして入社する。だが彼らは下の方にいる素晴らしい人々を知らない。こうしたエグゼクティブたちは、自分が知的で賢く、自分の下にいる従業員より上だと思っている。彼らは現実を理解しない。人間性と乖離してしまっている。彼らにとって従業員は単なる数字に過ぎず、必要とあらばすぐにクビにできる存在でしかない。彼らは、生きているものは互いに支え合っている、という事実が分からない。人間は、誰かの奴隷であってはいけないのだ」

金持ち父さんは最後にこう言った。「MBAの連中は数字や表計算シート、四半期報告書によって事を進めるよう教育されている。リーダーとして最も大切な資質は優しさだということを学んでいない。礼節は些末なことではなく、尊敬こそすべてだということを忘れている。彼らは懸命に働き、いつかIクワドラントに行くことを望んでいるが、行ける人間は少ない。SやBを経験せずに、Eから一足飛びにIに行くことはほとんど不可能だ。自分が知らないことを人に教えることはできない。そうしている人間は多いがね」

●金持ちの子供

金持ち父さんは金持ちの子供にも手厳しかった。「Iクワドラントの人間は『特権の子供』でもある。彼らはIクワドラントで育ち、たいてい数世代にわたる財産を受け継いでいる。財産を築いたのは彼らの祖父たちだ。彼らは学費の高い学校に入り、高校までを同じような特権階級の子供と過ごす。その多くは一流の誉れ高い大学に行く。卒業すると両親は彼らを大企業や銀行界のトップのもとで見習いをさせる。そこで大事に育てられながらいつの日か自分で会社を経営する。彼らはゼロからスタートすることはなく、無からビジネスを生み出す方法も知らず、世界に生きている普通の人々についても知らない。だが、お金の主人になるために必要なのは、無からビジネスを立ち上げる能力なのだ。金持ちの家に生まれた人間はそれを持っていない。裕福で賢いかもしれないが、現実世界を理解していない。そしてこういう人間が、金持ちをさらに金持ちにし、貧乏人や中流層をさらに貧しくさせるルールを作っているのだ」

●謙虚さを試す

「つまり、あなたは私にすべてを教える前に、私の謙虚さを試したのですね？」私は聞いた。

金持ち父さんは頷いた。

「教えを授ける前にマイクと私に無給で吸い殻の片づけをさせたのもそのためですか？」

金持ち父さんはまた頷いた。「君が謙虚さを示して学ぶことへの意欲を見せた時、私は喜んで知っていることを教える気になった。もし君が『なぜお金ももらわずに吸い殻を拾わなきゃならないんです？』と言ったら、私は何も教えなかったろう。甘ったれた子供に金持ちになる方法を教えるよりも大事な仕事はたくさんあるからね」

私が彼のオフィスを去る時、金持ち父さんは言った。「君がIクワドラントで成功したいなら、私が教えたことを君も誰かに教えると約束してくれ。その時君は真のお金の主人になるだろう。それを人に教えることが、Ｉクワドラントから世界を変えるということなんだ」

●よい知らせ

　世界経済が危機に瀕しているためか、Ｉクワドラントの人々がどんなことをしているかを紹介する番組が数多く作られている。国際金融専門のチャンネル、ＣＮＢＣは『シャーク・タンク』と『ザ・プロフィット』（スモールビジネスのオーナーに資金とアドバイスを与えるリアリティー番組）という番組をやっている。どちらも私のお気に入りだ。『シャーク・タンク』も『ザ・プロフィット』も、やっていることはＩクワドラントの人間と同じだ。人々を指導し、時にはビジネス資金を与え、未来の起業家とパートナーシップを築く。

　これらの番組を見たことがある人なら、何がシャークを怒らせるか知っているだろう。シャークが質問する。「この資金で何をするんだ？」起業家志望の若者が答える。「自分に給料が出せるように頑張ります」シャークは彼を見限る。

　起業家が「私は自分の商品を売ろうと営業し続け、数百万ドル分を売りました。今欲しいのは次のステップに行くためのアドバイスです」と答えると、マーク・キューバンやバーバラ・コーコランは大喜びして言う。「君みたいな人を探してたんだよ」

　一九八三年、私のロックンロールビジネスは好調だった。収入が支出を上回りビジネスはついに安定した。私の中で、そろそろ次に行く時だという声がした。

　同じ年の七月一日、バッキー・フラーが世を去った。数か月後、フラーの本『グランチ・オブ・ジャイアンツ』が出版された。グランチ（GRUNCH）とは、Gross Universe Cash Heist（不快極まる現金強奪の横行）の頭文字をとったものだ。私はこの本を読んで、次の段階に行く決心を固めた。

　一九八四年、私は教育関係の起業家になるため会社を売却した。同じ年、私は世界で最も美しい女性、キムに出会った。一九八四年一二月、私たちは手を取り合って新しい運命に旅立った。再びゼロから出発し、

Sクワドラントビジネスでメンタルと肉体と感情、そして魂の知性を試すのだ。

キムと私はバッキー・フラーが私に残した課題に取り組んだ。その一つは「私は自分のためではなく、皆のために働く」というものだった。もう一つの課題は、「神が我々に望むことを発見し、それを実行する。」それはまさに私たちがしようとしていることだった。

私とキムは短い期間ホームレスだったことさえある。私たちの魂の知性、信念が試されていた。金持ち父さんが息子と私にただ働きをさせた理由がさらによく理解できた。本当の起業家の誰もがそうであるように、金がないことがキムと私の気持ちをくじくことはなかった。

ろくでもない人々にも出会った。私たちの足元を見て利用しようとする連中だ。彼らは最高の教師だったと思っている。私たちは人間と、そして自分について多くを学んだ。偉大な人々にも会った。彼らは世界中至る所にいた。もし仕事の安定を第一に考えていたら彼らに会うことは決してなかった。

一九九四年、キムと私はついにIクワドラントに昇格した。不動産による毎月の不労所得は一万ドルになり、個人の住宅ローンを含めても支出は三〇〇〇ドルだった。私たちは自由の身だった。私たちは借金や税金、幽霊所得の主人になったのだ。

もうお金は必要なかった。私たちは無から豊かさを創造したのだ。キムは三七歳、私は四七歳だった。私たちはフィジーのタートルアイランドで一週間過ごし、成功を祝った。図㊷の写真はタートルアイランドで撮ったものだ。これは私の著書『金持ち父さんの若くして豊かに引退する方法』の裏表紙にも使われている。

一九九六年、すでに世を去っていた金持ち父さんとの約束を果たすために、キムと私はキャッシュフローゲームを製作した。

一九九七年、『金持ち父さん　貧乏父さん』が出版され、またリッチダッド・カンパニーも設立され、私たちはBクワドラントを通して指導を始めた。ついにSクワドラントを離れたのだ。現在、私たちの商品は世界中で指導に使われている。

㊷ロバートとキム。1994年フィジーにて。

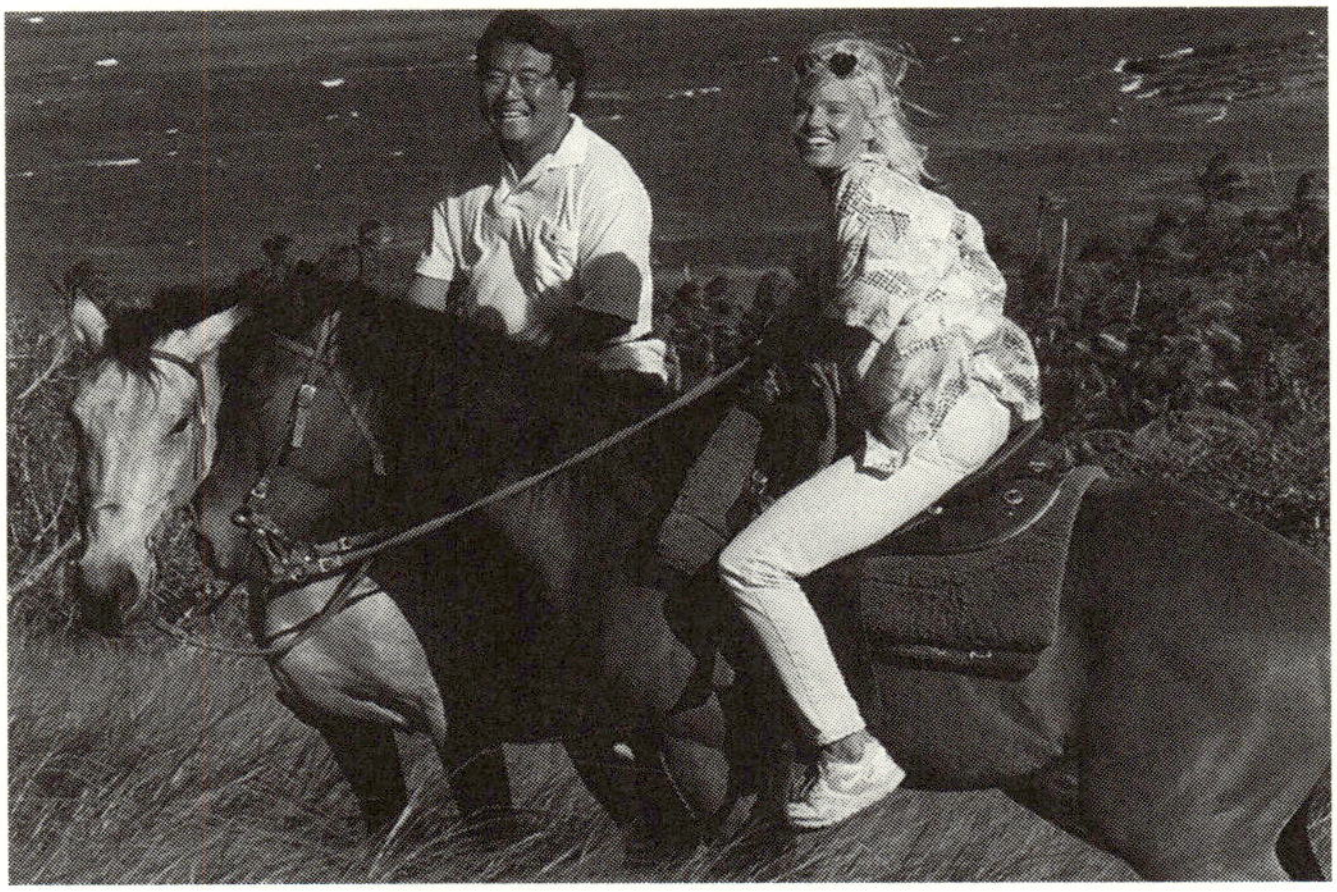

二〇〇〇年、『金持ち父さん　貧乏父さん』はニューヨークタイムズのベストセラーリストに入った。自費出版の本としては初めてだった。この年、オプラ・ウィンフリーの番組「オプラ！」にゲストとして招かれ、オプラの影響力を実感させられた。私の世界は一晩で様変わりした。

二〇〇四年二月一日、ニューヨークタイムズはキャッシュフローゲームを紹介し、次のようにコメントした。「モノポリーは時代遅れ——人々に金持ちになる方法を教える新しいボードゲームが世界中でファンを増やしている」

私は金持ち父さんとの約束を果たした。今日、世界中の大都市や地方の町で、多くの教師が多くの生徒に、様々な言語で金持ち父さんが私に授けた教えを伝えている。人々はキャッシュフローゲームをし、金持ち父さんシリーズの本を読むことでそれを学んでいる。

私たちはかつて金持ち父さんが言った「君と私、そして皆でIクワドラントから世界を変えるのだ」を実践しているのだ。

今日、キムと私はIクワドラントの起業家として多くの起業家に投資している。私たちは株式市場には投資しない。投資するのはBクワドラントに移行したばかりの元Sクワドラントの起業家に対してだけだ。

Sクワドラントの起業家の問題は、自分より低賃金の雇用しか作れないことだ。医者が雇うのは給与のずっと低い従業員だ。Bクワドラントの起業家はCEOやCFO、CIO、社長などの高給の仕事を生み出せる。高給の仕事を生み出す、低所得者に住居を提供する、エネルギーを開発する等、政府の意向に沿ったビジネスをしている会社と私たちがパートナーになる時、政府もまたパートナーとなって税を控除してくれる。

これがIクワドラントの人々がお金の主人だと言われる理由だ。

●旅立ちのための食糧

あなたが仕事を辞めてビジネスを始めることを考えているなら、あるいはすでに辞めてクワドラントを移ろうとしているなら、是非読んでほしい本がある。

『朝時間が自分に革命をおこす　人生を変えるモーニングメソッド』ハル・エルロッド

『いま、目覚めゆくあなたへ――本当の自分、本当の幸せに出会うとき』マイケル・A・シンガー

私がSクワドラントの地獄にいる時にこれらの本を読んでいたらどんなによかっただろう。どちらも人間の魂についての本だが、宗教とは関係ない。自分の感情を脇において、魂を成長させ、導くよう教えている。

私はどちらの本も二回読んだ。二回とも、自分の魂について理解を深めることができた。キムと私は毎朝本からの一節について語り合った。また、アドバイザーと私は三日間の勉強会を行い、二冊の本についてさらに掘り下げた。特に起業家にとって、それほど重要な本だった。

「起業家スピリット」について聞いたことがあるだろう。私が思うにその意味は「起業家になることは単なる職業の問題ではなく、魂に関わることなのだ」ということだ。

第十二章

あなたはプランBを持っているか？

貧乏父さん　「引退する日が待ち遠しい」
金持ち父さん「私はとっくの昔に引退している」

私の実の父、貧乏父さんは偉大なるプランA（最初の案）を持っていた。彼は学問の世界で天才だった。学校を愛し、成績は抜群だった。彼のプランAは、教師になり、ハワイの教育委員会で働き、リタイアすることだった。

だが不幸なことに、彼は民主党のハワイ知事である自分のボスに逆らって共和党の副知事に立候補した。そして落選し、プランAはついえてしまった。貧乏父さんにはプランB（代替案）はなかった。

●貧乏父さんのプランB

五〇歳で失業者となった貧乏父さんのプランBは、起業家としてSクワドラントに移ることだった。彼は老後の蓄えを吐き出し、政府の年金を解約し、「失敗するはずのない」全国展開のアイスクリームフランチャイズの権利を買った。そして失敗した。

貧乏父さんはEクワドラントでは大きな成功を収めたが、Sクワドラントでのスキルと心構えに欠けていた。起業家としてお金を稼ぐ方法を知らなかったのだ。

●来るべき危機に備えよ

今日、世界中の数百万人のベビーブーマーたちが貧乏父さんと同じ窮地に立たされている。危機は彼らの引退と共に来る。幸いなことに彼らは親の世代より長生きする。だが不幸なことに彼らのほとんどが引退生活の途中で金を使い果たしてしまう。

一九七八年の401(k)設立は重大な出来事だった。401(k)は従業員の引退生活の責任を、雇用主から従業員自身に転嫁させた。従業員がお金を使い果たそうが、暴落で引退資金を失おうが、企業が従業員に年金を支払う義務はなくなった。一九七八年、数百万のベビーブーマーたちがファイナンシャル教育もないまま、突如として受動的投資家にされてしまったのだ。

●状況はさらに悪化

しかも状況はさらに悪くなった。今日の超のつくほど低い、場合によってはマイナスの金利と紙幣の印刷、そして株式市場のバブルによって、多くの退職年金が重大な危機に瀕している。

ジンバブエの破綻を描いたフィリップ・ハスラムの著書、"When Money Destroys Nations"(お金が国家を破壊する時)から再び引用しよう。

「父の友人は法律事務所のパートナーとして五〇年以上働いていた。その期間、彼は老後の蓄えにとオールド・ミューチュアル(従業員のための投資会社)に投資していた。ハイパーインフレが襲うと、彼の老後の蓄えはすっかりなくなった。オールド・ミューチュアルは手紙を寄こし『もはや月々の支払いをする価値はないので一括払いをする』と言ってきた。そのお金、自分が生涯をかけて貯めた年金で、彼はジェリー缶(一九リットル缶)分のガソリンを買った」

Q　誰もがプランBを持つべきだと言うのか?

A　そうだ。今日では特に。仕事を失ったEクワドラントの人々は、同じEクワドラントの中で新しい仕事を探すだろう。ファイナンシャル教育がないため、クワドラントを移ろうとする人はほとんどいない。

一九七三年、私のプランAは極めてしっかりしたものだった。私はまだ二十代半ばで、大学卒で、高給がもらえそうな二つの資格を持っていた。航海士とパイロットだ。私はスタンダード石油に戻ってタンカーの船員になるか、海兵隊の同僚たちの多くがそうしたように、航空会社でパイロットになることもできた。だが、実父である貧乏父さんの失業が、私の心にひっかかっていた。私はそこに未来を垣間見たのだ。それも父の未来、第二次世界大戦世代の未来ではなく、ベトナム戦争世代の自分の未来を。

私はプランAを選んで船か飛行機に乗るよりも、プランBに切り替えて金持ち父さんと同じ道を行くことにした。二五歳の私のプランBはSクワドラントの起業家になることであり、同時にIクワドラントのプロの投資家になることだった。私の目標は、若くして引退し、給与小切手を必要としなくなることだった。

●黄金のパラシュート

上場会社のCEOの多くはプランBを持っている。いわゆる黄金のパラシュートと呼ばれるものだ。雇用契約の交渉の際、プランBはプランAと同じくらい重要だ。CEOとしての業績が芳しくなかった場合、彼はプランBのパラシュートの紐を引き、かなりの金を手にして会社を去る。

だがCEOが無能なせいで仕事を失っても、従業員には黄金のパラシュートはない。六か月間の給与と福利厚生をもらえればましな方だ。

ウォール街は世界経済は上向きだと喧伝している。しかし二〇一六年の八月、シスコシステムズは、一万四〇〇〇人という記録的な人数の解雇を行うと発表した。これは同社の世界中の雇用数の二〇%だ。そしてそれはこの一万四〇〇〇人だけの問題ではない。彼らの家族、一万四〇〇〇の家庭が影響を受けるのだ。このうちいくつの家庭がプランBを持っているだろう。

年齢を問わず、多くの人々のプランBは学校に戻ることだ。

●「私は人生を台無しにした」

二〇一六年八月号のコンシューマーレポート誌の表紙には「私は大学に行って人生を台無しにした」という文字が躍っていた。その記事は、年齢を問わず、数百万の学生が学資ローンの返済で追い詰められている現状をレポートしていた。「いい教育」というおとぎ話をいまだに信じている多くの人々が学資を借りて学校に通い卒業するが、期待したようなすばらしい職には就けず、しかも皮肉なことにお金についてはほとんど学べない。

今日、四二〇〇万人の米国人が約一兆三〇〇〇億ドルの学資ローンの負債を抱えている。米国会計検査院（GAO）によれば、学資ローンの利息は連邦政府の最大の収入源の一つだという。学資ローンのおかげで、米国教育省は米国最大の銀行になったのだ。

コンシューマーレポートは言う。「ロビー活動の大成功のおかげで、学資ローンはいくつかの例外を除いて自己破産では逃れられないものになってしまった」

学生たちやその親のほとんどはお金に関する知識がない。お金に無知な人々は「破産では免除されない」という一文の意味が分からないだろう。誰かがそんな条件の契約書を持って来たら、私はこう言って突き返す。「俺を間抜けだと思ってるのか?」

学資ローンがあらゆる借金の中で最悪なのは、自己破産によって借金を帳消しにできないからだ。それはクレジットカードや住宅ローン、ビジネスローンなどよりはるかに恐ろしい。学資ローンは決して免除されることがない。学生は一からやり直すことを許されないのだ。コンシューマーレポートのタイトルは真実を言いあてていた。世界中の学生が、借金によって、そして元をたどればお金の知識がないせいで人生を台無しにしている。

今日の学生にとって、良い教育のコストはあまりにも高く、投資対効果はあまりにも低い。学生たちは老いも若きも、莫大な借金を背負って学校を卒業するが、かつてのような高給の仕事はもはや神話だ。人生とは否応なしに金がかかるものだ。なのに私たちは学生にお金について教えない。修士号や博士号をとった学生たちでさえ、お金について無知なのだ。私は何度も自問した。「どうしてなんだ？」

●「赤ずきんちゃん」の話

「赤ずきんちゃん」の話では、悪いオオカミが赤ずきんの先回りをしておばあさんの家に行き、おばあさんを食べてしまう。おばあさんの服を着ておばあさんに化けたオオカミは赤ずきんの帰りを待つ。これはまさに、金融サービス業界と教育業界が学生に仕掛けていることではないか。

赤ずきんはおばあさんに化けたオオカミに言う。「おばあさんの歯はどうしてそんなに大きいの？　教育ってどうしてそんなにお金がかかるの？」オオカミは答える。「良い教育があれば給料の高い仕事に就けるのさ。学資なんて気にしないでこの学資ローン契約書にサインしなさい。そうすればあなたも大学卒の資格が得られるよ」

ごく少数の例外を除き、学資ローンは決して免除されることはない。銀行にとって最高の借金だ。銀行は破産によって免除されない借金が大好きなのだ。学生が返済できなくなっても、銀行は一生つきまとい、金を取り立てる。

●学資ローンの黒幕は誰か

もはや驚きもないが、学資ローンを提供しているのは世界をサブプライムローン危機に陥れた銀行だ。シティーバンクやゴールドマン・サックスなどの巨大銀行が、プライベート・エクイティー・ファンドを通して借金取立ての会社に出資し、毎月の支払いが滞っている学生や親からの集金業務に当たらせている。学生が支払いを滞納するほど銀行は儲かる。

学資ローン危機は金融化と泥棒政治《クレプトクラシー》の一例だ。金融化は泥棒政治がなければ起こらない。映画『マネー・ショート』は金融化と泥棒政治についての映画だ。今日、『マネー・ショート』で描かれたのと同じ泥棒政治と金融化が、教育ビジネスで行われている。

コンシューマーレポートも以下のように報じている。「今日、学資ローン業界に関わるすべての人間、銀行、個人投資家、さらには連邦政府までが学資ローンで利益を上げている」

学校に行くことは、もはや学生にとって得なことではないのかもしれない。だが泥棒政治にとって、学資ローンはとてつもなく得な存在だ。

●コストに見合わない教育

コンシューマーレポートによれば、学資ローンを抱える学生の四五％が「大学はコストに見合わない」と感じているという。

二〇一六年八月一日号のシドニー・モーニング・ヘラルド紙は以下のように述べている。「オーストラリアの大学が卒業生に与えるものは壊れた夢と巨額の学資ローンだ。」さらに記事は「学生たちはすっかり金づるにされている」とまで言っている。

公平を期して言っておくと、良い教育を受けるお金があるならそうすべきだ。教育の大切さは計り知れない。しかし教育にかかる長期コストが高すぎ、投資対効果が低すぎる場合、親も学生も他の道を考慮に入れた方が良い。

私は莫大な借金を背負って学校を卒業した二人の医師に会ったことがある。彼らが借金を返すことができたのは、専門教育を受けた後、高給の職につけたからだ。

借金返済で窮地に立たされるのは、学位は得たが専門職の資格のない学生だ。良い例が芸術、音楽、あるいは一般科学の専攻だ。今日多くの大学卒が学士号を要求されない仕事についている。今日では学校に戻って学位をとるより、専門学校に行って電気技術者や整備士、あるいはマッサージ療法士になることが推奨されている。最悪なのは学資ローンを借りたにもかかわらず学校を中退した場合だ。

●卒業生への課税も

イギリス、アイルランド、南アフリカなどは教育予算が逼迫し、なんと大学卒業者への課税を検討している。卒業生からさらにお金を搾り取り、未来の学生のために大学教育を維持しようというのだ。教育ローンを抱えていない学生さえも何やかやと教育に関するお金を払わされるわけだ。

現状は悪くなっている。米国では公教育は固定資産税によって維持されている。だが教員組合の年金基金の間違った運営により、多くの都市では引退した教師への年金が支払えず、そのため固定資産税を引き上げざるを得ない。これはつまり、教師が教壇に立っている間は彼らの給与を、彼らが引退してからは年金を、ホームオーナーたちが支払っているということだ。

生活上の支出、たとえばガソリンや服、利子、電気製品などの価格は下がっているが、教育費は上がり続けている。教育費の値上がりは金持ちと貧困層の格差が拡大するもう一つの原因だ。教育費は納税者、親、そして学生の生活のコストをますます高めている。

皮肉なことに、お金という「科目」を学校で教えないことが、さらにお金を必要とする状況を呼んでいるのだ。私たちのお金を最も消費するのは、最高の教育を受けているのにお金に関しては無知なリーダーたちによって動かされているこの世界なのだ。

●私のプランB

すでに述べた通り、私のプランAは手堅いものだった。パイロットか高級船員になってEクワドラントでうまくやれるはずだった。私はどちらの職業も愛していたので、稼ぎもかなりのものになっていたはずだ。貧乏父さんのプランAが失敗していなければ、計画を変更することもなかっただろう。

私のプランBは本当のファイナンシャル教育から始まった。それは三八五ドルを支払って三日間の不動産投資コースに申し込んだ時からスタートし、以来私は決して後ろを振り返らなかった。一〇〇の物件を見てレポートを書くという九〇日間の課題を終えた時、私は成功の途上にいた。いつかIクワドラントに行けると分かっていた。

私は高校が好きではなかった。学校は退屈なものだった。私は大事だと分かっている科目は勉強したが、それらは興味を持てないものばかりだった。ニューヨークの合衆国商船アカデミーに入学した時は勉強にもう少し興味が持てた。私は船を運航させるのが好きだった。海軍の飛行学校に入った時は天国のようだった。午前中は勉強し、午後は飛行訓練をした。飛行学校は私にぴったりだった。ここではすべてが実地の学びだった。それはまさに能動的学習で、これこそが理屈ではない本当の教育だ。

●人を生まれ変わらせる教育

芋虫ははじめは這い回っているが、やがて繭になり、繭から蝶となって第二段階の生に飛び出す。これが変態、変身と言われる現象だ。変態は見た目や性格、条件、機能などが大きく変化することだ。芋虫には未来の蝶を連想させるものが何一つないことは誰もが同意するだろう。何も知らない人が芋虫を見たらこう言うだろう。「こんな虫が空を飛ぶわけがない」

芋虫が蝶になるというのは、まさに、飛行学校に入学した私に起こったことだった。後に三日間の不動産コースに申し込んだ時もそうだったが、初めて教室に入った時、私は自分が蝶になることを直感した。ついに自分の学ぶべきこと、自分の教室を、自分の繭を見つけたのだ。三年後、私は飛行学校で戦闘機パイロットに生まれかわり、世界で最も敵意に満ちた飛行環境である戦闘地帯に行く準備ができていた。ベトナムでは三度の墜落を経験したが、私も私のクルーも生き延びた。私たちは生きて米国の土を踏んだ。

その後私はファイナンシャル教育で生まれかわり、別の意味で敵意に満ちた環境に飛び込む準備をした。お金の戦争だ。市場が暴落するたび、私と私のチームは生き延びただけでなく、もっと金持ちになった。

●本当のファイナンシャル教育

私が最初に受けた三日間の不動産コースは始まりに過ぎなかった。キムと私は様々なセミナーに参加し続けた。私たちは一緒にさまざまなことを学んだ。教育は私たち夫婦の絆をさらに強めた。セミナーの後は多くを語り合った。私たちは共に成長した。

私のアドバイザーチームは少なくとも年に二回、勉強のために集まる。三日間の勉強期間は私たちの繭だ。私たちは本から学ぶ。偉大な教師は本の中にいるからだ。ビジネスの本も読めば、精神性についての本も読む。前にも述べた通り、『朝時間が自分に革命をおこす 人生を変えるモーニングメソッド』や『いま、目覚めゆくあなたへ――本当の自分、本当の幸せに出会うとき』のような、人間の魂の力についての本も読む。

覚えておいてほしい、起業とは単なる仕事の問題ではなく起業家としての魂を持つことなのだ。

もう一つ覚えておいてほしい。親が子供に「学校に行き、よい仕事に就け」という時、子供にEクワドラントに行くよう刷り込んでいるのだ。私の父親である貧乏父さんのような人はEクワドラントに囚われてしまう。貧乏父さんはSクワドラントに移ろうとしたが、自分の本質はいまだにEクワドラントの従業員なのだと思い知らされた。EからSに移行しようとしたこの時期、彼の人生はあまり安楽なものとは言えなかった。

人間は一人一人まったく異なる。その違いはキャッシュフロー・クワドラントに表れている。それぞれのクワドラントはそれぞれに違った精神的知性、肉体的知性、感情的知性、霊的知性でできている。

●クワドラントごとに異なるルール

私の父は起業家ではなく、学校教師としての精神的知性を持っていた。ビジネスやお金の言葉は話せなかった。彼はまた、従業員の肉体的知性を持っていた。ミスを犯すことを避けた。彼の感情的知性は恐れを基本としていた。失敗への恐れ、仕事を失うこと、月々の給与を失うこと、政府の年金を失うことへの恐れだ。彼の霊的知性は閉じていた。恐れと疑いが信仰と信頼の心を弱めていた。

EからIに移行することは変身、変態であり、芋虫が蝶になることだ。その過程ではつらいこともある。人々は困難に遭遇する。一つ一つの困難は変身のためには欠かせないものだ。それは変身の過程であり、時間がかかる。また、意思の力と魂、精神、感情、そして肉体の知性も不可欠だ。

●すべての基礎となる知性

すべての基礎となる知性は肉体的知性だ。人間は何かをすることで学ぶ。私たちは常に何かをしている(しばしばよからぬこともする)。

あなたにいくつか質問したい。学生時代、体は教室にあっても心ここにあらずという状態だったことはないだろうか?　あなたの心と体はいつも一緒に行動しているわけではない。本を読んでいて、心がさまよっているのに気づいたことは?　誰かと話しているのに、相手があなたの言葉をまるで聞いていないと感じたことは?

私が飛行学校を好きだった理由は、午前中に勉強し午後は飛行訓練をしたからだ。コクピットでベルトを締めると、私の肉体的知性が支配を始める。肉体的知性は他の知性に対し、集中するよう命令を下す。それはまさに死ぬか生きるかの時なのだ。

●モノポリーをする

私のファイナンシャル教育は九歳の時に始まった。金持ち父さんと彼の息子、そして私は一緒にモノポリーをした。金持ち父さんは一手ごとに、それが実人生で意味することについてファイナンシャル教育をしてくれた。その後、彼は自分の持つ実物の緑の家と、私たちがモノポリーで学んだ理論の定義をさらに詳しく説明してくれた。

私のファイナンシャル教育は、ちょうど飛行学校での授業のようだった。まず勉強し、そして実際に飛ぶ。一方、学問の世界で基礎となる知性は精神と感情だ。記憶し、失敗を恐れることだ。

現実の世界では肉体的知性こそ基礎となる知性だ。肉体的知性は私を芋虫から蝶に、貧乏から金持ちに変えてくれた。

●学習の円錐

学習の円錐、別の呼び方では経験の円錐は教育心理学者のエドガー・デールによって考案された（図㊸）。デール教授は読むこと、講義を受けることを円錐の最下部に置いている。一方、いちばん上にあるのは疑似体験をすること、そして実際に体験することだ。

私が金持ち父さんから多くを吸収できた最大の理由は、彼がモノポリーを使って私たちに疑似体験をさせ、その後に本物の緑の家を見せ、それを赤いホテルに換えるまでの過程を理解させてくれたからだ。

私と同僚の乗組員がベトナムで三回墜落して生き延びた理由は、飛行学校で墜落を含めた非常事態の疑似訓練を毎日のようにしていたからだ。

真のファイナンシャル教育で最も大切な言葉の一つは「練習」だ。練習は学習の円錐の中で上から二番目に来る。それは「現実の疑似体験」だ。

㊸学習の円錐

学習の円錐		
2週間後に覚えている割合		かかわり方
言ったりやったりしたことの90%	実際に体験する	能動的
	疑似体験をする	
	体験を劇化してやってみる	
言ったことの70%	それについて話してみる	
	討論に参加する	
見たり聞いたりしたことの50%	実際の現場を見学する	受動的
	実演を見る	
	展示を見る	
	テレビや映画を見る	
見たことの30%	写真を見る	
聞いたことの20%	話を聞く	
読んだことの10%	本を読む	

出典：Cone of learning adapted from Dale(1969)

●本当のプランB

本当のプランBは学習と練習の両方を含んでいる。たとえば私は最初の物件を手に入れる前に、一〇〇件の物件を見る疑似体験をした。それからストックオプションへの投資のコースを三年間受けた。実際に投資をする前に三年間シミュレーションをしていたのだ。私は株式市場の暴落が大好きだ。

今日の不安定な世界経済の下では、誰もがプランBを持つべきだ。とくに引退に関してのプランBを持つことだ。前にも言った通り、となりの億万長者は次に消えていく人々だ。貯金したり株式市場に投資したり、従来の年金に投資している人は、財政破綻ギリギリの線を歩いている。

貧乏父さんは偉大なプランAを持っていたが、プランBはなかった。彼は決して引退することができなかった。彼は半端な仕事を生涯続けねばならなかった。貧乏父さんを救ったのは社会の底辺のためのものである社会保障とメディケア（高齢者医療保険）だったことを思い出してほしい。

今日、社会保障とメディケアは資金不足に陥り、米国政府の簿外債務で最大のものである。ベビーブーマー世代が救われる可能性はどの程度あるだろうか。

貧乏父さんがお金で四苦八苦する様子を目の当たりにしたことは大きな勉強になった。貧乏父さんのおかげで私はすぐにプランBを実行する覚悟ができた。そしてそのおかげで四七歳で早くにリタイアすることができたのだ。

●五年間のプラン

ベストセラー『投資苑』の著者であり、私の師、そして友人であるアレキサンダー・エルダー博士によれば、プロの株式投資家になるためには五万ドルのお金と五年の月日が必要だという。

私もそう思う。私がプロの不動産投資家になるのにも五年かかったが、一つ違うのは五万ドルは必要なかったことだ。本当の不動産投資家になるために必要なのは従来のお金ではなく、借金、税金、そして幽霊所得の使い方を覚えることだ。

現実社会の教育に必要なものは次の三つだ。

・学びたいという意思

・賢く師を選ぶ……お金について教わる時、教師は慎重に選ばなければならない。Eクワドラントの人間からIクワドラントの知識を学びたいと思う人はいないだろう。

・練習……「練習《プラクティス》」は最も重要な言葉だ。プロのサッカー選手は毎日五時間練習する。ミュージシャンはロックスターになるために何年も練習を続ける。医者や弁護士は、仕事のことを実務《プラクティス》と呼ぶ。彼らはあなたや私を使って練習をしているわけだ。

練習は、失敗してもそれを正すことのできる環境のことだ。練習が重要であればあるほど、それに多くの時間を割かなければならない。ベトナムに行く日が近づくほど、私とクルーたちは訓練に励んだものだ。肉体的知性こそ基本の知性だということを覚えておいてほしい。あなたが何か行動を起こす時、他の知性は肉体的知性に従う。

●お金の教育における最大の失敗

第一部でも触れたように、失敗は金持ちをもっと金持ちにする。多くの人がお金で苦労している理由は、彼らが失敗を恐れているからだ。彼らはお金について学び、練習するよりも、自分の資金を銀行やウォール街に任せてしまい、貯金したり株式に長期投資したりする方を選ぶ。そしてなぜお金の心配事がなくならないのか不思議がる。となりの億万長者たちは、学び、練習し、習得することをせず、代わりに恐れ、不平を言い、市場が暴落しないことを祈るだけだ。あまり賢いプランBとは言えない。

プランBがあったおかげでキムも私も早期のリタイアができた。プランBの目的はあなたの精神的、肉体的、感情的、霊的知性を鍛え、別のクワドラントに移行できるようにすることだ。
この章の最後に質問しよう。あなたのプランBはどのようなものだろうか？

第十三章

いかにして貧困をなくすか——学生が学生を指導する

貧乏父さん　「人々に魚を与えなさい」
金持ち父さん「人々に魚の釣り方を教えなさい」

●貧困が脳の発達に影響する

二〇一六年九月二日号のニューズウィーク誌は、貧困は人々の世界の見方だけでなく、人間の脳まで変えてしまうという特集記事を掲載した。記事によれば、「貧困と、それが原因となる環境、暴力、騒音、混沌とした家庭、汚染、栄養失調、いじめや親の失業などは、発達中の脳内の相互作用、形成、神経接続の調整などに悪影響を与える」という。

記事は、貧困が子供の脳に与える影響についての多くの研究を引用している。いくつかはＭＲＩまで利用し、貧困環境に育った子供と裕福な家庭に育った子供の脳の大きさを比較している。

二〇一五年に発表されたネイチャー・ニューロサイエンスの研究プロジェクトでは、三歳から二〇歳までの一〇九九人の脳を調査した。その結果、低所得の家庭の子供は、年収が一五万ドル以上の家庭の子供よりも脳表面の面積が小さいことが分かった。

研究者が達した結論は、原因は単なるお金の問題ではなく、犯罪や暴力、ドラッグ、ギャング、性の乱れ、シングル・ペアレントの家庭といった環境で育つことが真の原因だというものだった。肉体的、経済的恐怖の中で生活することが脳の発育を阻害してしまうのだという。

研究によれば、たとえ貧困環境であっても、両親が安全で栄養面でも豊かな環境を作ってやれば、暴力的な地域で育ったとしても子供の脳が正常に発達する可能性は高くなるという。

ニューズウィーク誌の記事はこう結論付けている。

「危険な地域の荒廃した住居に住むマイノリティーへの住居差別、教師によるあからさまな人種的偏見、栄養不良、貧困地域の予算不足の学校などは、正常な脳の発達を妨げる」

だがニューズウィークは、脳の状態は変えられるとも言っている。そして、少年期の貧困環境によるダメージは修復できるとしている。記事は言う。

「神経可塑性、つまり脳自身の構造を変える能力は、誕生時と幼児期が一番高く、時間と共に無くなっていく。しかしゼロになってしまうことはない。一五歳から三〇歳の間、脳は神経可塑性の第二の成長時期に入る。思春期から二十代前半の若者はコーチングと練習によって再び順応性を取り戻せる」

●ボーイズ&ガールズクラブ

二〇〇〇年前半、私たちの起業家プログラムに参加している若者たちが「受けた恩を他人に渡す《ペイ・イット・フォワード》」ことを決め、学んだことを実践した。彼らはギャング問題がはびこる南フェニックスのボーイズ&ガールズクラブ（若者に課外活動を提供する全国組織）に行き、自分たちが教わった起業の知識を学生や両親に教えた。

クラブの建物はフェンスが張り巡らされ、周囲のギャングを締め出すようになっていた。ギャングたちは未来の薬の売人やポン引き、売春婦を物色している。若者が成長するには最悪の場所だ。ボーイズ&ガールズクラブはそんな環境の中で、ほんの数時間であっても安全な避難所の役目を果たしていた。

二か月の間、私の学生たちはキャッシュフローゲームを教材として、起業と投資を教えた。生徒たちは一二歳から一八歳の若者で、彼らの親たちも参加した。

結果は大きな変化をもたらした。ニューズウィークの記事が言ったように、一五歳から三〇歳の脳に神経可塑性が働いた。「認知障害」だと思われていた一五歳の少年が突然正常になったのには皆が驚いた。

彼は読んだ内容を理解するのも困難だった。だがキャッシュフローゲームをプレーすることは驚くべき効果をもたらした。彼の脳の中に電球が灯った。彼はゲームを止められなくなった。ゲームのカードが読めるようになり、ちょっとした算数もできるようになった。そして資産と負債の違いも理解していた。彼は毎回クラブに駆け込んで来るとクラスに参加し、キャッシュフローゲームをして遊んだ。肉体的知性が基本の知性であることの証明だった。彼は読書には興味を示さず、人々から認知障害と思われていた。ボードゲームをするためには、読むこと、思考すること、お金の用語を理解すること、ペンを使って計算すること、ゲームの駒を動かすこと、そして他のプレイヤーと交わることが必要だった。キャッシュフローゲームをするたびに、彼のあらゆる知性はフルに働いた。

親たちも変化を経験した。彼らはクラブを結成し、銀貨に投資し始めた。また、この親と学生たちのクラブは自動販売機を購入する許可をボーイズ&ガールズクラブから取りつけた。だが残念なことにこの自動販売機はソフトドリンクを売るもので、ここでは甘い飲料はあまり必要とされなかった。それでもこのビジネスの試みは彼らにとって重要だった。彼らは利益をクラブと分け合った。

二週間のプロジェクトは両親や学生、教員をEクワドラントからSクワドラント（自動販売機のビジネス）、Iクワドラント（銀貨への投資）に移行させたのだ。

学生と親のグループはキャッシュフローゲームのゲームシート（図㊹）を使い、自分たちの家計の実際の数字を書き込んでみた。学習の円錐の学びのプロセスがシミュレーションから実体験に移ったのだ。

今まで収入と支出だけに注目し、資産と負債について考えなかったことに気づいた親と学生は、真剣な話し合いを始めた。両親にも学生にも、精神的、肉体的、感情的、そして霊的な変化が内面から沸き起こってきたことがはっきりと感じられた。

●南アフリカ　セント・アンドリュース大学

二〇一五年、私とキム、そして彼女の女友達三人は一八〇年にわたり様々な祭りが開かれてきた街、南アフリカのグラハムズタウンに旅をした。ナショナル・アーツ・フェスティバル（ＮＡＦ）に参加するためだ。グラハムズタウンの美しさ、ナショナル・アーツ・フェスティバルの魔法のような素晴らしさを私は言葉に表わせない。ビアトリクス・ポターが描くピーターラビットの世界とハリー・ポッターの世界を足して二で割ったもの、とでも言えばいいだろうか。それはまるで、人生がまだ平和でのどかで、魔法に満ちていた時代に戻ったかのようだった。

グラハムズタウンは住人七万人の学園都市だった。ローズ奨学金の設立者セシル・ローズにちなんで名付けられたローズ大学のキャンパスがあった。一八五五年創立の聖公会の男子校、セント・アンドリュース大学もあった。今日では世界中からやってきた四五〇人の高校年齢の少年たちの全寮制学校となっている。その姉妹校にダイオセサン女子学校がある。

友人のミューレイ・ダンクワーツは二人の子供をセント・アンドリュース大学で学ばせている。彼は長年、セント・アンドリュースを激賞している。ある時彼は、学校がスポンサーとなった奉仕活動について話してくれた。そのプログラムは同校の富裕な学生たちがグラハムズタウン周辺の町の恵まれない学生に指導を行うというものだった。学生が学生を教えるプログラムで、教える方も人に施すことの大切さを学ぶことができた。そしてそれはセント・アンドリュース大学の教育の基本理念だった。

この奉仕活動を耳にした私はミューレイに、学生にキャッシュフローゲームを使ったファイナンシャル教育をしたいのだが学校に打診してくれないかと頼んだ。学校側は快諾し、二〇一六年、トム・ホイールライトと私は自費でグラハムズタウンに飛び、二日間のワークショップをおこなった。

㊹『キャッシュフロー』のゲームシートに自分の実際の数字を書き込んでみる

職業　　　　　　　　　　**プレーヤー名**

目標：支出を上回る不労所得を得て、ラットレースからファースト・トラックへ出ること

損益計算書

収入

給料
利子
配当

不動産　　　キャッシュフロー

ビジネス　　　キャッシュフロー

会計監査役の名前

（あなたの右側に座っている人）

不労所得＝（　　　　　）
（利子＋配当＋不動産からのキャッシュフロー＋ビジネスからのキャッシュフロー）

収入の合計

支出

税金
住宅ローンの支払
教育ローンの支払
自動車ローンの支払
クレジットカードの支払
小売店への支払など
その他の支出
育児費
銀行ローンの支払

子供の数（　　　　　）
（最初は0から始める）
子供一人あたりの育児費（　　　　　）

支出の合計

毎月のキャッシュフロー
（収入の合計ー支出の合計）

貸借対照表

資産

貯蓄

株・投資信託・CD　　株数　　一株あたりの価格

不動産　　頭金　　購入価格

ビジネス　　頭金　　購入価格

負債

住宅ローン
教育ローン
自動車ローン
クレジットカード
小売店のつけなど
不動産ローン

負債（ビジネス）

銀行ローン

●さまざまな人々

いつもの講演と大きく違ったのは集まった人々の多様性だった。私はセント・アンドリュース側に、男子学生と女子学生、白人と黒人、さらにはセント・アンドリュースとローズ大学の学生やミューレイの友人たち、そしてグラハムズタウン周辺のBとIクワドラントの起業家に参加してもらうよう要請した。

教師だけでなくBとIクワドラントの起業家にも参加してもらったのは、多くのビジネス関係者が、学生たちの社会経験のなさを嘆いていたからだ。教員と起業家が教壇に立つことで、四三人の高校生の年齢の若者たちに実社会のビジネスの現実を知ってもらうことができた。

●素晴らしきイベント

二日間のイベントは素晴らしかった。学生たちは教師や起業家と同様に素晴らしかった。学生や教師、そして起業家の中に、南フェニックスのボーイズ&ガールズクラブで見たのと同じ光が灯るのを目撃した。

それぞれのテーブルには四、五人の学生と、インストラクターや現地の起業家がいた。トムと私が短い説明を行った後、キャッシュフローのゲームが始まった。

最初のゲームは一時間行われた。ひどく長い一時間だった。大人も学生も、ゲームの言葉や計算、そしてゲームの進行を覚えるのに四苦八苦していた。ゲームは一時間で終わらなかったが、そこでとりあえず終了し、ディスカッションを行った。

ここで図㊸のエドガー・デールの学習の円錐を今一度見てみよう。学んだことを記憶することに関して、ディスカッションは非常に高い位置にある。一時間ゲームをした後、学生も教師も起業家も、何か言いたくてうずうずしていた。学びはすでに始まっていた。

昼食後、二回目のキャッシュフローゲームが始まり、この回もきっちり一時間で終了した。今回は少し速度が上がった。皆のひらめきは続き、二回目のディスカッションはさらに盛り上がり、内容も深かった。

三回目のゲームは翌日の朝に始まった。この回は収拾がつかないほどの盛り上がりだった。前にも増して騒がしく、大人も学生もゲームに没頭していた。三度目のディスカッションは声も大きく活気に満ちていた。皆の脳の中でさらなるひらめきの光が灯った。

興味深かったのは、人々はトム・ホイールライトに対して「それはここではできませんよ」と言う代わりに地元の起業家たちが「私たちもここでそれをやってますよ」と言ったことだった。

二日間のプログラムも終盤を迎え、トムと私は現実の課題、たとえば「ポルシェを買うことで金持ちになる方法」をレクチャーした。予期した通り、若者たちはこの課題が特に気に入ったようだった。繰り返すが、私の喜びは大人たちや学生たちにひらめきの光が灯り、それがいつまでも消えずにいることなのだ。

●余波

イベントの数日後、ミューレイが私に電話してきた。あれ以来彼の電話は鳴りっぱなしだという。電話してくるのは学生の両親たちで、皆自分の子供たちに何が起こったのかを知りたがっていた。ある少年は父親に電話し、物件に投資したいので一〇万ランドを貸してほしいと言ったという。少年は不動産についてもっと深く勉強するように言われた。別の学生たちはグループを作って最初のビジネスを始めた。

セント・アンドリュース大学は教育界のリーダーで、先進的な学校だった。彼らは常にスケールの大きい思考をした。セント・アンドリュースのリーダーや教員、そして地元の起業家たちは、本当のファイナンシャル教育をセント・アンドリュースだけでなく、アフリカの町にいかに浸透させるか、特権階級の学生たちが貧しい学生たちに何をしてやれるかを話し合った。

「ペイ・イット・フォワード」は素晴らしき地、南アフリカのグラハムズタウンにしっかりと根付いていた。本書を、二〇一六年、セント・アンドリュース大学で行われた二日間のセミナーに参加してくれた学生、教員、そして起業家の皆さんに捧げる。

トム・ホイールライトと私にとって、学生や教員、起業家の触媒となったことはまさに霊的な体験だった。身近に教師がいたら、自分の学生の中に「ひらめきが灯る」時にどんな気分かを聞いてみるとよい。なぜ彼らが教え続けるのか、その理由が分かるだろう。

●魂の教育

私の魂の教育は一九六五年の八月に始まった。高い競争率の試験や面接の後、私はメリーランドのアナポリスにある海軍士官学校と、ニューヨークのキングスポイントにある合衆国商船アカデミーへの議員推薦を受け取った。

私はキングスポイントへの入学を決めた。海軍将校としてではなく、米国商船の船員として世界の海を航海したかったのだ。決断のもう一つの理由は、当時キングスポイントは、卒業生が最も高い給料を貰う学校の一つだったからだ。一九六九年当時、クラスメートの多くは商船船員の仕事に就いて、年一〇万ドルの収入を得ていた。当時の二一歳にとっては莫大な金額だった。

だが皮肉なことに私は米国海兵隊の二等海尉として任官し、フロリダ州ペンサコーラの飛行学校に入学した。初任給は月二〇〇ドルだった。私は志願してベトナムの空を飛んだ。軍隊の学校で受けた魂の教育が私を駆り立てたのだ。

軍隊の学校で魂の教育をするというと不思議に感じるかもしれない。だがそれは事実だ。軍隊の学校で最初に教わる言葉は「mission（使命）」だ。次の言葉は任務、名誉、規範、尊敬、そして誠実だ。これらはすべて魂に関する言葉である。

私がMBAを中退した理由は、教わる言葉がまったく異質なものだったからだ。それはお金、市場、操作などだ。前に書いた通り、MBAに入学した当時はまだ海兵隊に籍を置いていた。ベトナムから戻ったばかりの私にとって、これらの言葉は商船アカデミーや海兵隊で叩き込まれた名誉の規範に反するものだった。

どんな軍人でも耐えられないものが一つある。不正だ。商船アカデミーでも海兵隊でも、将校は人間の尊厳を守るためならば戦うことを厭わないよう訓練されているのだ。

●真の教育とは何か?

真の教育は人々を刺激するものだ。それは学生たちの琴線に触れるものでなければならない。また、真の教育は彼らを勇気づけるものだ。勇気という言葉はフランス語の le cœur(心、恐怖や疑いの感情を乗り越える能力)から来ている。

真の教育は、力を授けるものだ。それは学生が効果的に何かを成し、世界をより良い場所にする能力を与えるものでなければならない。真の教育は人を啓発する。真の教育は、学生が世界の不可解に対し心を開き、一生涯学生であり続けるよう働きかけるものだ。

一九七三年にベトナムから戻った時、実の父が無職で、精神的に追いつめられているのを目の当たりにした私は、自分の次の使命を心に決めた。それは、いつの日かファイナンシャル教育を通して人間の財政状態を引き上げるリッチダッド・カンパニーを設立することだった。

セント・アンドリュース大学の生徒と教師、ダイオセサン女子学校、そしてローズ大学の学生と教員、グラハムズタウンの起業家たちに対し、私に本書を書くことを決意させてくれたことに感謝したい。また、「ペイ・イット・フォワード」の精神を実行している人々には特に感謝する。それこそが本当の教育の使命だ。

●第三部まとめ

ベビーブーマー世代は歴史上最も幸運な世代だ。彼らは第二次世界大戦の終わり、世界経済が大きく花開こうとしている時期に生まれた。たとえ大学に行かなくても高給の職が見つかった。大学を卒業したベビーブーマーは、高給でキャリアに結びつく仕事に就けた。

ベビーブーマーはせっせとお金を貯め、一五％を超える金利のおかげで金持ちになることができた。郊外の住宅地が急速に発展すると、彼らの多くが家のローンの借り換えをしてクレジットカードの負債を返済し、あるいは豪邸《マクマンション》を転売して金持ちになった。皆、一九七一年から二〇〇〇年までの株式市場のブームに乗り、財を成した。

だが時代は変わった。ベビーブーマー世代の子供や孫たちはまったく異なる世界に住むことになる。グローバル化が加速し、給与が下がり、金利も低くなり、政府の負債は危険なほど膨れ上がり、増税や無能な官僚体制に拍車がかかる時、人はどう生きていくべきだろうか？

こんな時こそファイナンシャル教育に目を向けなければならない。それも単に成功を目指すだけでなく、経済的なサバイバルのために。

本当のファイナンシャル教育では、コインの三つの側を見ることが必要になってくる。

●借金と税金

本当のファイナンシャル教育とは、借金と税金についてのものだ。借金と税金は私たちにとって最大の支出である。「納税することは愛国的」という言葉を信じるのは、今や無知であり無関心というものだ。

もともと米国は、一七七三年、税金に対する反逆から生まれた国だ。そして、当期税法が成立する一九四三年までは、基本的に税金のない国家だった。当期税法により、政府は第二次世界大戦の費用を賄うために労働者のポケットに手を突っ込むことができるようになった。これがきっかけで、納税は愛国的という考え方が人々に浸透した。今日、税金は戦争国家、そして社会福祉国家としての米国を支えている。

●自分のチームを作れ

本当のファイナンシャル教育とは、Eクワドラントの従業員となって実社会での経験を積むことであり、Sクワドラントの起業家として副業でビジネスをすることであり、Iクワドラントでプロの投資家になることだ。「私は仕事をしています」というだけでは十分ではなく、お金について無知だとさえ言える。

本当のファイナンシャル教育は、何も考えずに「お金の専門家」に自分のお金を預け、必要な時にいつでも引き出せると思っているような脳天気な思考ではない。

お金の問題をすべて自分で解決できると考えるのは馬鹿げている。金持ちは最高の会計士、弁護士を身近に置き、問題を解決させている。

あなたにも同じことができる。私のアドバイザーたちは全員自分の本を書き、あなたとあなたのファイナンシャル教育をサポートしている。深い考えもなくお金を貯金したり、株式市場に長期投資したり、政府の年金制度に頼ることは経済的な自殺だ。

▼トムのタックスレッスン――専門家のチーム

Sクワドラントの人々が抱える困難は、彼ら自身の賢さだ。私自身もAスチューデント、優等生だったので理解できる。彼らは非常に有能であるため、セールス、マーケティング、生産、管理業務等、何でもこなしてしまう。製品の開発にさえ手を染める。だがこれが、彼らがSクワドラントに留まり、BやIに移行できない原因なのだ。

彼らはチームの必要性を認めず、チームのスタッフは自分よりも仕事ができないと考えている。仕事に関して他人を信じられないのだ。だがBやIクワドラントに移行したいなら、自分より賢く専門知識のある人間を集め、信頼して仕事を任せるべきだ。

私への質問で一番多いのは、どうやって良いアドバイザーを見つけるかというものだ。

税務アドバイザーにせよ、財政アドバイザー、法律アドバイザーにせよ、ポイントは彼らのお金についての理解と教育レベルだ。税務アドバイザーに関しては、次のような教育の幅がある。教育レベルが高いほど、アドバイザーとしても優秀になる。

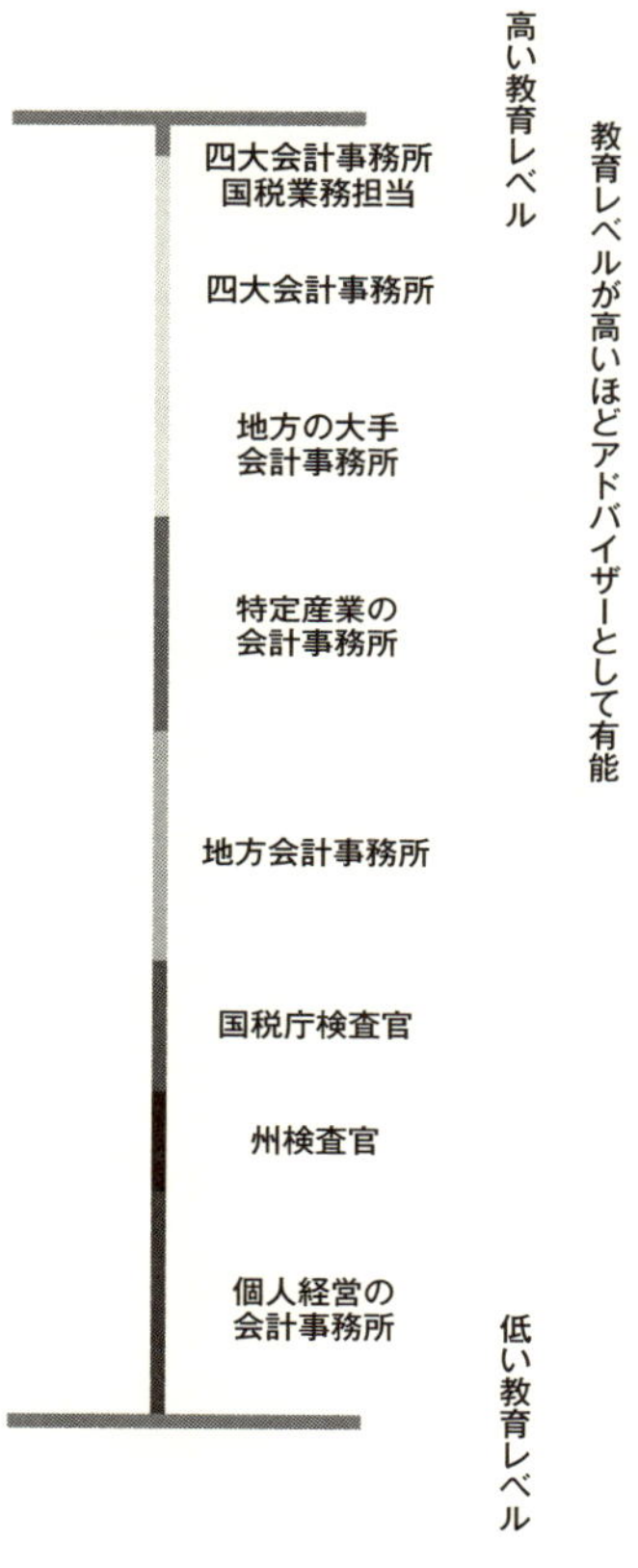

第四部

楽しくない経済学はいらない

●第四部を読む前に――ポルシェに乗ろう

多くのお金の専門家が同じことを言う。「懸命に勉強して、懸命に働き、税金を払い、収入に見合った生活をして、貯金をし、家で食事をし、請求書を支払い、無借金生活をし、車は安いのにしなさい」

私はこれを「楽しくない経済学」と呼んでいる。

トム・ホイールライトとともに南アフリカのセント・アンドリュース大学とダイオセサン女子学校に講演に行った時、私は自分が教わったのと同じ方法で教えた。ゲームをし、本物の教師と起業家を指導者とし、自分がいかに金持ちになったか、実例を使って説明した。

講演の時、私はよくこう言う。「私は日系人かもしれないが、どうもトヨタは似合わない。コルベットやポルシェ、フェラーリの方がピッタリくるようだ」

グラハムズタウンの二日間のセミナーで、私は自分の実際の体験、ポルシェを買って金持ちになった話を紹介した。「ポルシェ経済学」は「楽しくない経済学」よりもずっと学生たちの受けがよかった。

次の章で紹介するのは南アフリカの学生たちに示した例と同じものだ。本当のファイナンシャル教育の長所の一つは、楽しく生活していいこと、財力を上回るお金を使いながら金持ちになれることだ。

第十四章

ポルシェが金持ちにしてくれる

貧乏父さん「財力に見合った生活をしなさい」
金持ち父さん「財力を上げなさい」

お金のせいで壊れる結婚は多い。カップルが言い争う理由はお金の問題が圧倒的に多い。私が子供の頃、父と母がお金のことで争っているのを聞いた時の痛みはいまだに覚えている。それは私が望んでいる結婚ではなかった。私の理想は裕福で幸福、愛に満ちた結婚だった。

●私たちの誓い

誓いとは神の前で約束することである。キムと私が結婚を決めた時、誓い合ったことの一つがこれだ。「欲しいと思ったものは何でも手に入れよう。『私たちには買えない』と言う代わりに、共に働き、君が欲しいもの、私が欲しいもの、二人が欲しいものは何でも手に入れられるよう頑張ろう」

そこには一つ条件があった。それは、どんな場合もまず資産を買い、その資産によって自分たちの欲しいもの、つまり負債の支払いをする、ということだった。

別の言い方をすれば、私たちは負債によって貧乏になるのではなく、金持ちになろうと誓ったのだ。

●ポルシェへの挑戦

ここでポルシェへの挑戦という話をしよう。「ポルシェへの挑戦」は私とトムが南アフリカのセント・アンドリュース大学とダイオセサン女子学校で話したことだ。

私は自動車狂だ。キムはそうでもない。私は長いこと、一九八九年型のポルシェ・スピードスターが欲しいと思っていた。問題は、それが飛びぬけて珍しく、飛びぬけて高価だったことだ。米国に輸入されたのは七〇〇台以下だったと思う。金持ち連中がそれを買い、ブロックに載せて保管し、値段が上がるのを待っていた。一二万ドルの値がついたものさえ見たことがある。

そうこうするうちに経済が破綻し、ポルシェ・スピードスターの値段も下がり始めた。

ある日、友人のポルシェ・ディーラー、ゲイリーが電話してきた。「君がずっと欲しがってた車が入ったよ。一九八九年型ポルシェ・スピードスター、中でも最も希少な車だ」

「最も希少ってどういうことだ？」私は聞いた。

「一九八九年スピードスターの第一号、最初に作られたやつだ。ポルシェのカタログの表紙になった車だ。ポルシェ社が世界中のカーショーで展示したものだ。記録もカタログも、この車を記念する飾り板もすべて揃っている」

「いくらだ？」彼が一二万ドルと言うのを期待しながら私は聞いた。そう言われたら私はおとなしく答えただろう。「ありがとう、でも止めておくよ」

時は一九九五年、私は自分の資産を増やしている最中で、車など買う余裕はなかった。

「信じられないだろうが」ゲイリーは言った。「今の所有者は五万ドルでいいと言っている」

「何だって？」私は息を呑んだ。「どこか不具合でもあるのか？」

「ないよ」ゲイリーは答えた。「うちの整備士が昨日車を調べた。何の問題も見つからなかった。しかも走行距離はたったの四〇〇〇マイルだ。君に一番最初に電話してるが、買わないなら他の誰かに売るよ。この車が欲しい奴はいくらでもいるんだ。特にこの値段ならね」

金持ち父さんの教えの一つに「買って、調べて、不要なら手離す」がある。金持ち父さんは言った。「多くの人は考える時間、理解するための時間を買おうとしない。」お金の言葉で言えば「オプション（売買権）」だ。ポルシェを買う時に、私はオプション、つまり考える時間を買った。

私はゲイリーに言った。「買うよ」

次にすべきことは、キムを説得することだった。キムと私のかつての誓いが試される時だ。私がすべきことはまず資産を買って、負債であるポルシェの支払いを相殺することだった。

これは私とトムがグラハムズタウンで学生に教えた「ポルシェへの挑戦」と同じものだ。学生たちは安い車に乗り収入に見合う生活をする方法よりも、ポルシェを買う方法を教わる時の方が生き生きしていた。

●できる限りシンプルに説明すると……

グラハムズタウンの若者にしたのと同じやり方で、「ポルシェへの挑戦」を伝授しよう。分かりやすくするために数字を誇張していること、方法を単純化していることを忘れないでほしい。また、ポルシェと小型倉庫の値段は今と比べて安い。両方とも暴落の時期に取得したからだ。

ポルシェへの挑戦は三つのレベルから成る。

レベル1　結婚の時の誓い
レベル2　ロバートのレベル
レベル3　トムのレベル

レベル1は私がキムにポルシェの購入を認めてもらうために使ったものだ。レベル2は契約をまとめる時のレベル。レベル3はトムのプロフェッショナルとしての考え方のレベル。このレベルのことは私は完全には理解できない。だがキムにとっては、この手法を実行する前にトムが賛成することが重要だった。

実際のところ、私はポルシェを買って金持ちになる仕組みを完全に理解しているわけではない。少なくともトムの深さまでは。だからこそトムのレベルなのだ。

キムと私の結婚の誓いが試されるたび、トムの役割は会計士から結婚カウンセラーに変化し、さまざまな手法で私とキムをガイドしてくれる。キムと私は欲しいものをすべて手に入れるだけでなく、その過程でもっと金持ちに、もっと賢くなれる。そして、お金に関する言い争いをする必要もなくなるのだ。

●レベル1：結婚の誓い

キムと私は銀行に五万ドルの現金を持っていた（図㊺）。つまり、ポルシェを現金で買うことができたのだ。問題は、それではポルシェは買えても資産とキャッシュは手に入らないということだ。

この問題を解決するためにはどうしたらいいか？　答えはこれだ。

1. **資産を見つける**
2. **五万ドルを資産を買うための頭金とする**
3. **借金と頭金の五万ドルで資産を買う**
4. **五万ドルを借金し、ポルシェを買う**

資産からのキャッシュフローがポルシェの月々の支払いをカバーする。数年後、ポルシェの支払いが終わった時、キムと私の手元にはポルシェと資産、そして資産からのキャッシュフローが残る。

また、ポルシェと投資物件の価格の上昇・減価償却・ローン返済による幽霊所得もある。

ポルシェのプランを理解した私とキムは、二つの取引を実行した。

●レベル2：ロバートのレベル

計画の第一ステップは資産を見つけることだった。この取引は良い資産なしにはうまくいかない。下手をすれば裏目に出る可能性もある。貯めていた以上のお金が出て行ってしまうことさえ考えられる。

私は知っている不動産関係の起業家に電話をかけまくり、私の条件に合う物件がないか聞いて回った。五、六本電話をかけるうち、テキサス州オースチンのビルという友人が、トランクルーム（個人向け貸倉庫）を売却しようとしていると言った。そのトランクルームはもともと競売物件だったものを一四万ドルで購入し改修を施したのだが、私に二五万ドルで売却してもいいと言う。ビルとは過去に何度か取引をしており、信用できる人物だった。私はトランクルームを買うことにした。一週間後、私は二つのローン契約をした。一つはポルシェ、もう一つはトランクルームのものだ。

取引は大体図㊻のようなものだった。これで取引成立である。トランクルームからのキャッシュフローはポルシェとトランクルームの両方のローン支払いをカバーする。私は資産を手に入れ、収入も増え、一方で税金は減り、さらに夢の車だったポルシェを手に入れた。

トランクルームはずっと以前に売却し、かなりの利益が出たが、それを再投資することで無税となった。そして私は今でもポルシェを所有している。


㊺キムと私は銀行に五万ドルのお金を持っている

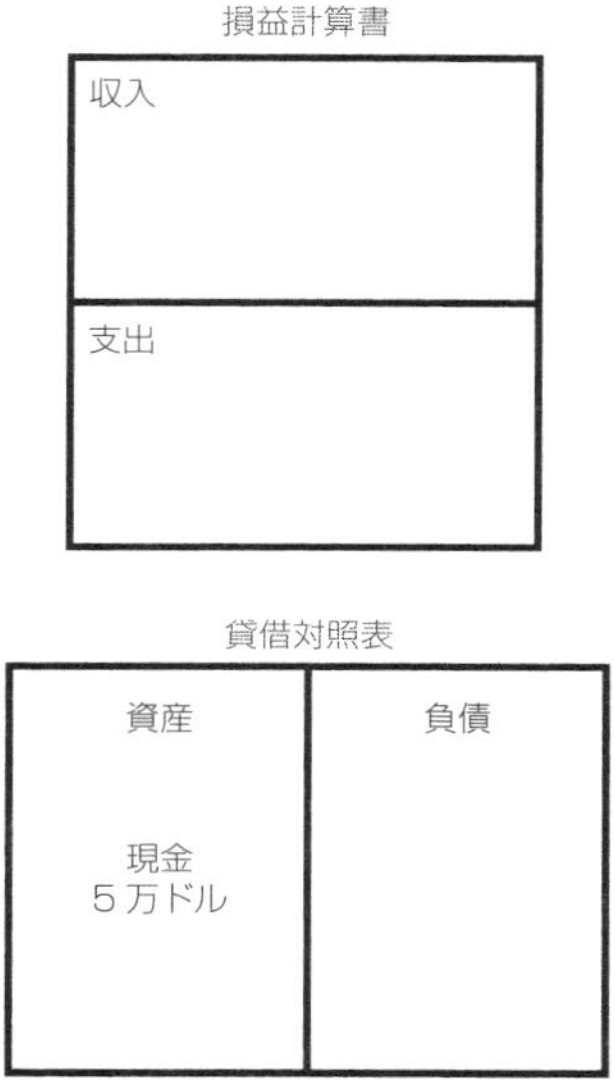

㊻ポルシェのプランはこう組み立てられる

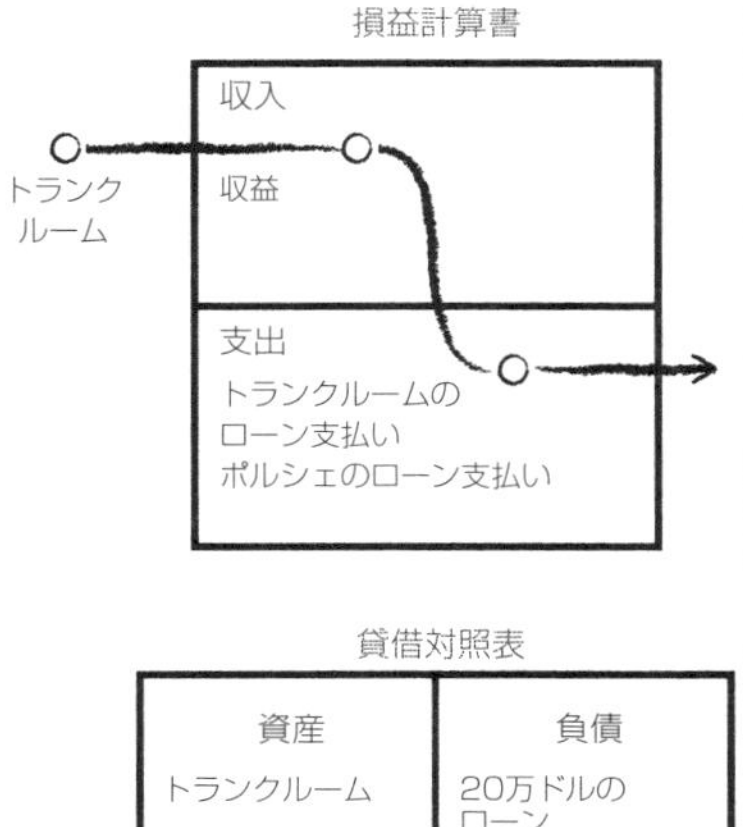

●レベル3　トムのレベル

トムの税法の運用能力と、起業家の挑戦と目標に対する深い理解を考えると、税金と蓄財計画においてキムと私がトムを完璧なパートナーだと思うのは当然といえる。以下は税金の専門家の視点での解説である。

▼トムのタックスレッスン――ポルシェを手に入れるための会計術

ロバートのシンプルな説明は、彼が最初にトランクルームを、次にポルシェを手に入れた時の過程を正確に表している。次の図はこの取引の過程と、ポルシェを買った月にロバートの純資産が一一〇〇ドル上昇したことを示す会計記録だ。当初、彼は五万ドルの現金、つまり五万ドルの純資産を持っていた。ポルシェを手に入れて一か月後、彼の純資産は五万一一〇〇ドルになった。

ステップ1　トランクルームの購入……五万ドルの現金はトランクルームの頭金に使われた。

ステップ2　トランクルームからの月々の純利益……二七〇〇ドルの賃貸収入は経費及び不動産ローンをカバーした上、一〇〇〇ドルの余剰金を生む。

現金	
1000 ドル	

賃貸収入	
	2700 ドル

不動産ローンの支払い	
1200 ドル	

雑費	
500 ドル	

ローンの利払い分	
1100 ドル	

ステップ3　ポルシェの購入……五万ドルの自動車ローンは負債、ポルシェは五万ドルの資産として記録される。

自動車ローン	
	5 万ドル

ポルシェ	
5 万ドル	

ステップ4　月々の自動車ローン返済

自動車ローン	
1000 ドル	5 万ドル

現金	
1000 ドル	1000 ドル

繰り返すが、もしこの説明が完全に理解できない場合、各レベルについて友人と話し合うか、トムのような人物を見つけて説明してもらおう。

●真の教師、真のレッスン

学生たちは私の実体験の話を非常に気に入ったようだった。彼らは一人ずつ立ち上がり、一つ一つのステップについて説明し、ポルシェを買うことでなぜ金持ちになれるのか、自分のグループに解説した。一人ひとり順番にこの方法を解説する学生たちを見ながら、トムと私は彼らの変化を感じた。彼らの目の中に「光が灯る」のが見えた。二日間のセミナーの終わりには、学生たちは、ポルシェを買って金持ちになるにはなぜ財務諸表が重要なのかを理解していた。社会に出てからの成績表である財務諸表の内容が芳しくなければ銀行は金を貸してくれないことも理解した。

彼らの学びを深めるために、なだめたり脅したり、長々と説得したりする必要はなかった。それどころか勇気づけることさえいらなかった。彼らのほとんどが自発的にもっと学びたがったのだ。彼らはテーブルに置いてあったリッチダッド・アドバイザーの本の山に群がった。私は興味が湧く本を選んで読むよう勧めた。本は無料で提供した。トムと私が彼らに望んだのは「ペイ・イット・フォワード」を実行すること、つまりアフリカの辺境の町に行き、他の学生にキャッシュフローゲームを教えることだった。トムは言った。「君が賢くなればなるほど、アフリカの君の友人たちも賢くなる。大切なのはペイ・イット・フォワード、他者と分かち合うことだ」

●生涯の学び

多くの人にとって、学校を卒業すると学びは終わる。従来の教育は学びの心を殺してしまうのだ。これこそ社会経済的な悲劇ではないか。金持ち父さんがいなければ私も彼らの一人になっていただろう。

金持ち父さんは、お金のためではなく個人の自由を勝ち取るために、私に起業家になることを勧め、売ることを学ぶのがBクワドラントに移行するカギだと教えてくれた。さらに、三日間の不動産セミナーが、私がIクワドラントに移行するきっかけとなった。

学びへの愛、人生を通した教育は、BとIクワドラントでの成功のために欠かせない。今日、キムと私とアドバイザーたちは一年に二回集まり、偉大な教師によって書かれた偉大な本を学ぶことにしている。世界はものすごい速さで動いており、じっとしているわけにはいかないのだ。

ほとんどの人は学校を卒業した時点で勉強をやめる。これが金持ちと中流層・貧困層の格差が広がる一番の理由だ。

●第四部まとめ

何かを実際に行うことほど効果的な学びはない。それは体験学習とも呼ばれる。体験学習は、学んだことを最も効果的に記憶する方法として学習の円錐の頂点に位置している。学習の円錐を見ると、グラハムズタウンで起こったことがより明確に理解できる（図㊼）。

キャッシュフローゲームを一回一時間、三回プレーすることは、学生たちにとってレベル2の疑似体験だった。また、彼らが私のポルシェへの挑戦について説明した時、彼らはある意味で現実の体験として話していたのだ。

ファイナンシャル教育の力、ポルシェへの挑戦、自分が夢見る人生を生きる方法などを一度理解して他者に教えると、彼らは学習の円錐の最下部、読むことにも興味を示しはじめる。ファイナンシャル教育に関する本を読み、セミナーにも出席するようになる。

学習の円錐が有効であることを私はよく知っている。それは金持ち父さんが息子と私に指導した時にたどった過程と同じだからだ。九歳の時、私たちはモノポリーで遊び、金持ち父さんのオフィスで働き、本物の

㊼学習の円錐

学習の円錐		
2週間後に覚えている割合		かかわり方
言ったりやったりしたことの90%	実際に体験する	能動的
	疑似体験をする	
	体験を劇化してやってみる	
言ったことの70%	それについて話してみる	
	討論に参加する	
見たり聞いたりしたことの50%	実際の現場を見学する	受動的
	実演を見る	
	展示を見る	
	テレビや映画を見る	
見たことの30%	写真を見る	
聞いたことの20%	話を聞く	
読んだことの10%	本を読む	

出典：Cone of learning adapted from Dale(1969)

「緑の家」を見に行った。いつか「赤いホテル」になる家を。

『金持ち父さん　貧乏父さん』でも説明したように、金持ち父さんは私たちに賃金を払わず、おかげで私は起業家の思考をするようになり、九歳で漫画雑誌を使った事業を立ち上げた。学習の円錐も示しているように、実際にやってみることに勝る学習はない。九歳で始めた漫画雑誌のビジネスは私のポケットにお金を入れてくれた。それも自分で労働することなしに。そして私は資産と負債の違いも学んだ。このシンプルな教えが、私の人生に大きな違いをもたらした。

今日、キムと私は本物の起業家である。私たちはお金のためには働かず、資産を形成し、仕事を生み出し、実人生でモノポリーをしている。私たちは政府のパートナーとなってその意向に沿ったビジネスをし、政府は見返りとして税を優遇してくれる。

そして一番大事なのは、私たちが良き友人とアドバイザーに囲まれていることだ。ビジネス、投資、そして人生はチームスポーツなのだ。

一九九四年以降、経済的自由を手にした私たちは、一九九六年にキャッシュフローゲームを作った。一九九七年、『金持ち父さん　貧乏父さん』が出版された。私たちがしたことは、「ペイ・イット・フォワード」とリッチダッド・カンパニーの使命「人類の経済的な幸福を向上させる」の遂行だ。

本書『金持ち父さんの　こうして金持ちはもっと金持ちになる』は金持ち父さんの大学院だ。本書が出版される二〇一七年は『金持ち父さん　貧乏父さん』の二〇周年に当たる。キャッシュフローゲームをプレーし、私たちの本を読み、他者に教えることでそのコンセプトを共有し、次の人に手渡して《ペイ・イット・フォワード》くれる世界中の人々に、キムと私の深い感謝を捧げたい。

かつてマーガレット・ミードは言った。「ほんの少数の思慮深い、真剣な市民が世界を変えられるということを決して疑ってはなりません。本当に、それだけが世界を変えてきた力なのです」

▼真の無限運用益を生む取引――リッチダッド・アドバイザー　ケン・マクロイ

プロジェクト名：フォレストリッジ・アパートメントハウス

立地：アリゾナ州フラッグスタッフ

戸数：二六七室（一ベッドルームと二ベッドルームの比率は五〇：五〇）

価格：一九〇〇万ドル

概要：築三〇年の集合アパート

状態：非常に良好、外装のみ装飾的な補修が必要

長所：フラッグスタッフは山岳地帯にあるこじんまりとした美しいコミュニティー。スキーリゾート、州立大学、コミュニティーカレッジなどが近くにある。ここは環境保護と脱成長を掲げるコミュニティーであり、新たな開発は行わない。家やアパートの需要は大きい。一ユニットの月額賃料は市場平均よりも一〇〇ドル低い。物件購入後、一〇〇ドル×二六七室の総収入増加が可能。

購入プラン

支払い総額：一九〇〇万ドル

負債：一五〇〇万ドルの銀行ローン

原資：七人の投資家が参加する四〇〇万ドルの原資

付加価値プラン：物件を改修し、賃料を市場価格までゆるやかに引き上げる。純利益（NOI）の引き上げ。物件ローンの借り換え。

投資家が回収するのは、原資＋物件価値の上昇＋キャッシュフロー＋税控除だ。

	二〇〇九年	二〇一〇年	二〇一五年
物件の価値	一九〇〇万ドル	二五〇〇万ドル	三四〇〇万ドル
負債	一五〇〇万ドル	二〇〇〇万ドル	二五〇〇万ドル
純資産	四〇〇万ドル	五〇〇万ドル	九〇〇万ドル
純利益	一〇〇万ドル	一四〇万ドル	一八〇万ドル
課税前キャッシュフロー	四〇万ドル	六〇万ドル	四〇万ドル
税控除（幽霊所得）	六七・五万ドル	六七・五万ドル	四五万ドル

付記：説明のためにすべての数字はおおよそのものを使っている。

二〇〇九年、キムとロバートは一二・五％の利益を生む原資四〇〇万ドルの投資に五〇万ドルを出資した。毎年、非課税のキャッシュフロー五万ドルが彼らに支払われた。他の収入への課税が免除される形で八万四〇〇〇ドルのお金も受け取った。税引き後の投資利益率（ＲＯＩ）は二七％だった。

二〇一〇年、純利益（ＮＯＩ）が増加したので、ケン・マクロイはローンの借り換えを行い、新たに二〇〇〇万ドルの融資を受けた。この借入れで最初に借りた一五〇〇万ドルのローンを返済した。投資家たちは原資の四〇〇万ドルを受け取るとともに、物件価値の上昇分（ＮＯＩは一四〇万ドルになった）も得られた。

キムとロバートは投資した五〇万ドルを回収し、さらに物件の価値上昇分の一〇万ドルも手にした。この一〇万ドルは借り換えた負債からのお金であるため非課税である。現在の投資利益率（ＲＯＩ）は無限大となっている。キムとロバートはもはや物件に自分のお金を投資していないからだ。さらに彼らは六〇万ドルの非課税のキャッシュフローと、減価償却による年間八万ドルの控除も得ている。

二〇一五年、この年は経済が回復し賃料も上昇したため、純利益（ＮＯＩ）は一八〇万ドルまで上昇した。そのうえ住宅ローンの金利が五％を下回った。ケン・マクロイは再び銀行に行き、物件は三四〇〇万ドルと査定され、二五〇〇万ドルの融資を受けた。彼は再び二〇〇〇万ドルのローンを返済し、利益を投資家と分けあった。キムとロバートはまたしても非課税の利益五〇万ドルを受け取り、これまた非課税の約一〇万ドルのキャッシュフロー、そして減価償却の控除による五万ドル以上の幽霊所得も得た。繰り返すが、彼らの投資利益率（ＲＯＩ）は無限大だ。

二〇〇九年から二〇一五年の間、フォレストリッジ・アパートメントハウスは数百万ドルの非課税、無限大の運用益をもたらした。知識によって得られたお金、これこそ本当のファイナンシャル教育だ。

キムとロバートはケン・マクロイと彼の会社ＭＣプロパティーズと共に、過去何年も同様の一六のプロジェクトに投資してきた。そのすべてが無限大の運用益となっていた。

多くの場合、ケンがキムとロバートに利益を渡すと、二人はすぐにそれをケンに戻し、別の運用益無限大モデルのプロジェクトに再投資した。収益を直ちに再投資するのは、金持ちがもっと金持ちになる理由の一つだ。

●言葉の定義を学ぼう

純利益（ＮＯＩ）とは、ネットオペレーティングインカムのこと。物件の総利益（グロスインカム）から運営コスト（借金ではない）を引いたものが純利益だ。

注記：銀行が重要視するのは物件の純利益だ。ケン・マクロイが純利益を増加させると、彼は銀行に行ってローンの借り換えをする。借金は非課税であるため、そこから生まれる利益は投資家に無税で分配される。

投資利益率（ＲＯＩ）＝運用益÷原資

例えば、一〇〇ドルを投資し一〇ドルを受け取ると、一〇ドル÷一〇〇ドル＝一〇％、つまり投資利益率（ROI）は一〇％となる。

一ドルも投資をせず一〇ドルを受け取ったら、投資利益率（ROI）は無限大となる。

目的は、無限大の利益を上げることだ。リッチダッド・カンパニーは投資家からの二五万ドルで設立された。三年後、投資家に五〇万ドルが還元された。過去二〇年間、ロバートとキムへのリターンは無限大となっている。

別の例を挙げよう。一株一ドルの株式を一〇株買ったとする。その後株は五ドルまで値上がりし、所有株式の総額は五〇ドルになった。そこで二株を五ドルで売り、初期投資の一〇ドルを全額取り戻すと、八株をタダで所有していることになる。これが無限大の利益率だ。

株式投資と不動産投資の違いの一つは、不動産投資では負債や税金を利点にできることだ。この次、誰かに「八％の利回りならかなり良い」と言われた時、このことを思い出そう。

おわりに

貧乏父さん　「人々に魚を与えなさい」
金持ち父さん「人々に魚の釣り方を教えなさい」

私たちの教育システムが時代遅れなのは明らかだ。それは産業時代のものだからだ。

だが幸い、私たちは情報時代にいる。より多くのチャンスをより多くの人に与える時代だ。テクノロジーが従来の労働者に取って代わるのは事実だが、同時にそれはクリエイティブで野心と協調性があり、積極的にファイナンシャル教育に投資する富裕な起業家も生み出すだろう。次の二〇年間で世界を変えるのは、学校や官僚、企業のトップや政治家ではなく、テクノロジーに詳しい起業家だろう。

最大の間違いは、来るべき二〇年が過去の二〇年と同じだと考えることだ。多くの人が世界はやがてこの経済的難局を乗り切り、何もかも元通りになると信じている。

好むと好まざるとにかかわらず、私たちは人類の歴史で最も大きな変化を経験しつつある。よく言われる「地球の構造プレートは移動しており、私たちの未来は過去とは違ったものになる」という言葉は、耳を傾けるべきものだ。問題は、私たちの現在の教育システムが進化に合わせて変化するのか、それとも私たちを絶滅に追い込むのか、ということだ。

今ほど教育が重要な時代はないが、重要なのは「それがどんな教育か」、ということだ。

本当のファイナンシャル教育がないために、たくさんの正直な人々が不正直な行動をし、税金を逃れてわずかなお金を稼ごうとしている。だがそれは脱税と呼ばれる立派な犯罪だ。

本当のファイナンシャル教育がないために、違法行為である脱税と合法である節税の違いが分からない。

本当のファイナンシャル教育がないために、人々は税金を避ける一番の方法はなるべく働かないことだと勘違いしている。

本当のファイナンシャル教育がないために、ほとんどの人が一九一三年に設立された連邦準備銀行と国税庁が関連団体だと誤解している。

本当のファイナンシャル教育がないために、金持ちに課税することが自分たちのお金の問題を解決すると信じてしまう。

本当のファイナンシャル教育がないために、正直に生き失敗から学ぼうとするよりも、嘘をついて失敗をごまかそうとする人があまりに多い。あまりに多くの人が、お金についての自分の無知を認めることをせず、自分の経済状態について嘘をつき、結局誰かに助けを求めることになる。

財務諸表の知識がないために、人々は自分の抱えるお金の問題がいかに深刻か気づかない。

今日、真実と透明性がないがしろにされ、学校では間違いを犯すことは愚かなことだと教えられ、企業ではクビになることさえある。

私たちの文化は、保身のために嘘をつくことが最善の策だと信じるような機能不全に陥ってしまった。

だがファイナンシャル教育の欠如が問題だということは、裏を返せば真のファイナンシャル教育こそが解決方法だということになる。

最後にあなたが考えるべき、もっとも大切な質問をしよう。


あなたが本当に欲しいものは何か？

それは安定した仕事か、それとも経済的自由か？

この質問の答えがあなたに最もふさわしい教育を決める。

私が思うに、この人類の進化の時期に最も役立つ知恵は、スコット・フィッツジェラルドの言葉のなかにある。

「第一級の知性かどうかを決めるのは、異なる二つの考えを心に抱えながら、行動する能力を持てるかどうかだ」――F・スコット・フィッツジェラルド

本書を読んでくれた皆さんに深く感謝する。

ロバート・キヨサキ

あとがき

どうすれば私たちは世界を変えることができるだろう?

金持ち父さんはよくこう言った。

「世界を変えたければ、まず自分を変えることだ」

私が何かに対して文句や不平を言うたび、彼は私に次の言葉を繰り返させた。

「物事を変えるには、まず自分を変えよ」

金持ち父さんは、どうすれば自分が変われるかを私に考えさせたかったのだ。自分を変えるための新しいアイディアが浮かぶと私は彼に報告したものだ。そして、自分が変化を起こすと周囲も変化する、という事実に驚かされるのだった。

ミレニアル世代へのメッセージ

ベビーブーマー世代はとても生きやすい時代を生きた。
彼らは君たちにとって最良のファイナンシャル・アドバイザーではない。
今後、半分以上のベビーブーマーが貧しい老後を送るだろう。
その多くが子供と、そして孫との同居を強いられるだろう。
君たちには二つの選択肢がある。
政府に面倒を見てもらうか、あるいは自分で自分の面倒を見るかだ。
自分で魚を釣るか、魚をめぐんでもらうか、選ぶのは君たちだ。

ボーナスセクション

狂気についての言い古された言葉を聞いたことがあるだろう。狂気とは「同じことを繰り返しながら違う結果を期待すること」である。このボーナスセクションは、本書のメッセージの重要性を補強・補足するものであり、その目的は、読者が本書を理解し、今すぐ変化のための行動を起こすよう鼓舞することだ。

●トランプvs.サンダース

「富と収入の格差は今日最も大きな倫理的問題である」

これはバーニー・サンダース（ヴァーモント州選出民主党議員、社会主義者、二〇一六年民主党大統領候補）の言葉だ。金持ちとそうでない人の格差は広がる一方で、それはもはやモラル的な危機であり、社会的な時限爆弾である。

バーニー・サンダースは人々に魚を与えるべきだと言うが、ドナルド・トランプや私は、人々に魚の釣り方を教えるべきだと考える（図㊽）。私たちは政治的にはバーニー・サンダースを支持しない。だが、彼の基本的な考えには賛同する。両者の違いは、この問題に対する解決策の違いなのだ。

あなたが人々に魚を与えることで問題が解決すると思うなら、本書はあなたには必要ない。釣りを教える方が有益だと思うなら、本書は役に立つだろう。

●教育関係者と親たちに——金持ちになるためにお金が必要でない理由

スタンフォード大学も金持ち父さんに賛成した。スタンフォード大学教授のティナ・シーリグが「二〇歳の時に知っていたら」とほぞをかんだ知識に私は九歳で触れることができた。

㊽2つの視点……　2つの解決案

米国上院議員
バーニー・サンダース

米国大統領
ドナルド・トランプ

ティナ・シーリグ著“What I Wish I Knew When I Was 20”（二〇歳の時に知っておきたかったこと――スタンフォード大学集中講義）。学者も親たちもこの本を読んでほしい。この本は起業家を目指す学生に向けた金持ち父さんの教えを支持している。

私が九歳の時、金持ち父さんは私をただ働きさせた。彼は言った。「もしお金を払ったら君は従業員の思考になってしまっただろう。私は君に起業家の思考を身に付けてほしかったんだ。」金持ち父さんが伝えたかったのは次のメッセージだ。

「金持ちはお金のためには働かない」

●資本主義、共産主義、教育

お金について、学校はどんなことを教えてくれるだろうか？

ほとんどの人にとって、答えは「大したことは学べない」である。学べるのは「学校に行っていい仕事に就き、お金を貯め、家を買い、借金を返し、株式市場に長期投資せよ」といったことだ。

これは産業時代においては素晴らしいアドバイス

だったかもしれないが、情報時代の現在では時代遅れだ。

グローバル化が進んだ今、肉体労働者が高給を取る時代は終わった。そうした仕事は中国やインド、メキシコに逃げてしまった。また、新たに登場してきたロボットが、ホワイトカラーが高給を貰う時代に終止符を打つだろう。

●ロボットの台頭

たとえ仕事が海外に逃げてしまわなかったとしても、ロボットや人工知能が労働者の仕事を奪うだろう。最高の教育を受けた医者や弁護士、会計士でさえロボットに脅かされている。アディダス社は靴の生産拠点を賃金の安い中国やベトナムから、ドイツや米国に戻すと発表した。アップルの下請け生産会社フォックスコンは一〇〇万台のロボットを発注し、三〇〇万人の労働者を解雇することを公にした。ロボットには給与も昇給も必要ない。ロボットは長時間働き、休みも休暇も取らず、医療保険も退職プランもいらない。

今日、世界中の多くの学生が、最も過酷な借金と言われる学資ローンを抱えて学校を卒業する。だが学資ローンを返済しようにも、かつてのような伝説的な高給の仕事は見つからない。

●貯金する人は負け組

一九七〇年代、一〇〇万ドルの貯金があれば一五%の金利で年間一五万ドルの利子が得られた。当時は一五万ドルあれば十分な暮らしができた。今日、一〇〇万ドルを預けた場合の金利は一・五%、利子は年間一万五〇〇〇ドルで、これでは生活していけない。今や貯金する人は最大の敗者なのだ。

●持ち家は資産ではない

二〇〇八年、一〇〇〇万人のホームオーナーが、不動産市場の下落によって住宅ローンの残債が住宅の価値を上回る事態に直面し、自宅は資産ではないことを思い知らされた。

ベビーブーマー世代が安易に作った誇らしげな豪邸《マクマンション》が今日頭痛のタネになっている。ベビーブーマーの子供や孫たち、一九八〇年代から二〇〇〇年代前半に生まれたミレニアル世代は祖父たちが住んだ「巨大な資産」を買うことはできないし、買いたいとも思わないだろう。

固定資産税が上がるに従って、こうした豪邸の価格は下がり続けていく。馬鹿でかく悪趣味な家よりも、小さくて効率の良い家の方が好まれるようになるだろう。

住宅価格は雇用の影響を受ける。ロボットに家は必要ない。ロボットは一年中オフィスで暮らせるのだ。

●『金持ち父さん　貧乏父さん』の刊行から二〇年

『金持ち父さん　貧乏父さん』は、今から二〇年前の一九九七年四月八日、私の五〇歳の誕生日に出版された。それは自費出版だった。大手出版社の編集者は貧乏父さんと同様、高学歴だがお金の知識はほとんどない人々だった。金持ち父さんのファイナンシャル教育は、編集者たちが身に付けたお金についての考え——時代遅れだが非常に受け入れやすいものだ——に反するものだった。

あれから二〇年、金持ち父さんの教えは二〇年前よりもはるかに真実味を帯び、さらに不穏さを増している。多くの国で金利がマイナスになり、ロボットが人々を失業に追い込む中、預金する者はさらに負けが込んでいる。それでも親たちは自分が守ってきた「学校に行き、仕事に就いてお金を貯める」という教えを子供たちに吹き込み続けている。

●経済学はファイナンシャル教育ではない

学者タイプの人間はファイナンシャル教育の欠如を認めず、こう言い返す。「私は学校で経済学を学んだんだ」「子供の通っている学校は経済学の分野が強くてね」

また、学者の権威が好きな連中はジョン・メイナード・ケインズやミルトン・フリードマン、ルートヴィヒ・フォン・ミーゼス、フリードリヒ・ハイエクといった著名な経済学者を引っ張り出す。こうした学者の理論は五〇年前は正しかったかもしれないが、今日では水漏れしており、ダムは今にも決壊しそうな状態だ。私は経済学者よりも二人の偉大な経済哲学者、『共産党宣言』を著したカール・マルクスや、『肩をすくめるアトラス』を著したアイン・ランドの言説に耳を傾ける方が好きだ。

●アイン・ランド

アイン・ランドは一九〇五年にロシアのサンクトペテルブルクに生まれ、十代の時にロシア革命を経験した。ボルシェビキは彼女の父親から、ビジネスはもちろん彼が築き上げたすべてを奪い去った。一九二六年、彼女はニューヨークに移住した。共産主義と資本主義の両方を経験した彼女の視点は強い説得力を持っている。ランドは自分の空虚な経済理論にしがみついた西側の経済学者を批判する。「現実逃避をするのは彼らの自由だ。しかし、彼らが目を背けている最低辺の存在を無視することはできない」

ランドの小説の主人公は社会の寄生者や略奪者、たかり屋を、自分たちを食い物にする存在として否定していた。こうした寄生者、略奪者、たかり屋は高い税金に賛成し、労働組合、国有企業、財政支出、政府の経済計画、経済統制、富の再配分などを支持する。

「略奪者」とは暗黙の脅しによって人々の財産を没収する官僚や政府関係者の、ランド流の言い方である。彼らは力を使って人々が生産した、あるいは稼いだ資産を奪う。

「たかり屋」は価値あるものを生産できない人間を指す。自分では何も産み出せないため、他人の稼いだものを当てにし、貧困者として生産者から分け前をもらうしかない。貧困者の名のもとに生産者の富を奪って私腹を肥やす存在だ。生産者の才能を妬み、人間の道徳的権利について意味のないことを延々と語る。また政府による法的介入を支持する。

ご存じのように、世界は優れた空想的慈善家の仮面をかぶった、何一つ生み出さないたかり屋、略奪者、寄生者で溢れている。本のタイトルが示すように、『肩をすくめるアトラス』は私たちに問いかける。「生産者が肩をすくめて、生産と貢献を止めてしまったらどうなるだろうか?」

『肩をすくめるアトラス』は一九五七年に出版され、当初はこっぴどく批判された。しかし時と共に古典となっていき、「人生で聖書の次にもっとも重要な本」と評価する人々もいる。

●カール・マルクス

カール・マルクスは一八一八年にプロシア、今日のドイツに生を受けた。社会主義者、革命論者として知られ、ウラジミール・レーニン、毛沢東、フィデル・カストロ、ウゴ・チャベス、チェ・ゲバラなどの革命家に多大な影響を与えた。

彼の発した有名な言葉に「共産革命によって支配階級を震え上がらせろ。労働階級は鎖以外に失うものがない。彼らは勝ち取るべき世界を持っている。万国の労働者よ、団結せよ」というものがある。

社会主義者としてのマルクスの見解はあまりに受け入れがたいものだったため、彼はヨーロッパを追われイギリスに渡った。ロンドンでニューヨーク・トリビューンに執筆する仕事を見つけ、奴隷制や階級闘争、階級闘争について執筆し、米国で支持者を得た。

大雑把に言えば、マルクスは階級闘争を貴族階級とブルジョワ（中産）階級、そして労働者（プロレタリア）階級の対立と捉えた。これらの階級の定義は以下の通りだ。

貴族階級：財産や特権、肩書を継承する支配階級。君主制などに代表される。

ブルジョワ（中産）階級：典型的な中産階級あるいはそれを表す形容詞。「なんてブルジョワ的な！」という言葉は多くの場合侮辱であり、中産階級的な心の狭さを指す。

労働者（プロレタリア）階級：a．資本も生産手段も持たない賃金労働者の階級。b．自分の労働を売って生計を立てる人。c．最も貧しい労働者。

マルクスはブルジョワを、野心やモチベーションに欠けているにもかかわらず、物質の所有欲に取りつかれ、困難に立ち向かうよりも心地よさを好む人々を指す言葉と定義した。

農業時代、土地を所有していたのは王、つまり貴族階級だった。小作人（peasant）という言葉は、フランス語のpays（土地）と-ant（の人）から来ており、大地で働くがその所有権を持たない人々を表す。不動産（real estate）という言葉はスペイン語で「王の土地」という意味だ。

産業時代の貴族階級は、ヘンリー・フォードやジョン・D・ロックフェラー、J・P・モルガンのような産業の巨人たちが占めていた。フォードは車を、ロックフェラーはガソリンを、そしてモルガンはお金を作り出した。

情報時代の新たな貴族階級はサイバー空間の不動産を牛耳る技術の天才たちだった。アップルの共同創業者スティーブ・ジョブズ、アマゾンのジェフ・ベゾス、グーグルのセルゲイ・ブリンやラリー・ペイジなどだ。農業時代の金持ちは貴族だった。今日の金持ちは資本家と呼ばれる人々だ。

●学校に行って職に就け

親が子供に「学校に行って職に就け」と教えるのは、労働階級、つまり労働を切り売りする人間になれと言っているのと同じだ。従業員は生産手段を持たない。

もし子供が高給の仕事に就いたとしても、ブルジョワ階級に入り、中流層となるだけだ。大学教育や家、車など、物質がもたらす幸福にとらわれ、心地よさを好み、隣の家庭と張り合うようになる。車でスラム街や安アパート、労働者階級の住む地域を通り過ぎるたびに幸福を嚙みしめ、自分の子供が「その種の子供たち」と同じ学校に通わないよう気を配る。ブルジョワ階級のほとんどは給与の高い仕事をし、多くは医者や弁護士、そしてスモールビジネスを起業した専門職の自営業だ。だが彼らは生産のための不動産や生産手段は持っていない。ただお金のために働くだけだ。

●金持ちはお金のために働かない

『金持ち父さん　貧乏父さん』の金持ち父さんの教えその一は「金持ちはお金のために働かない」というものだった。だが私が「金持ち父さんの教えその一は？」と尋ねても、多くの読者は答えられない。私はこの理由を「学校に行き仕事に就け」という刷り込みのせいだと考えている。彼らは生産手段を所有するよう教育されていないのだ。別の言い方をすれば、私たちの教育システムは、土地やビジネスや資本を所有する資本家ではなく、労働者階級かブルジョワ階級になるための教育をしているのだ。

最高の教育を受け、人々の助けになっていると信じてやまない官僚だった貧乏父さんと同じように、数百万という人々が政府に依存し、仕事や給与、年金をもらっているのも驚くには値しない。

一九七〇年、正しい人物だった私の父は、ハワイ州の知事であり民主党員だった上司の意に逆らい、副知事に立候補した。父が選挙に敗れると、知事は教育学の博士号さえ持っていた父が二度と州政府で働けないようにした。働く意欲があるにもかかわらず仕事に就けず、貧しく職もない人間として父は世を去った。最高の学歴があったが何の生産手段も持たなかった父は、数千という人々に、ただ自分が歩んできたのと同じ道を行くよう教えた教師として一生を終えた。

こうしてみると、米国、そして世界の街角で階級闘争が起こっているのも納得がいく。二〇一六年の大統領選挙に立候補したバーニー・サンダース上院議員は言った。「トップ一％のうちのさらに一割が、下位九〇％の人々の持つ資産の合計とほぼ同じだけの富を所有する現状は、何かがとてつもなく間違っている」

端的に言えば、地球規模の金融危機は私たちの学校から始まったのだ。米国は教師の教育に数十億ドルをつぎこんでいるのに、金持ちと貧困層の格差は広がるばかりだ。

カール・マルクスは言った。「共産革命によって支配階級を震え上がらせろ。労働階級は鎖以外に失うものがない。彼らは勝ち取るべき世界を持っている。万国の労働者よ、団結せよ」

アイン・ランドは言った。「現実逃避をするのは彼らの自由だ。しかし、彼らが目を背けている最低辺の存在を無視することはできない」

この次、誰かが子供に「学校に行って職に就け」と言っているのを聞いたら、こうした言葉を思い出してほしい。

●「安定した職業」という考え方はなぜ時代遅れなのか

グローバル化はブルーカラーの仕事を消し去った。今度はロボットがホワイトカラーの仕事を奪おうとしている。

「収入格差は一九二九年以来最高のレベルになっている。生産性は上がっているが、一九五〇年代には労働者のポケットに入っていたその利益は、ほぼすべてがビジネスオーナーか投資家に行ってしまう」とマーティン・フォードは『ロボットの脅威——人の仕事がなくなる日』の中で書いている。

●「株式に長期投資せよ」というアドバイスはなぜ時代遅れなのか

ジェームズ・リカーズの“The Road to Ruin”（破滅への道）から引用しよう。

「最大の脅威は、証券取引オペレーティングシステムの中に埋め込まれた潜伏型ウィルスである。

二〇一〇年、ロシアの諜報機関によって埋め込まれたウィルスがＮＡＳＤＡＱのオペレーティングシステムの内部で発見された。ウィルスは排除された。だが一体いくつの未発見のデジタルウィルスが目覚めを待っているか、誰にも分からない。

こうしたウィルスは何の痕跡も残さずに顧客の口座情報を消し去ることができる。また、アップルやアマゾンのような大量に出回っている株式に対し、制御不能の莫大な売り注文を浴びせることができる」

●民主主義の死

「民主主義とは常に一時的なもので、政府の形態としてずっと存続するのは不可能だ。民主主義が存在できるのは、有権者が投票によって国庫から気前の良い贈り物を得られることに気づくまでの間だ」

「それまでは、人々は国庫から多くの恩恵を引き出すことを約束してくれる候補者に投票する。その結果、すべての民主主義はその財政政策によって破綻してしまう。その後は常に専制的な政治が台頭する」

アレクサンダー・フレイジャー

●文明の寿命は約二〇〇年

世界史上、最も偉大な文明の平均的な寿命は約二〇〇年だ。この間、これらの国々は次のような順序で進化してきた。

・隷属から精神性へ
・精神性から大いなる勇気へ
・勇気から自由へ
・自由から富裕へ
・富裕から身勝手へ
・身勝手から無気力へ
・無気力から依存へ
・依存から再び隷属へ

The cult of competency〈能力の狂信者たち〉（1943）
全米製造業者協会会長　ヘニング・ウェッブ・プレンティスJr.

●億万長者もさまざまだ

多くの人々が億万長者になろうと奮闘している。だが、億万長者といってもさまざまで、他の億万長者より飛びぬけて金持ちな人々もいる。

Atlantic.com は「激しい格差はアメリカンドリームとは相容れない」というアラナ・セミュエルズの記事の中で、多くのミレニアル世代がここ何年間も経験してきた事実を数値で表している。

「このレポートは、多くの人がここ数年目にしてきた事実を数字にしている。アメリカンドリーム、つまり経済の階段を登り、両親よりも多くのものを手にするという夢は、年を追うごとに現実味を失っている」

「一九四〇年代に生まれた人々は、三〇歳の時、九二％の確率で親よりも多くの収入を得ていた。だが一九八〇年代に生まれた人間が親の収入を上回る確率は五〇％だ」

「今日の三十代が親よりも困難な状況に置かれる理由が二つある。筆者はまず、一九五〇年代以来、GDPの伸びが鈍化していることを挙げている。五〇年代、GDPの伸び率はしばしば四半期で五％以上を記録した。だが今は、経済のパイの成長がかつてよりも遅くなった。分け前が少なくなったのだ。次に、成長分の分配の平等性がさらに失われ、社会のトップがより多くを持っていくようになった。一方、下の方の人々の取り分はかつてよりも少なくなった。賃金は上がらず、彼らは両親と同じか、それを下回る生活レベルに甘んじている」

「下半分の人々の平均年収は一万六〇〇〇ドル、そして上位一％の税引き前の平均年収は一三〇万ドルとなっている」

つまり、貧しい人々は常に貧しく、金持ちは常に富裕な社会となったのだ。アメリカンドリームは死んだ。特に、学校に行って良い仕事に就く、という夢は消えた。本当のファイナンシャル教育は、野心的な人々に、今までとは異なる方法を示してくれる。それは今日の経済状況でも有効なものだ。

●新たなタイプの億万長者

一方で、今までとは違うタイプの億万長者が現れた。それは次のような人たちだ。

1. 年収一〇〇万ドルの億万長者

たとえハーバードやスタンフォードの卒業生でも、今日の大学新卒が米国企業で一〇〇万ドルの給料をもらうチャンスはほとんどない。トップに登りつめるには通常何年もかかる。また、一〇〇万ドルの給料を貰っても手取りは六〇万ドルにしかならない。

2. 億万長者のスポーツ選手

傑出したスポーツ選手なら、数年間は一〇〇万ドルの年収を得ることが可能かもしれない。だがプロスポーツ選手の六五％は引退後五年すると破産してしまう。また、ファイナンシャル教育を知らない、ある意味でプロチームの従業員であるフットボール選手の年収一〇〇万ドルは、実質的には約四〇万ドルに過ぎない。

3. 映画スターやロックスター

これらの億万長者も分が悪い。彼らの運命はファンに握られている。また、ファイナンシャル教育がなければ、ロックスターが稼いだ一〇〇万ドルは課税後には三〇～四〇万ドルになってしまう。

4. 億万長者の起業家

彼らもやはり不利な立場だ。多くのスモールビジネスオーナーの稼ぎは、労働時間から計算すると彼らの従業員より安い。ファイナンシャル教育なしでは、彼らが稼いだ一〇〇万ドルは約三〇万ドルになってしまう。

●ファイナンシャル教育

本当のファイナンシャル教育があれば、誰もが同じスタートラインに立てる。道のりは険しく、一〇〇万ドルを手にするのは簡単ではない。しかし、本当のファイナンシャル教育があれば、誰もが自分のお金の未来をコントロールできるようになる。お金の未来をその手に握ることができるのだ。

私が選んだ道はそれだった。私には、出世の階段を上りCEOとして一〇〇万ドルの給料をもらうことも、スポーツ選手や映画スター、歌手、あるいは有名起業家となって成功することもほとんど不可能だった。だが金持ち父さんが授けてくれたファイナンシャル教育のおかげで、自分のお金の未来をコントロールすることができた。

私が少年の頃、金持ち父さんは夢を追求して億万長者になるよう勇気づけてくれた。彼はまた、億万長者にはいくつものタイプがあること、そうなる道もいくつもあることを教えてくれた。

1. あなたは一〇〇万ドルの給与をもらう従業員になりたいか？

一〇〇万ドルの給料について回る問題は税金だ。政府はその約四〇%を持っていってしまう。

2. 純資産型億万長者になりたいか？

家、車、貯金、年金などの自分の個人資産総額から負債を差し引く。すると億万長者を自称する人々のほとんどは純資産型億万長者なのが分かる。彼らの多くが年収一五万ドル以下だ。

3. キャピタルゲイン型億万長者になりたいか？

彼らは資産を数百万ドルで売り、キャピタルゲインを得る。だが儲けにはキャピタルゲイン税がかかり、その税率は約一〇〜二〇％だ。さらに大きな問題は、利益を得るために資産を売却するので、純資産が減ってしまうことだ。

4．キャッシュフロー型億万長者になりたいか？

キャッシュフロー型億万長者は、資産を売却することなく、それが生むキャッシュフローで一〇〇万ドル以上を稼ぐ人々だ。税金や自分の未来を最もコントロールできるのは彼らだ。

5．幸運型億万長者になりたいか？

金持ちと結婚して大金を受け継ぐか、宝くじに当たって億万長者となる人々。これを目指す人には「幸運を祈る」としか言いようがない。お金のための結婚の代償は、あなたの魂だ。あなたの魂には一体いくらの価値があるだろう？

●アメリカンドリームは死んだ

多くの人にとってアメリカンドリームは死んだも同然だ。特に、学校に行き、良い仕事を得て貯蓄に励み、年金制度に長期投資をしようと考える人々にとっては。だが真のファイナンシャル教育に投資しようという人には、億万長者の夢は今でも達成可能だ。そして、それが本書のテーマだ。

私が少年の頃、金持ち父さんとモノポリーをしながら、自分の夢はキャッシュフロー型億万長者になることだとはっきり自覚した。私はモノポリーの四つの緑の家が一つの赤いホテルになり、キャッシュフローと純資産を増やしてくれることを知った。キャッシュフロー型億万長者になれば、借金をお金として使うことができ、合法的に節税が可能になり、資産を売って純資産を減らしてしまうこともなくなる。

あなたはどの方法を選ぶだろうか？　どんな億万長者になりたいだろうか？

●米国人が本当に欲しいものは何か

フランク・ランツ博士は米国で最も尊敬されるコミュニケーションのプロフェッショナルだ。しばしばテレビに出演し、米国世論の測定を行う、いわゆる「世論調査の専門家」として知られている。米国民の思考を「読み取る」能力を評価され、ワシントンポスト紙が主催するクリスタルボール賞を受賞した。フランクと私が知り合ったのは、国際的な金融テレビであるCNBCの控室で出番を待っている時だった。それ以来、彼は個人的な友人となり、またリッチダッド・ラジオのレギュラー出演者になった。

フランクの本“What Americans Really Want...*Really*”（米国人が本当に求めているものは何か　二〇〇九年刊）が出た時、私はすぐに買って読んだ。彼の研究は米国でビジネスをする人間にとって必須の知識だ。

本書のサブタイトルはフランクの著書から拝借したものだということに気づいた方もいると思う。

本の中でフランクは、彼が二〇〇八年にカウフマン財団のために行った世論調査を紹介している。カウフマン財団は起業に関する最先端のシンクタンクだ。フランクの調査によれば、「起業家への尊敬の念と、企業のCEOに対する憎しみは、甲乙つけ難いほど強い」ということだ。

彼は、なぜ米国人がCEOを憎むのかについて深く考察している。彼は人々に「この二つのどちらかになるとしたらどちらを選ぶか？」と質問した。そのうち八〇％は自分で起業し成功させた一〇〇人程度の従業員を抱えるスモールビジネスのオーナーになりたいと答え、一四％はフォーチュン500に入る社員一万人以上の企業のCEOになりたいと答えた。残りの六％は分からないか回答なしだった。

これらの回答は米国人の志向をさらけ出している。「ビジネスをゼロから作り上げることは、企業の出世の階段を上るよりも評価が高い」ということだ。別の言い方をすれば、米国人が本当に望むものは、圧倒的な差で、起業家になることなのだ。

問題は、私たちの教育システムが従業員になるための教育しかしていないことだ。「学校に行き、職に就け」という呪文はとっくに人々のニーズとかけ離れているのに。

●問題は教育システムだ

ランツ博士はビジネススクールについても言及している。「起業しようとする世代はどんな準備をしたらよいか？　MBAなど必要ない。ほとんどのビジネススクールは起業の方法ではなく、大企業で出世する方法しか教えていないからだ」

MBAは起業家ではなく従業員になるための教育をする。起業家に必要なスキルと心構えは、コインで言えば企業の重役とは反対側にある。MBAを持つ重役は、安定した給与と福利厚生、有給休暇を求める従業員だ。

問題は現在の教育システムだ。ほとんどの人が起業家を目指さないのはファイナンシャル教育がないからだ。人々は、給料の額に支配される人生を送っている。本当のファイナンシャル教育がない「最高の教育を受けた企業エクゼクティブ」たちは、強欲と無慈悲、苛烈さと無感覚に突き動かされ、がむしゃらに金儲けに走っている。

ランツ博士の世論調査はまた、公共・民間を問わず、高い教育を受けたリーダーたちへの不信感が募っていることを明らかにしている。これも、最近の米国人が従業員でなく起業家を目指すようになった原因だ。単純に言えば、米国人の多くが米国の学校や政府のリーダー、政治家、そして企業のリーダーを信用しなくなったということだ。この風潮がトランプ大統領のような起業家の人気の高まりにも影響している。給与を必要としない大統領だ。

ランツ博士はカウフマン財団の世論調査の中で、米国人が本当に望むことについてこう結論付けている。

アメリカ人の八一％は、高校や大学でもっと積極的に起業家のためのスキルを指導することを望んでおり、七七％は州政府や連邦政府が起業をもっと支援することを希望している。そして七〇％の人々が、経済の健全性と成功は、従業員の教育ではなく、起業家の教育を人々に施すことにかかっていると考えているという。

●教育システムは変われるか？

これはとてつもない難問だ。

Q　米国の教育界は、人々が望むような起業家教育を実現できるだろうか？

A　あと何年かは駄目だろう。変化を最も嫌うのは建設業界と教育界だ。この二つの分野は世の中から五〇年の遅れがある。この二つが新しい考えや哲学、テクノロジーを採用するのには五〇年かかるということだ。一年半ごとに変化が起こっているテクノロジー業界と、変化するのに五〇年かかる業界とではどれほどの差が出るだろうか。

もう一つの理由は、教育界と建設業界は労働組合が非常に力を持っており、いかなる変化にも強く反対する従業員文化があることだ。

Q　なぜこんなにも多くの人が起業家になるのを恐れるのだろう？

A　失敗する割合が非常に高いからだ。一〇人のうち九人の起業家が最初の五年で失敗する。そして、最初の五年を生き延びた起業家一〇人のうち九人が次の五年で失敗する。つまり、一〇年後に生き残っているのは一〇〇人のうち一人だけということだ。

Q　では、起業家に必要なものとは何か？

A　起業して生き延びたいなら、本当のファイナンシャル教育が必要だ。

●二人の教師の物語

『金持ち父さん　貧乏父さん』は二人の教師の物語だ。一人は最高の教育を受け、もう一人は正式な教育はなかったが、飛びぬけて裕福な起業家だった。従業員と起業家の基本的な違いはファイナンシャル教育だ。

大学教育とファイナンシャル教育は正反対のもので、この二つは同じコインの裏表だ。

真の起業家精神を教えるためには今までとはまったく違う学校を作らなければならない。たとえば、起業家の学校は失敗しないことを教えるのではなく、トーマス・エジソンのように積極的に間違いを犯し、そこから学ぶ方法を教えるべきだ。

●米国ビジネスアカデミー

政府が起業家のための米国ビジネスアカデミーを設立すれば、起業家教育を牽引することができるだろう。

米国には世界最高の指揮官を養成している五つの傑出した士官学校がある。ニューヨーク州ウエストポイントの陸軍士官学校、メリーランド州の海軍兵学校、コロラド州コロラドスプリングスの空軍士官学校、コネチカット州ニューロンドンの米国沿岸警備隊士官学校、そして私の母校であるニューヨーク州キングスポイントの合衆国商船アカデミーだ。これらの学校は最高の士官、未来の米国のリーダーを育てている。


㊾士官学校ではB-Iトライアングルの外周を重視する

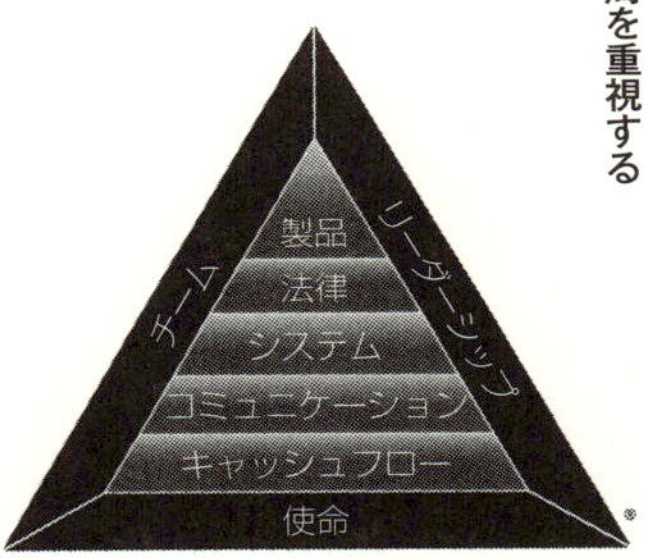

偉大なリーダーの一例は、陸軍士官学校出身のドワイト・アイゼンハワーだ。アイゼンハワーは陸軍元帥

であるとともに、米国最後の偉大な大統領だと私は思っている。戦時だけでなく、平時における彼のリーダーシップをとても尊敬しているからだ。

私は米国政府に起業家養成ビジネスアカデミーを設立することを提言したい。場所はニューヨーク市かシリコンバレーが理想的だ。米国の最高の頭脳を教育し、起業のための未来のビジネスリーダーを生み出すのだ。

従来のMBAと、士官学校教育との違いはB－Iトライアングルによって定義できる（図㊾）。従来の学校はB－Iトライアングルの内側の人材のトレーニングを目的とする。士官学校は三角形を形作る外周の人材を教育する。まず使命、次にチームとチームワーク、そしてリーダーシップだ。

キングスポイントでの初日の最初の課題は、米国商船アカデミーの使命（ミッション）を暗記することだった。初日の終りには、いかにリーダーシップを発揮するか、またリーダーシップに従うかを学んだ。

私がMBAで学んだ六か月間、使命という言葉は議論されるどころか使われさえしなかった。一番使われた言葉は「お金」だった。使命とは精神的な言葉であり、愛の言葉であり、ビジネスを始める理由でもある。一方、お金は原始の言葉、恐れの言葉だ。

●ファイナンシャル教育とは何か？

ファイナンシャル教育は、強欲、腐敗、無関心、無能がはびこる世界において、あなたや私にとっての護身術だ。強奪されないために、自衛手段として空手を習うようなものだ。以下は、本当のファイナンシャル教育の概要である。

1．お金に対する姿勢

お金に対する姿勢はファイナンシャル教育の八〇％を占めるものだ。実の父親である貧乏父さんはよく言っていた。「私はお金には興味がない。」お金に興味がないのにどうやってお金について学べるのだ？　彼はしばしばこうも言った。「私には買えない。」何かを手に入れる方法を考えるよりも「私には買えない」という方がはるかに簡単だ。彼は、政府は自分の面倒を見るべきだと考えていた。もし多くの米国人が、自分のお金に対する責任について貧乏父さんと同じように考えるならば、米国は破綻するだろう。そして彼の姿勢の極め付けは「金持ちは強欲だ」というものだった。

2．教師選びは賢く

子供の頃は、学校の先生を選択することはほとんどできなかった。大人になった今、お金に関する教師を選ぶ際、彼らがどんな人々か調べることをお勧めする。残念なことにファイナンシャル・アドバイザーのほとんどは、金持ちではなく単なる営業マンだ。彼らが教えることはただ一つ、あなたのお金を彼らに任せる方法だ。あなたの最も大切な資産は心だ。あなたに情報をもたらす人間は注意深く選ぶべきだ。

3．お金の言葉を学ぼう

金持ちになる方法を学ぶことは、言語を学ぶのと変わらない。ずっと昔、私は三日間の不動産セミナーを受講し、不動産の言語を学んだ。キャップレート（還元利回り）、NOI（純利益）、収益還元法（OCF

㊿Iクワドラントに行くにはファイナンシャル教育が必要

(51)誰でもIクワドラントの税のルールが使用できる

法）などだ。今日の私は、不動産の言葉を話し、毎年数百万ドルを稼いでいる。オプション取引をする時はオプションの言葉を使う。コール、プット、ストラドル、リープスなどだ。お金の言語の良い点は、言葉はタダであることだ。

貧困層・中流層と金持ちの格差が広がっている大きな理由は、勤労所得、ポートフォリオ所得、不労所得という三つのタイプの収入と関係がある。格差の原因の一つは、学校が学生たちに、働き、貯金し、投資することで所得を得るよう教えているからだ。一方、金持ちはポートフォリオ所得と不労所得のために働く。

4．大人になったら何になりたい？

多くの親や学校がEクワドラントで生きることを勧めているせいで、格差はますます広がる。最も金持ちで力のある人々はIクワドラントで生きている。そしてIクワドラントに行くためにはファイナンシャル教育が必要だ（図㊿）。

5．税金が金持ちをさらに富裕にする

Iクワドラントが支払う税金は最も少ない。なぜなら、法律を作っているのがIクワドラントの人々だからだ。税法は公平なものだ。誰もがIクワドラントの税金のルールを利用することができる。だがファイナンシャル教育がないためにほとんどの人がそうしないのだ（図51）。

6．借金はお金だ

借金には良い借金と悪い借金がある。金持ちは良い借金をして資産を得る。貧困層はクレジットカードを使って出費を支払う。中流層は借金をして家、車、学資ローンなどの負債を買う（図52）。

7．あなたの成績表

銀行の担当者はあなたに学校の成績表を見せろとは言わない。どこの学校を卒業したかにも興味がない。彼らが見たがるのはあなたの財務諸表だ（図53）。学校を卒業したら、財務諸表があなたの成績表になる。「銀行が金を貸してくれない」のは、その人の財務諸表が芳しくないということだ。起業家が過去三年間の監査済みの良好な財務諸表を持っていれば、銀行は是が非でも金を貸したいと言うだろう。

財務諸表が今一つの人々に対しては、銀行はクレジットカードを勧めてくる。

8．学習の円錐

エドガー・デールの学習の円錐で言うと、金持ち父さんが重要視するものは貧乏父さんが注意を向けているものとはまったく違う。現在の大学教育は、コインで言えば人間が効率的に物事を学ぶ方法の反対側に位置している。

●金持ち父さんのファイナンシャル教育

今から二〇年前の一九九七年、『金持ち父さん　貧乏父さん』が出版され、リッチダッド・カンパニーが設立された。この会社は金持ち父さんが息子と私に教えたのと同じやり方で、世界中にファイナンシャル教育を広めることを目的としている。

金持ち父さんは次のやり方で息子と私にファイナンシャル教育をした。

1．ゲームをする（シミュレーションする）、ミスを犯す、お金のゲームで犯した失敗から学ぶ。ゲームを

52 何のために借金をするか

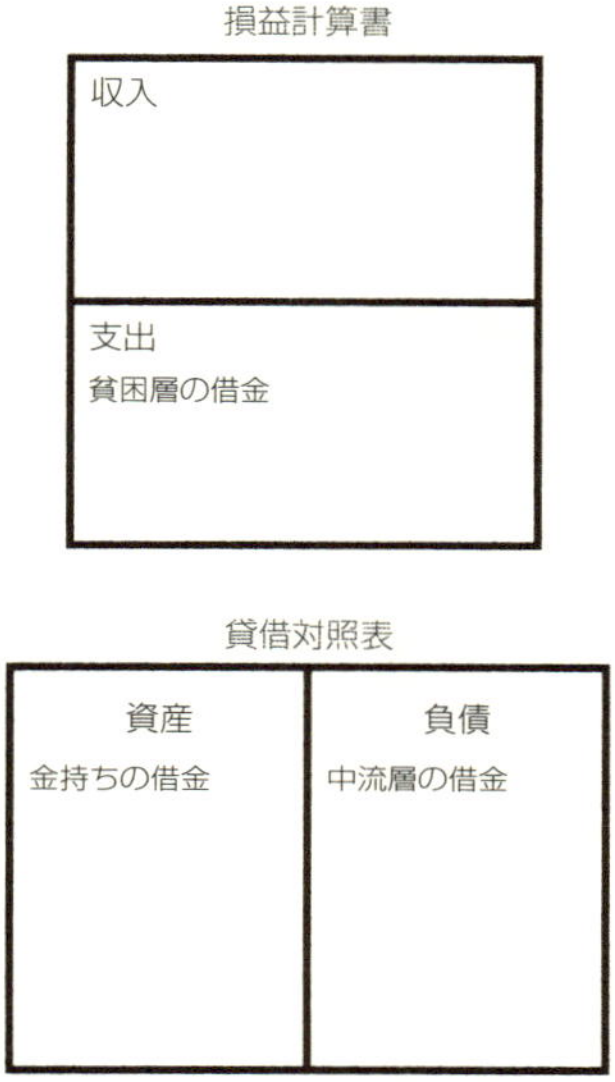

53 どこの欄を重視するか

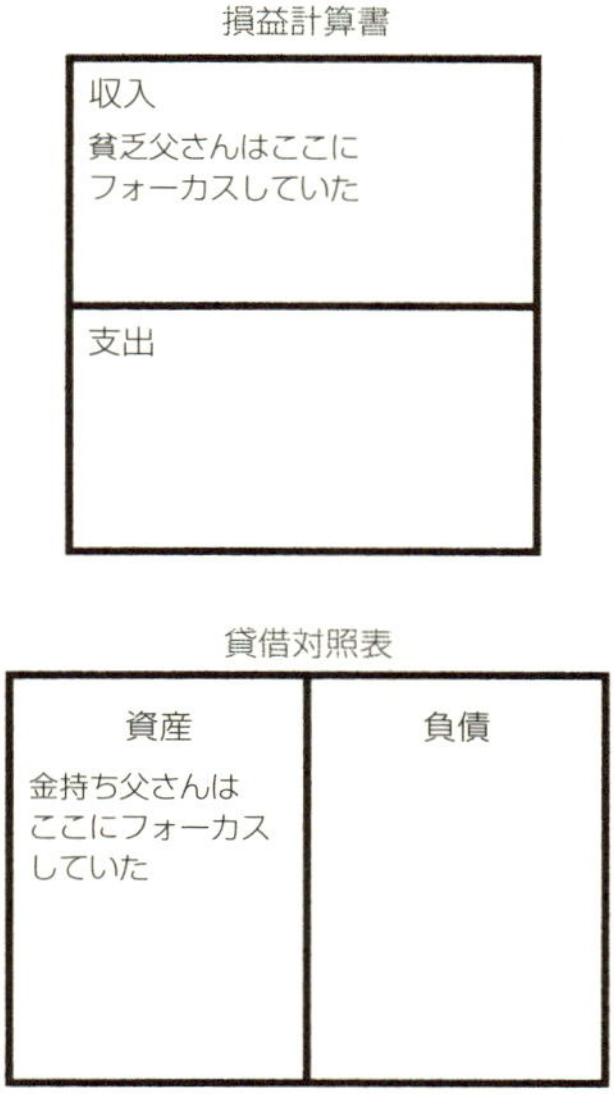

することは、人間の学びの基本である肉体的知性を必要とする。
2. 何かを実際に行う。私は金持ち父さんのオフィスで弟子として働き、彼の「緑の家」を訪れた。一〇年後、金持ち父さんが実際に「赤いホテル」を買うのを見た。
3. 単純な図を使う（財務諸表、キャッシュフロー・クワドラント、B－Iトライアングル）。
4. ディスカッションし、協力すること、他者の意見や知恵に敬意を払うこと、チームの中で最も賢い人間である必要はないことを教える。ビジネスはチームスポーツだからだ。一方、学校では、話しあい、助けあうことはカンニングと見なされる。学生時代の私は平均的な生徒だったが、医者や旅客機のパイロット、弁護士などになった賢いクラスメートよりも多くの金を稼いでいる。彼らは学生時代、協力することはカンニングだと教わっていた。
5. 刺激を与え、学ばせる。金持ち父さんは息子と私に決して答えを教えなかった。代わりに私たちを刺激し、自分で学び、自分なりの答えを見つけるように導いた。今日の私は学習の円錐の一番下の段階、本を読み、レクチャーに参加することに時間を割いている。普通の教育との違いは、テストに合格するためでなく、学びたいから学んでいるということだ。

●なぜ格差が広がるのか

残念なことに、金持ちとそれ以外の人々の格差は広がるばかりだ。そして多くの持てる人は明日の持たざる人である。すべての人がすべきことは、勢いを増すテクノロジーの加速に注意を払うことだ。企業は競争力を保つために人間をロボットに置き換えている。「学校に行って、良い職に就き……」のおとぎ話はもはや本当におとぎ話だ。人々に必要なのは安定した仕事ではなく安定した財政状況だ。そしてそのために必要なのはファイナンシャル教育だ。

●なぜ人々は行動できないのか

人々が戸惑うのは、本当のファイナンシャル教育が直観的ではない点だ。すぐに理解することは難しい。本当のファイナンシャル教育とはコインの反対側、私たちが聞いたり学んだりしてきたことの反対側のものなのだ。自分の行動が正しいと思い込んでいる人が、実は間違ったことをしている。こういう人々は私とトムに言う。「そのやり方はここではできませんよ。」その通り、彼らはできない。なぜならすべては彼らが家や学校で教わったこととは正反対だからだ。

●真実は教えられたこととは正反対

1．金持ち父さんの教えその一　金持ちはお金のためには働かない。

お金のために働いている人々は、お金の面で遅れをとっており、多くの人が貧困に陥っている。

2．貯金する者は敗者だ

お金のシステムが紙幣を印刷する仕組みになってしまった今、なぜ貯金をするのだろうか？　貯金の仕組みは銀行用語で部分準備制度という。このおかげで銀行は貯金する人よりも借り手を歓迎するようになってしまった。

3．借金は金持ちをもっと金持ちにする

世界の金融システムは借金をもとにしている。お金は人々が借金をした時に生まれる。資産を手に入れるために借金をお金として使う方法を知っている人が、世界で最も金持ちになる。

4．税金は金持ちをもっと金持ちにする

税制というのはある種の奨励プログラムであり、人々が政府のパートナーになり、政府の意向通りのことをするよう働きかけるものだ。政府はこれ以上Eクワドラントの労働者やSクワドラントの自営業者を必要としていない。従ってこれらの人々への課税は高くなる。政府が必要としているのはBクワドラントの起業家やIクワドラントの投資家だ。従って彼らへの課税は最も低い。

5．失敗は金持ちをもっと金持ちにする

神は人間を、過ちから学ぶように作られた。何度も転び、起き上がらなければ赤ん坊は歩くことを学べない。だからこそゲームやシミュレーションが失敗の「練習」、失敗から学ぶための最良の方法なのだ。その後に実際の行動を起こそう。

6．暴落は金持ちをもっと金持ちにする

お金を儲ける一番のチャンスは市場が暴落した時だ。ウォルマートがバーゲンをすると、貧困層と中流層は目玉商品を買いに押しかける。金融市場が暴落すると貧困層・中流層はなりをひそめ、金持ちは目玉商品を買い漁る。

7．言葉は肉になる

従業員はいつも「安定した仕事、安定した収入、昇給、健康保険、福利厚生、有給休暇、残業」といった言葉を使う。起業家はこうした言葉は使わない。彼らは賢くも、これらを従業員に与える側である。そうなるために必要なのは本当のファイナンシャル教育だ。

8．学校が重要視しない科目を学ぶ

学校教育の第一の目的は、学生に従業員か医者や弁護士などの自営業者になるための教育をすることだ。起業家として成功するためには、学校システムが重要視しない科目を学ぶ必要がある。

●セールス＝収入

そうした科目の一つがセールスだ。単刀直入に言えばセールス＝収入である。すべての起業家は売ることを学ぶ学生であり、売るための能力を常に向上させていかなければならない。一〇人のうち九人の起業家が失敗してしまう最大の原因は、生き残り、成長するだけのセールスを達成できないからだ。

ドナルド・トランプと私は、メジャーなファイナンシャル指導者としては唯一、人々にネットワーク・マーケティングビジネスに参加することを推奨している。ネットワーク・マーケティングは起業家として成功するために欠かせない四つのスキルを教えてくれる。それは、セールス、リーダーシップ、拒否を気にしないこと、満足の先延ばしだ。拒否に対する耐性と、今すぐ満足が得られないことを苦にしない姿勢は、非常に高いEQ、感情の知性のサインである。高いEQは従業員には必要ないが、起業家には必須だ。

一九七四年、私は海兵隊を去り、人生で初めて本当の仕事についた。一九七四年から一九七八年の間、私はゼロックス社で働いた。お金のためではなくセールスを学ぶために。やがてナンバーワンのセールスになりたくさんのお金を稼ぐと、私は退職して起業家としての人生を始めた。

セールスを学んだことは私にとってBクワドラントへの入り口となった。それは起業家になるよう背中を押してくれた。それもお金のためではなく、私個人の自由のために。そして、三日間の不動産セミナーはIクワドラントへの入り口となった。

●一生続く学び

現在の教育の最大の問題点は、学生たちが学校に対して苦々しい思いを抱えて卒業することだ。多くの人にとって卒業と同時に学びも終わる。現在の学校教育は学びの心を殺してしまうのだ。まさに社会経済的な悲劇である。金持ち父さんがいなかったら私も彼らと同じ運命を辿っただろう。

学ぶことへの愛と人生を通した学習はBとIクワドラントでの成功に必須のものだ。今日、私とキム、そしてアドバイザーたちは年に二回集まり、偉大な教師たちが書いた偉大な本を勉強することにしている。世界はものすごい勢いで動いていて、じっとしていることを許さないのだ。

一九七三年、私はその後数えきれないほど受講することになる不動産セミナーに初めて参加した。この三日間のコースは私を何回も億万長者にしてくれた。さらに重要なのは、私にとってこのセミナーがお金の自由を得るためのチケットとなったことだ。今日の私の本当の仕事は不動産だからだ。

不動産セミナーの最後の日、インストラクターが言ったように「本当の学びは教室を出てから始まる」のだ。多くの人にとって、学校の卒業が学びの終わりだ。だがそれが金持ちと、貧困・中流層の格差を広げている原因なのだ。

●社会に出れば学校の成績表は通用しない

高校時代の私は作文が不得意で、あまりに多くのスペルミスをしたため一年と三年の時落第した。今日多くの人々が、キヨサキは文章が書けない、と言う。たしかに私は大した書き手ではないが、ベストセラー作家として莫大なお金を稼いでいる。

良い成績は人生の成功の指標にはならない。それどころかがむしゃらに成績を追求することにより、人生の後半で重大な欠陥を露呈することさえある。

ある米国人医師が、ひたすら良い成績を追求した結果について書いている。彼はスイスの医学校で学んだ。そこには米国人学生がたくさんいた。その学校には成績評価も賞も、学生の序列も成績優秀者のリストもなく、多くの米国人学生がショックを受けたという。学生の評価は合格・不合格しかなかった。この医師によれば、何人かの米国人学生にとってこれは受け入れ難いことだったそうだ。多くの学生が何か裏があるのではないかと疑い、被害妄想になったという。中には学生をランク付けする学校に移った者もいた。だが残った学生たちは、米国の大学にいた頃は決して気づかなかったことを発見した。優秀な学生が自分のノートを他の学生とシェアし、他の学生が合格するように手助けしていたのだ。

この医師はまた、米国の医大に行っていた彼の息子の話も紹介している。息子の話によると、米国の学校では他の学生に対する妨害行為が横行しているという。ある学生は試験の時にクラスメートの顕微鏡に細工をし、調整に時間を取られるよう仕向けたという。こうしたことには、スポーツや学業でクラスメートを打ち負かすよう子供を焚き付ける親にも責任がある。

私たち米国人は金持ちとそれ以外の格差がここまで広がっている理由が分からずにいる。富裕と貧困、賢さと愚かさの違いはまず家庭で生まれ、学校で助長される。

だからこそ金持ち父さんは息子と私に、チームを組んでお金の問題を解決するように言ったのだ。助け合うことは学校ではカンニングとされてしまう。金持ち父さんは口を酸っぱくして言った。銀行は学校の成績表を見せろとは言わない。どこの学校を卒業したかも気にしない。「卒業して社会に出たら、財務諸表が君の唯一の成績表なのだ」

金持ちとそれ以外の人々の格差が広がっている第一の理由は、大学卒業者は協力することを知らず、お金の問題を自分だけで解決しようとするからだ。ウォール街のアドバイスを鵜呑みにするからだ。そして、彼らのほとんどが、財務諸表がどういうものかを知らないからである。

RDTV（金持ち父さんTV）

ＲＤＴＶは、本書の副教材としてファイナンシャル教育の一〇のレッスンを用意している。ちょうどＴＥＤのプレゼンのようなものだ。これを見れば金持ちが借金と税金を使って裕福になる方法が分かり、ファイナンシャル・リテラシーとファイナンシャルＩＱを伸ばすことができるだろう。

著者・訳者紹介

ロバート・キヨサキ
Robert T. Kiyosaki

個人ファイナンス関連書籍で前代未聞のベストセラーとなった『金持ち父さん　貧乏父さん』の著者ロバート・キヨサキは、世界中の人々のお金に対する考え方に疑問を投げかけ、その考え方を変えてきた。彼は起業家、教育者、投資家であり、世界には雇用を創出する起業家がもっと必要だと信じている。

お金と投資に関するキヨサキの考え方は、社会通念と対立することも多い。キヨサキは歯に衣を着せず、時として不遜だが勇気ある発言をするとの定評を世界中で得ており、ファイナンシャル教育の大切さを臆することなく情熱を持って語る唱道者の一人だ。

ロバートとキム夫妻は、ファイナンシャル教育を提唱するリッチダッド・カンパニーの創設者であり、ゲーム『キャッシュフロー』の考案者だ。二〇一四年、このゲームの世界的な成功を糧に、新たに斬新なゲームのモバイル版とオンライン版を発売した。

ロバートは、お金、投資、金融、経済などに関する複雑なコンセプトを分かりやすく語れる才能をもったビジョナリー（未来を見すえる人）として広く受け入れられており、経済的自由を得るまでの自分自身の道のりを、あらゆる年齢層や経歴の聴衆の心に響く形で公開している。

「持ち家は資産ではない」「キャッシュフローを生む資産に投資せよ」「貯金する人は負け組だ」といった彼の中心的原理やメッセージは批判を浴び冷笑された。だが彼の教えや哲学は、この二〇年間の世界の展開を正確に予言し、人々を動揺させてきた。

大学に行っていい仕事に就き、貯金をし、借金を返し、長期の分散投資をせよという「旧来の」アドバイスは、変化の激しい今日の情報社会では完全に時代遅れだ、というのがロバートの主張だ。金持ち父さんの考え方やメッセージは現状に挑戦するものだ。その教えは、人々にファイナンシャル教育を受け将来に向けて積極的に投資を行うよう勧める。

国際的なベストセラーとなった『金持ち父さん　貧乏父さん』をはじめ、ロバートの著作はこれまでに一九冊を数える。

世界中のメディアへの出演も多く、CNN、BBC、フォックス・ニュース、アル・ジャジーラ、GBTV、BTV、PBSをはじめ、ラリー・キング・ライブ、オプラ、ピープル、インベスターズ・ビジネス・デイリー、シドニー・モーニング・ヘラルド、ザ・ドクターズ、ストレーツ・タイムズ、ブルームバーグ、NPR、USAトゥデイ他、多数のメディアに出演している。

ロバートの著作は二〇年にわたり国際的なベストセラーリストにランクされている。彼は現在も世界中の聴衆に向けて教えを説き、人々を鼓舞し続けている。

ロバートの最新刊には『金持ち父さんのア

ンフェア・アドバンテージ』『金持ち父さんのセカンドチャンス』などがある。

より詳しく学びたい方は、ぜひRichDad.comを訪れてほしい。

トム・ホイールライト 公認会計士
Tom Wheelwright, CPA

公認会計士であるトム・ホイールライトは、世界最初の戦略的CPA事務所であるプロビジョンの創造力の源である。創設者兼CEOのトムは、プロビジョンの優良顧客に対し、税や事業、蓄財などに関する革新的なコンサルティングや戦略サービスを提供している。

トムはパートナーシップや法人の税金戦略に関する傑出した専門家であり、多くの著作もある。著名な講演者であり、富に関する革新的な指導者である。

ドナルド・トランプはトムをWealth Builders Program（財産構築プログラム）の貢献者として選出しており、「一流の中の一流」と称賛する。ベストセラー『金持ち父さん 貧乏父さん』の著者であるロバート・キヨサキは、トムを「金持ちを目指す人間なら誰もが自分のチームに引き入れたい人物」と評している。

ロバート・キヨサキの著書『The Real Book of Real Estate』では、トムが一章と二一章を執筆した。また、キヨサキの最新刊『金持ち父さんのこうして金持ちはもっと金持ちになる』では多大な貢献をしており、『金持ち父さんのパワー投資術』や『金持ち父さんのアンフェア・アドバンテージ』でも執筆に協力している。

トムは大手専門誌やオンラインの媒体にも寄稿しており、米国、カナダ、ヨーロッパ、アジア、南米、オーストラリアなどで多くの聴衆に向けて講演している。

トムは三五年にわたり、製造業、不動産、ハイテク分野などの優れた投資家やビジネスオーナーのために税金、事業、富に関する革新的な戦略を考案してきた。現在の彼の情熱は、こうした戦略を人々に伝えることだ。トムは様々な会議で基調講演をし、またパネリストとして参加し、旧弊な税金戦略を打破するための画期的な議論を行っている。

トムの専門家としての経験は多岐にわたる。四大会計事務所のひとつ、アーンスト&ヤングのワシントンDC国税関連部署で、数千人のCPAへのトレーニングを管理・主導した。また当時フォーチュン1000にランキングされていたピナクル・ウェスト・キャピタル・コーポレーションでは、企業内税金アドバイザーを務めた。

さらにアリゾナ州立大学の修士課程税金コースの非常勤教授を一四年務め、州をまたぐ税対策の手法を指導するコースを創設、多くの大学院生を指導した。

岩下慶一
Iwashita Keiichi

ジャーナリスト・翻訳家。ワシントン大学コミュニケーション学部修士課程修了。主に米国の文化・社会をテーマに執筆を行っている。翻訳書に『みんな集まれ！ ネットワークが世界を動かす』『幸福になりたいなら幸福になろうとしてはいけない』『金持ち父さんのセカンドチャンス』『タフな米国を取り戻せ——アメリカを再び偉大な国家にするために』（以上、筑摩書房）、『マインドフル・ワーク』（NHK出版）、『THE TRUMP 傷ついたアメリカ、最強の切り札』（ワニブックス）などがある。

金持ち父さんシリーズ

- 『改訂版 金持ち父さん 貧乏父さん——アメリカの金持ちが教えてくれるお金の哲学』
- 『改訂版 金持ち父さんのキャッシュフロー・クワドラント——経済的自由があなたのものになる』
- 『改訂版 金持ち父さんの投資ガイド 入門編——投資力をつける16のレッスン』『改訂版 金持ち父さんの投資ガイド 上級編——起業家精神から富が生まれる』
- 『改訂版 金持ち父さんの子供はみんな天才——親だからできるお金の教育』
- 『改訂版 金持ち父さんの若くして豊かに引退する方法』
- 『改訂版 金持ち父さんの起業する前に読む本——ビッグビジネスで成功するための10のレッスン』
- 『金持ち父さんの予言——嵐の時代を乗り切るための方舟の造り方』
- 『金持ち父さんの金持ちになるガイドブック——悪い借金を良い借金に変えよう』
- 『金持ち父さんのパワー投資術——お金を加速させて金持ちになる』
- 『金持ち父さんの学校では教えてくれないお金の秘密』
- 『金持ち父さんのファイナンシャルIQ——金持ちになるための5つの知性』
- 『金持ち父さんのアンフェア・アドバンテージ——知っている人だけが得をするお金の真実』

以上すべてロバート・キヨサキ著／白根美保子訳／筑摩書房

- 『金持ち父さんのサクセス・ストーリーズ——金持ち父さんに学んだ25人の成功者たち』ロバート・キヨサキ著／春日井晶子訳／筑摩書房
- 『金持ち父さんの金持ちがますます金持ちになる理由』ロバート・キヨサキ著／井上純子訳／筑摩書房
- 『金持ち父さんの21世紀のビジネス』ロバート・キヨサキ、キム・キヨサキ、ジョン・フレミング著／白根美保子訳／筑摩書房
- 『金持ち父さんの「大金持ちの陰謀」——お金についての8つの新ルールを学ぼう』ロバート・キヨサキ著／井上純子訳／筑摩書房
- 『金持ち父さんのセカンドチャンス——お金と人生と世界の再生のために』ロバート・キヨサキ著／岩下慶一訳／筑摩書房
- 『金持ち父さんのこうして金持ちはもっと金持ちになる』ロバート・キヨサキ著／岩下慶一訳／筑摩書房
- 『金持ち父さんの新提言 お金がお金を生むしくみの作り方』
- 『金持ち父さんのお金を自分のために働かせる方法』

以上二点はロバート・キヨサキ著／井上純子訳／青春出版社

- 『人助けが好きなあなたに贈る金持ち父さんのビジネススクール セカンドエディション』ロバート・キヨサキ著／マイクロマガジン社
- "Rich Dad's Escape the Rat Race"
- "The Real Book of Real Estate"
- "Why "A" Students Work for "C" Students"
- "8 Lessons in Military Leadership for Entrepreneurs"

ドナルド・トランプとの共著

- 『あなたに金持ちになってほしい』ドナルド・トランプ、ロバート・キヨサキほか著／白根美保子、井上純子訳／筑摩書房
- 『黄金を生み出すミダスタッチ——成功する起業家になるための5つの教え』ドナルド・トランプ、ロバート・キヨサキ著／白根美保子訳／筑摩書房

キム・キヨサキの本

- 『リッチウーマン——人からああしろこうしろと言われるのが大嫌い！という女性のための投資入門』キム・キヨサキ著／白根美保子訳／筑摩書房
- "It's Rising Time—A Call for Women: What It Really Talks for the Reward of Financial Freedom"

エミ・キヨサキとの共著

- 『リッチブラザー　リッチシスター――神・お金・幸福を求めて二人が歩んだそれぞれの道』ロバート・キヨサキ、エミ・キヨサキ著／白根美保子訳／筑摩書房

金持ち父さんのアドバイザーシリーズ

- 『セールスドッグ――「攻撃型」営業マンでなくても成功できる！』ブレア・シンガー著／春日井晶子訳／筑摩書房
- 『勝てるビジネスチームの作り方』ブレア・シンガー著／春日井晶子訳／筑摩書房
- 『不動産投資のABC――物件管理が新たな利益を作り出す』ケン・マクロイ著／井上純子訳／筑摩書房
- "The ABCs of Property Management" Ken McElroy
- "Advanced Guide to Real Estate Investing", Ken McElroy
- "Start Your Own Corporation", Garrett Sutton
- "Run Your Own Corporation", Garrett Sutton
- "How to Use LLCs and LPs" Garrett Sutton
- "Writing Winning Business Plans", Garrett Sutton
- "Buying and Selling a Business", Garrett Sutton
- "The ABCs of Getting Out of Debt", Garrett Sutton
- "Loopholes of Real Estate", Garrett Sutton
- "Tax-Free Wealth", Tom Wheelwright
- "Stock Market Cash Flow, Andy Tanner
- "The Social Capitalist", Josh and Lisa Lannon

金持ち父さんのオーディオビジュアル

- 『ロバート・キヨサキのファイナンシャル・インテリジェンス』タイムライフ（CDセット）
- 『ロバート・キヨサキ　ライブトーク・イン・ジャパン』ソフトバンクパブリッシング（DVD）
- 『金持ち父さんのパーフェクトビジネス』マイクロマガジン社
- 『金持ちになる教えのすべて』（DVD3枚付）マイクロマガジン社
- 『プロが明かす 不動産投資を成功させる物件管理の秘密』（CD4枚付）マイクロマガジン社

本文中で紹介された本

- 『となりの億万長者』トマス・J・スタンリー、ウィリアム・D・ダンコ著／斎藤聖美訳／早川書房
- 『ロボットの脅威――人の仕事がなくなる日』マーティン・フォード著／松本剛史訳／日本経済新聞出版社
- 『朝時間が自分に革命をおこす　人生を変えるモーニングメソッド』ハル・エルロッド著／鹿田昌美訳／大和書房
- 『いま、目覚めゆくあなたへ――本当の自分、本当の幸せに出会うとき』マイケル・A・シンガー著／菅靖彦訳／風雲舎
- 『投資苑』アレキサンダー・エルダー著／福井強訳／パンローリング
- 『肩をすくめるアトラス』アイン・ランド著／脇坂あゆみ訳／アトランティス
- 『共産党宣言』カール・マルクス、フリードリッヒ・エンゲルス著／岩波文庫ほか
- "Grunch of Giants" R.Buckminster Fuller
- "When Money Destroys Nations" Philip Haslam
- "What I Wish I Knew When I Was 20" Tina Seelig
- "The Road to Ruin: The Global Elites' Secret Plan for the Next Financial Crisis" James Rickards
- "The cult of competency" H. W. Prentis
- "What Americans Really Want…Really" Frank Luntz

南アフリカ、グラハムタウンにて

金持《かねも》ち父《とう》さんのこうして金持《かねも》ちはもっと金持《かねも》ちになる

本当《ほんとう》のファイナンシャル教育《きょういく》とは何《なに》か？

二〇一七年一〇月二〇日　初版第一刷発行
二〇一八年　一　月二〇日　初版第三刷発行

著者　ロバート・キヨサキ
　　　トム・ホイールライト
訳者　岩下慶一（いわした・けいいち）
発行者　山野浩一
発行所　株式会社　筑摩書房
　　　東京都台東区蔵前二－五－三　〒一一一－八七五五　振替〇〇一六〇－八－四一二三
装丁　井上則人・本文デザイン　阿部文香（井上則人デザイン事務所）
印刷・製本　中央精版印刷株式会社

ISBN978-4-480-86456-7 C0033
定価はカバーに表示してあります。
乱丁・落丁本の場合は、左記宛にご送付ください。
送料小社負担でお取替えいたします。
ご注文・お問い合わせも左記へお願いします。
〒三三一－八五〇七　さいたま市北区櫛引町二－六〇四
筑摩書房サービスセンター　電話〇四八－六五一－〇〇五三

『キャッシュフロー101』で ファイナンシャル・インテリジェンスを高めよう!

読者のみなさん

『金持ち父さんシリーズ』を読んでくださってありがとうございました。お金についてためになることをきっと学ぶことができたと思います。いちばん大事なのは、あなたが自分の教育のために投資したことです。

私はみなさんが金持ちになれるように願っていますし、金持ち父さんが私に教えてくれたのとおなじことを身につけてほしいと思っています。金持ち父さんの教えを生かせば、たとえどんなにささやかなところから始めたとしても、驚くほど幸先のいいスタートを切ることができるでしょう。だからこそ、私はこのゲームを開発したのです。これは金持ち父さんが私に教えてくれたお金に関する技術を学ぶためのゲームです。楽しみながら、しっかりした知識が身につくようになっています。

このゲームは、楽しむこと、繰り返すこと、行動すること——この三つの方法を使ってあなたにお金に関する技術を教えてくれます。『キャッシュフロー101』はおもちゃではありません。それに、単なるゲームでもありません。特許権を得ているのはこのようなユニークさによるものです。このゲームはあなたに大きな刺激を与え、たくさんのことを教えてくれるでしょう。このゲームは、金持ちと同じような考え方をしなくては勝てません。ゲームをするたびにあなたはより多くの技術を獲得していきます。ゲームの展開は毎回違います。あなたは新しく身につけた技術を駆使して、さまざまな状況を乗り切っていくことになるでしょう。そうしていくうちに、お金に関する技術が高まる

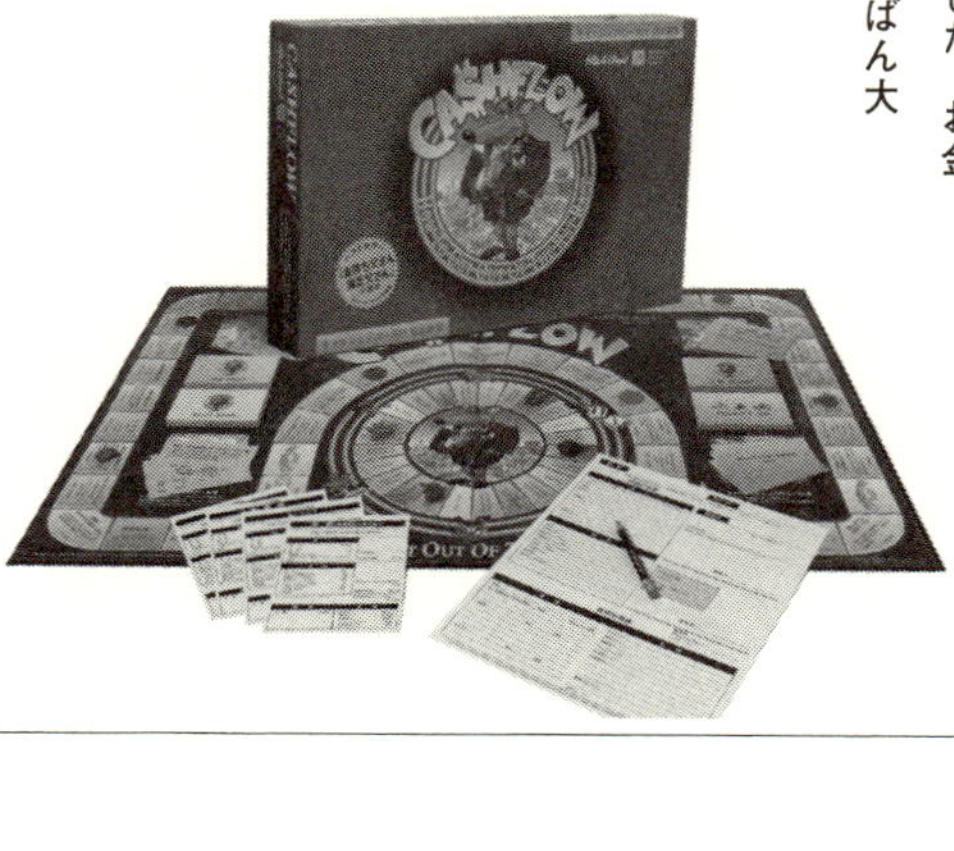

『キャッシュフロー101』
家庭で楽しみながら学べる
MBAプログラム

『キャッシュフロー・フォー・キッズ』
6歳から楽しく学べる子供のためのゲーム

と同時に、自信もついていきます。

このゲームを通して学べるような、お金に関する教えを実社会で学ぼうとしたら、ずいぶん高いものにつくこともあります。『キャッシュフロー101』のいいところは、おもちゃのお金を使ってファイナンシャル・インテリジェンスを身につけることができる点です。

はじめて『キャッシュフロー101』で遊ぶときは、むずかしく感じるかもしれません。でも、繰り返し遊ぶうちにあなたのファイナンシャル・インテリジェンスが養われていき、ずっと簡単に感じられるようになります。

このゲームが教えてくれるお金に関する技術を身につけるためには、まず少なくても六回はゲームをやってみてください。そのあと本などで勉強すれば、あなたはこれから先の自分の経済状態を自分の手で変えていくことができます。その段階まで到達したら、上級者向けの『キャッシュフロー202』に進む準備ができたことになります。『キャッシュフロー202』には学習用のCDが5枚ついています。

子供たちのためには、六歳から楽しく学べる『キャッシュフロー・フォー・キッズ』があります。

『キャッシュフロー』ゲームの創案者
ロバート・キヨサキ

ご案内
マイクロマガジン社より、日本語版の『キャッシュフロー101』(税込標準小売価格21,600円)、
『キャッシュフロー202』(同15,120円)、『キャッシュフロー・フォー・キッズ』(同12,960円)が発売されています。
なお、小社(筑摩書房)では『キャッシュフロー』シリーズをお取り扱いしておりません。
また、ユーマインドより携帯電話ゲーム版「キャッシュフロー」を配信しています。
詳しい情報は金持ち父さん日本オフィシャルサイトhttp://www.richdad-jp.comをご覧ください。
マイクロマガジン社ホームページアドレスhttp://www.micromagazine.net

ロバート・キヨサキの「金持ち父さん」シリーズ

NEW!　ついに待望の改訂版が登場!

日本語版発売から13年、自分の頭で考え道を切り開き、厳しい世の中を生きるためのガイドとして、「金持ち父さんシリーズ」は読み継がれてきました。根本となる「金持ち父さんの教え」は不変ですが、冗長な部分を削り、新たに加筆修正して、より最新の状況に適した内容になって登場します。

改訂版　金持ち父さん　貧乏父さん

アメリカの金持ちが教えてくれるお金の哲学

定価(本体価格 1600 円+税)　978-4-480-86424-6

改訂版　金持ち父さんのキャッシュフロー・クワドラント

経済的自由があなたのものになる

定価(本体価格 1900 円+税)　978-4-480-86425-3

改訂版　金持ち父さんの投資ガイド　入門編

投資力をつける 16 のレッスン

定価(本体価格 1600 円+税)　978-4-480-86429-1

改訂版　金持ち父さんの投資ガイド　上級編

起業家精神から富が生まれる

定価(本体価格 1900 円+税)　978-4-480-86430-7

改訂版　金持ち父さんの子供はみんな天才

親だからできるお金の教育

定価(本体価格 1900 円+税)　978-4-480-86432-1

改訂版　金持ち父さんの若くして豊かに引退する方法

定価(本体価格 2400 円+税)　978-4-480-86439-0

***NEW!* ツイッターでキムとロバート・キヨサキをフォロー!**

アカウントはこちら☞ @realkiyosaki_j　☞ @kimkiyosaki_j

▲表示されている価格はすべて 2017 年 10 月現在のものです。